CHRIS GUST
@let.s.talk.mental

feel to heal

CHRIS GUST
@let.s.talk.mental

feel to heal

Wie deine **Emotionen** dir den Weg aus der **mentalen Überlastung** weisen und du deine **Balance** wiederfindest

mvgverlag

Bibliografische Information der Deutschen Nationalbibliothek
Die Deutsche Nationalbibliothek verzeichnet diese Publikation in der Deutschen Nationalbibliografie. Detaillierte bibliografische Daten sind im Internet über https://dnb.de abrufbar.

Für Fragen und Anregungen
info@m-vg.de

Wichtige Hinweise
Dieses Buch ist für Lernzwecke gedacht. Es stellt keinen Ersatz für eine individuelle psychologische Beratung dar und sollte auch nicht als solcher benutzt werden. Wenn Sie psychologischen Rat einholen wollen, konsultieren Sie bitte einen qualifizierten Psychologen oder Arzt. Der Verlag und die Autorin haften für keine nachteiligen Auswirkungen, die in einem direkten oder indirekten Zusammenhang mit den Informationen stehen, die in diesem Buch enthalten sind.

Ausschließlich zum Zweck der besseren Lesbarkeit wurde auf eine genderspezifische Schreibweise sowie eine Mehrfachbezeichnung verzichtet. Alle personenbezogenen Bezeichnungen sind somit geschlechtsneutral zu verstehen.

Originalausgabe
2. Auflage 2024

Türkenstraße 89
80799 München
Tel.: 089 651285-0

Redaktion: Ulrike Hollmann
Umschlaggestaltung: Manuela Amode
Satz: inpunkt[w]o, Wilnsdorf (www.inpunktwo.de)
Druck: CPI books GmbH, Leck
Printed in the EU

ISBN Print 978-3-7474-0637-3
ISBN E-Book (PDF) 978-3-98922-048-5
ISBN E-Book (EPUB, Mobi) 978-3-98922-047-8

INHALT

FÜR ALLE GEDANKENTIEFTAUCHER*
UND VIELFÜHLER*

*LIEBEVOLL GEMEINTE OBERGRIFFE,
DIE FÜR ALLE GESCHLECHTER STEHEN

Vorwort

Warum schreibe ich ein Vorwort in einem Buch, das sich zum Ziel gesetzt hat, einen wichtigen Beitrag zur mentalen Gesundheit zu leisten? Wir sind sowohl als Individuen wie auch als Gesellschaft vielseitigen Herausforderungen ausgesetzt, die uns emotional stark fordern und belasten können, oft auch überlasten. Das kann in uns sehr intensive Gefühle hervorrufen, beispielsweise unterschiedlich geartete Ängste, und mit diesen habe ich mich aus beruflichen Gründen intensiv auseinandergesetzt.

Chris Gust hat mich irgendwann angeschrieben mit der Frage, ob sie mich malen darf. Es ging nicht um stundenlanges Modellsitzen, sondern nur um die höfliche Frage, ob sie mich nach einem Foto malen dürfe. Das Bild sollte dann für einen guten Zweck, den wir zusammen bestimmen, versteigert werden.

Ich fand das schön und das Bild ist toll geworden. Zu dem Zeitpunkt dachte ich, dass Frau Gust Malerin ist, von ihren anderen Tätigkeiten wusste ich nichts.

Meine Beschäftigung mit dem Thema mentale Gesundheit begann, als ich den Film »Sörensen hat Angst« gedreht habe. Ich war Hauptdarsteller und erstmalig auch als Regisseur verantwortlich. Da der Protagonist unter einer Angststörung leidet, habe ich mich im Vorfeld natürlich viel mit dieser Problematik und ihren Hintergründen beschäftigt. Es war mir wichtig, nicht nur in meinem Spiel glaubwürdig darzustellen, wie man sich als Betroffener mit einer Angststörung durchs Leben schlägt, sondern ich wollte als Regisseur des Ganzen darüber hinaus, dass sich der Film als solcher für den Zuschauer/die Zuschauerin »wie eine Angststörung« anfühlen soll. Exemplarisch dafür steht für mich eine Szene am Anfang des Films: Sörensen geht auf die Wache zu und wird überraschend von einem bissigen Hund oder Monster oder Ähnlichem angegriffen – für mich ein Symbol für die Angst selbst, die ihm da aufgelauert hat und ihn hinterrücks, wie aus dem Nichts, anfällt. Er schaut sich um, aber da ist nichts, keine reale Gefahr, scheinbar kein Grund für diese absurde Angst, für die Panik.

Und genau das wollte ich mit dieser Szene zeigen: die permanente Bedrohung, die den Körper und die Seele grundlos in ständige Alarmbereitschaft versetzt, wenn wir aus den vielfältigsten Gründen mental überlastet und emotional überreizt sind. Der/die Betroffene ist emotional angegriffen, hat sogar Angst, obwohl es vordergründig keinen sichtbaren Grund dafür gibt, und doch ist das Gefühl immer wieder störend präsent. Aber das muss ich vielen, die dieses Buch jetzt lesen, ja nicht erklären.

Während meiner Vorbereitung auf den Film habe ich begriffen, dass die Angst an sich auch gar nicht das Problem ist. Angst ist im Normalfall ja ein Lebensmotor. Angst garantiert das Überleben. Ein bisschen Angst sollte also jeder haben, aber wenn jemand krankhafte Angst hat, hat diese Angst keine Schutzfunktion mehr, und wenn die Angst immer größer wird, dann kann sie zur Krankheit und schließlich zur Lebensverhinderung werden.

Chris als Betroffene hat es trotz ihrer Hochsensibilität geschafft, ihre Angst wieder auf Normalmaß zusammenzuschrumpfen, und weiß aus eigener Erfahrung, wie es ist, wenn man sich mental (aus welchem Grund auch immer) überlastet fühlt. Mit diesem Buch gibt sie dir ganz konkrete Anleitungen und Übungen an die Hand, wie du deine mentale Überlastung überwinden kannst, indem du deine Gefühle zu akzeptieren lernst, indem du lernst, mit ihnen umzugehen und (noch wichtiger) sie schließlich zu beherrschen, um deine ureigene Balance wiederzufinden.

Ich bin ja zum Glück weder Betroffener noch Ratgeber, sondern nur der Promi mit dem Vorwort, aber mir fällt ein Spruch meines hochbegabten, ehemaligen Atem- und Physiotherapeuten Rolf Beimborn ein, der mit seinen Händen und mithilfe der Arbeit am Atem Rückenschmerzen und schwere Blockaden beseitigen konnte. Er hat zum Abschluss einer Behandlung immer gesagt: »Du wirst *getragen*, der Atem *trägt* dich.« Das klang am Anfang ein bisschen esoterisch, aber es stimmt, das ursprüngliche, natürliche Atmen, das wir als Baby intuitiv richtig machen, müssen wir zulassen und schätzen, denn es ist die Basis unseres Lebens. Daran hat mich Rolf immer wieder erinnert, und noch eindringlicher war sein Zusatz: »Und denke daran: Du hast vielleicht Rückenschmerzen, aber die Schmerzen haben *dich* nicht!«

Das ist ein feiner, entscheidender Unterschied und ich übertrage das jetzt ganz einfach mal auf die Angst.

Also, liebe(r) Ratsuchende(r), du hast vielleicht Angst, aber (und das Wichtige steht ja immer *hinter* dem Aber) die Angst hat dich nicht. Das lässt sich auf alle intensiven Gefühle übertragen.

Und ich habe noch eine klugscheißende Formel (leider auch nicht von mir), bevor ich mich furchtlos von dir verabschiede:

»Komödie ist Tragödie plus Zeit«, heißt es in einem Film von Woody Allen so treffend. In dem Moment, in dem man mitten in der Anspannung drinsteckt, kann man das natürlich nicht so sehen, aber vielleicht hilft die Hoffnung, dass man später einmal mit Humor auf die Situation zurückschauen kann. Wenn das einmal geglückt ist, kann man versuchen, in Zukunft auch schon dem »Jetzt« mit Humor zu begegnen – und sei es erst mal nur mit Galgenhumor. So tut es der Sörensen – und ich versuche das auch.

Ach, und einen lieben Gruß von Sven Stricker, dem Autor von Sörensen, der ja auch sagt: Da, wo die Angst ist, da geht's lang! Denn unsere Emotionen sind gleichzeitig Wegweiser aus der mentalen Überlastung.

Also seid bitte geduldig mit euch, denn es gibt leider auch noch die »Löschungsresistenz«. Um einem Hund beizubringen, dass eine Herdplatte heiß wird, benötigt man drei Versuche. Um dem Hund das wieder abzutrainieren, braucht es aber 50 Anläufe. Aber gut, das ist bei Hunden so, die riechen sich aber auch gern gegenseitig am behaarten Po, kann sein, dass die länger brauchen als du.

Alles Gute wünscht Bjarne Mädel!
Du schaffst das!

Liebevoller Einstieg – #MENTALHEALTH BETRIFFT JEDE:N

In unserer leistungsorientierten, schnelllebigen und dauerinformierten Gesellschaft verlieren immer mehr Menschen die natürliche Verbindung zu sich selbst, überfordern sich häufig über sehr lange Zeiträume, ohne dies zu bemerken oder zu hinterfragen. Sowohl im gesellschaftlichen Maßstab als auch in unserem alltäglichen Privatleben sind unerfüllbare Perfektionsansprüche oder die große Angst, nicht zu genügen oder gar zu versagen, häufige Resultate dieser gefühlten oder tatsächlichen Anforderungen an uns. Oft nehmen wir die mentale Überlastung gar nicht mehr wahr und merken nicht, wie wir schleichend immer mehr erschöpft und dermaßen unter Druck gesetzt werden, dass die Seele irgendwann um Hilfe schreit. Es ist an der Zeit, mit dem elendigen Optimierungswahn Schluss zu machen, der uns unter anderem in den (sozialen) Medien permanent vorgegaukelt wird. Schluss mit falschen und längst überholten Mythen in Bezug auf mentale Überlastung oder gar psychische Erkrankungen! Und vor allem: Schluss mit dem fatalen Denken, wir wären all dem hilflos ausgeliefert!

Dieses Buch ist ein liebevoller Guide zu dir selbst, um wieder in deine ureigene Balance zu finden. Eine Hilfestellung, wie du Belastendes zunächst akzeptieren und schließlich loslassen kannst. Ohne dich zu überfordern oder aus dir einen Menschen machen zu wollen, der du gar nicht bist. Eine Einladung, das Leben wieder mit jeder Faser zu genießen, und eine von Herzen kommende Provokation, um deinen Revoluzzer-Modus zu reaktivieren, damit du dich gegen die erdrückende Überlastung wehrst, um dann mit dir selbst ins Reine zu kommen und den vielfältigen Herausforderungen deines Lebens, wie auch immer sie aussehen mögen, zukünftig gelassener begegnen zu können.

Erlebe, welch zauberschönes Potenzial in dir schlummert.

with love. as always.

Die Schönheit DES UNVOLLKOMMENEN

In Japan gibt es eine wundervolle Tradition, die die Vollkommenheit der Unvollkommenheit auf eine ganz besondere Art ausdrückt und feiert. Zerbricht ein Gefäß, das sich schon seit einiger Zeit im Besitz einer Familie befindet, so wird es nicht weggeworfen, sondern auf ganz besondere Weise liebevoll repariert:

Bei der sogenannten Kintsugi-Technik[1] werden die Risse mit Gold aufgefüllt und so die einzelnen Teile des jeweiligen Gefäßes wieder miteinander verschmolzen. Es entstehen wundervolle Kunstwerke, denen man ansehen soll, dass sie einmal zerbrochen waren, die nun aber durch die mit Gold gefüllten Risse eine ganz eigene und einzigartige Schönheit erhalten. Bei dieser Technik wird also nicht so repariert, dass man keine Spuren der Risse mehr sieht, sondern im Gegenteil: Der vermeintliche Makel wird dadurch bewusst hervorgehoben und im wahrsten Sinne des Wortes vergoldet.

Erst durch diesen veredelten Makel entspricht das Gefäß dann einem Schönheitsideal, das in Japan Wabi-Sabi genannt wird. Wabi-Sabi steht für die Überzeugung, dass nur das, was eine sichtbare Geschichte und deren Spuren vorweisen kann, auch wirklich schön ist. Authentizität ist hier wichtiger als Perfektion.

Wir sollten uns an dieser zauberhaften Technik orientieren und sie auf unser Leben übertragen: Gerade die scheinbare Makelhaftigkeit beschert uns Lebendigkeit und Schönheit, gerade unsere einzigartigen Geschichten, die sich als Falten in unserem Gesicht eingegraben haben, machen uns aus und zeigen, wer – und wie – wir wirklich sind ... perfekt, weil unperfekt!

Worum ES MIR GEHT

In meiner Arbeit mit Hochsensiblen und mit Menschen, die psychisch erkrankt oder durch ständige Überbelastung auf dem besten Weg dorthin sind, stelle ich immer wieder fest, was mangelndes Selbstwertgefühl, Einsamkeit, übersteigerter Perfektionismus sowie der überall geforderte Optimierungswahn in unserer Gesellschaft mit uns und unserer mentalen Gesundheit machen. In Kombination mit der überall gepredigten *positivity* wird daraus besonders für Frauen eine wahrlich toxische Kombination: Die mentale Überlastung ist dann oft vorprogrammiert.

Ich teile in diesem Buch zum einen meine persönlichen Erfahrungen und Learnings, zum anderen die wichtigsten Impulse aus meiner Arbeit als soul.care.coachin® und bei »Mutruf«[2] – einer ehrenamtlichen Telefonberatung für Betroffene von Angststörungen –, von denen ich hoffe, dass sie dich auf deiner Reise inspirieren, dir Halt geben und dir zeigen, dass du nicht alleine bist. Wenn du das Gefühl hast, mit psychischen Problemen oder gar einer Erkrankung zu kämpfen, scheue dich bitte nicht, professionelle Hilfe anzunehmen.

So oft erlebe ich, dass zauberhafte Wesen sich selbst in Ketten legen und ihr wahres Potenzial nicht sehen, weil ihnen von anderen vermittelt wurde, sie wären »zu viel« oder »zu anders«, weil sie Ansprüche an sich haben, die so groß sind und schwer wiegen, dass sie gar nicht in Bewegung kommen *können*. Ansprüche, die oft nicht einmal die eigenen sind, aber die so lange auf sie einwirken konnten, dass sie diese für ihre eigenen halten, oder weil sie schlichtweg den Glauben verloren haben, dass sich für sie jemals etwas ändern könnte.

Viele Menschen spüren eine undefinierbare Sehnsucht nach *mehr*, fühlen sich getrieben von einer Rastlosigkeit, die sich nicht durch ihre Lebensumstände, die ihnen oft nur ein verständnisloses »Aber du hast doch alles ...« oder »Stell dich mal nicht so an« einbringen, erklären lässt.

Dieses Buch ist eine »Bedienungsanleitung« dafür, wie du es schaffen kannst, deine mentale Überlastung zu überwinden und wieder in deine ureigene Balance zurückzufinden, alte und oftmals falsche Glaubenssätze liebevoll zu korrigieren und loszulassen sowie endlich all das auszuschöpfen und vor allem wertzuschätzen, was längst da ist, was dich ausmacht.

WIE DIESES BUCH DIR HELFEN KANN

Menschen, die sich mental erschöpft oder überlastet fühlen, und erst recht Hochsensible[3] und Menschen mit psychischen Erkrankungen, kommen auf ihrem Weg aus den verschiedenen Gedankenspiralen hinaus automatisch in Berührung mit der Wichtigkeit von Soul Care – sich um die Seele kümmern – und mentalen Trainingstechniken. Doch nicht erst seit »Big C« oder der aktuellen Krisensituation sind schon seit geraumer Zeit viele »gesunde« Menschen auf der Suche. Wir alle sehnen uns mehr denn je danach, mit uns selbst richtig in Verbindung zu sein und in uns zur Ruhe kommen zu können. Die Leistungsgesellschaft, der bereits angesprochene Optimierungswahn und ein Leben, das immer schneller wird, tragen einen großen Teil dazu bei, dass wir uns immer mehr verlieren und nur noch funktionieren. Viele denken, sie könnten daran nichts ändern.

Ja, wenn man all das, was auf dieser wunderschönen Welt so ganz grundsätzlich (und oftmals sogar offensichtlich) verkehrt läuft, mal genauer betrachtet und/oder den Sinn des eigenen Seins im Hinblick darauf hinterfragt, wie machtlos man sich manches Mal fühlt, kann das schon sehr deprimierend und auch beängstigend sein. Mir geht es in diesem Buch darum, dir zu zeigen, wie du dir selbst in Zeiten, in denen dich das Gefühl der Überlastung zu erdrücken scheint, Auszeiten verschaffen und zufriedener werden kannst.

Unsere Angst vor Kontrollverlust wurde gerade in jüngster Zeit extrem auf die Probe gestellt. I mean: Krieg in Europa, im Jahre 2024, geht's noch? Haben die Menschen denn nix gelernt? Medikamentenknappheit, Parteien, die es aufgrund unserer Geschichte gar nicht geben sollte, werden »aus Protest« gewählt, Wetterextreme, Klimakatastrophen etc., es ist ziemlich viel, was da auf uns alle einprasselt. Der Forscher Klaus Hurrelmann sagte in einem Artikel in der taz: »Die Bevölkerung ist erschöpft«, die Gesellschaft zeige Symptome einer posttraumatischen Belastungsstörung.[4] Also ja, da kann man sich schon wirklich hilflos fühlen.

Tatsache ist aber, dass niemand kommen und uns eine uneingeschränkt positive Alternative auf dem Silbertablett präsentieren wird. Es ist an uns, immer wieder aufs Neue die Entscheidung zu treffen, wie wir dem Leben – und zwar in seiner ganzen Bandbreite – begegnen wollen. Das, was scheiße läuft, einfach hinnehmen, also von vornherein aufgeben, kapitulieren, uns mit Dingen abfinden? Oder uns mit jeder Faser aufs Leben einlassen und es mit ganzem Herzen versuchen? Das Schöne wertschätzen und Dankbarkeit als Grundhaltung etablieren, demütiger werden und vor der berühmten eigenen Tür beginnen? Natürlich können wir nicht alles Schreckliche oder uns fassungslos Machende einfach weglächeln oder -atmen, aber wir können unsere Grundhaltung dazu beeinflussen.

Denn auch wenn uns das Leben manchmal wirklich vor die Füße kotzt, liegt es an uns, wie wir darauf reagieren, und dieses Buch liefert dir viele Anregungen dafür, sodass du feststellen wirst, dass du alles andere als machtlos bist, besonders im Hinblick auf deine Gedanken und Gefühle, aber auch auf deine Ängste.

Dazu gleich noch ein zauberschönes Beispiel: Kennst du die Geschichte vom kleinen Jungen und den gestrandeten Seesternen?

Ein kleiner Junge ging am Strand entlang. Es hatte gerade einen Sturm gegeben und Seesterne waren überall im Sand verstreut. Der Junge wusste, dass die Seesterne an Land sterben würden, also fing er an, sie nach und nach zurück ins Meer zu werfen.

Ein alter Mann kam vorbei und sah, was der Junge tat. Er rief: »Junge, was machst du denn da?« »Ich werfe Seesterne ins Meer zurück. Es ist Ebbe, und die Sonne brennt herunter. Wenn ich es nicht tue, dann sterben sie«, antwortete der Junge. »Aber deine Versuche sind nutzlos, Junge! Ist dir eigentlich klar, dass hier Kilometer um Kilometer Strand ist? Und überall liegen Seesterne. Du kannst unmöglich alle retten, das macht doch keinen Sinn«, rief der Alte.

Der Junge hörte höflich zu, bückte sich, nahm einen anderen Seestern auf und warf ihn lächelnd ins Meer. »Aber für diesen macht es Sinn!«[5]

Das meine ich mit Grundhaltung. Und ebendiese öffnet nicht nur für uns selbst vollkommen neue Türen. Durch sie können wir überhaupt erst an das Gute glauben. Daran, dass wir auch in unserem Leben wieder Motivation, Lebendigkeit, die pure Lebenslust spüren können.

Weil wir es selbst in der Hand haben.

Viele von uns stecken im Morast ihrer Gedanken so verdammt fest, zappeln wild herum und sinken dabei noch tiefer.

WANN HAST DU DAS LETZTE MAL ETWAS »UNVERNÜNFTIGES« GETAN?

WANN HAST DU DIR DAS LETZTE MAL DIE FRAGE ERLAUBT,
OB DAS, WAS DU DA JEDEN TAG DEIN LEBEN NENNST,
AUCH WIRKLICH EINES IST?

Es wird höchste Zeit, dass Prävention, Soul Care oder eine gute Portion Hygge (= Behaglichkeit) bereits auf den Stundenplan kommen! Himmel, was hätte es für mich für einen Unterschied gemacht, wenn ich beispielsweise im Biologie-Unterricht schon einmal davon gehört hätte, dass es so etwas wie mentale Gesundheit beziehungsweise Überlastung (Mental Load), Panikattacken oder Hochsensibilität überhaupt gibt.

Spätestens in der Pubertät, auf der Suche nach dem eigenen Selbst (meiner Meinung nach lieber ganz selbstverständlich nebenbei und von klein auf), sollte uns Folgendes beigebracht werden:

- Was macht übermäßiger Stress mit uns?
- Was macht es mit anderen, wenn wir sie ausgrenzen?
- Wie kann ich ein gutes Selbstwertgefühl/-bewusstsein entwickeln?
- Perfektion ist nicht erforderlich und Social Media ist eine Scheinwelt.
- Welche Bewältigungsstrategien gibt es bei Stress, Sorgen, Ängsten?
- Wo bekomme ich Hilfe, wenn ich merke, dass ich aus meinen negativen Gedanken nicht herauskomme?
- Psychische Erkrankungen sind sehr häufig und kein Grund, sich zu schämen, es gibt viele verschiedene Hilfs- und Therapieangebote.
- Jeder Mensch struggelt mal im Leben, das gehört dazu.

Die Konsequenzen von Einsamkeit, Isolation und sozialem Rückzug aus falscher Scham sind fatal und für viele Menschen an der Tagesordnung. Aufklärung darüber und Informationen, was man unternehmen kann, um daran etwas zu ändern, müssen so lange immer wieder thematisiert werden, bis möglichst alle Menschen damit in Berührung kommen konnten. Es gibt so viele wundervolle Möglichkeiten, einen anderen Umgang mit diesen »Kopfthemen« zu erlangen. Je früher Menschen zukünftig auf eine ganz selbstverständliche Art mit dem Thema mentale Gesundheit in Berührung kommen, umso besser. Gerade Kinder sind zunächst vollkommen unvoreingenommen. Wir sollten ihnen von klein auf beibringen, dass wir uns um unsere Psyche genauso kümmern müssen wie um unseren Körper, wenn es uns gutgehen soll.

Durch meine eigene Geschichte sensibilisiert, betreibe ich seit vielen Jahren Öffentlichkeitsarbeit und setze mich mit allem, was ich bin und was ich tue, dafür ein, dass sich in unserer Gesellschaft durch Prävention,

Aufklärung und Umsetzung etwas an der Tabuisierung von psychischen Erkrankungen bewegt. In Bezug auf Ängste habe ich zum einen durch meine persönlichen Erfahrungen und meine fachliche Arbeit Expertinnen-Status und kann ohne »Weißkittel« auf Augenhöhe Mut machen. Zum anderen habe ich verschiedene Ausbildungen absolviert, unter anderem eine einjährige Ausbildung bei homodea/Veit Lindau zur Life Trust Coachin®, denn ich möchte so viele Menschen wie möglich dazu inspirieren, sich ein authentisches Leben aufzubauen und sich von der aufmerksamkeitsheischenden internen Angstdiva nicht (länger) die Hauptrolle streitig machen zu lassen. Aufgrund meiner persönlichen Geschichte spreche ich in besonderem Maße auch Frauen, Hochsensible und Menschen mit Angststörungen an.

Letztere nenne ich übrigens liebevoll Panikler (und meine damit stets alle Geschlechter), weil es meines Wissens nach keine wirklich nette Bezeichnung gibt und weil ich finde, dass Titulierungen wie »Patienten und Patientinnen«, »psychisch Erkrankte« oder »Menschen mit einer Angststörung« unpersönlich und ausgrenzend sind. Das ist natürlich rein subjektiv, aber es ist ja mein Buch, also darf ich das.

Die Möglichkeiten und Techniken, die ich in diesem Buch und in meinen Coachings vermittle und mit deren Hilfe Menschen ihre eigenen Möglichkeiten (wieder-)entdecken, auf einer tiefen Ebene mit sich ins Reine und zur Ruhe zu kommen und so ihre eigene Kraft und Stärke nutzen zu können, sind in Bezug auf unser seelisches Wohlergehen elementar für alle Menschen, die heilen und wachsen möchten. Die Feel-to-Heal-Methode beinhaltet unter anderem die Nutzung der Wirkung, die sich einstellt, wenn wir unsere Gedanken aufschreiben, Resilienz und Achtsamkeit trainieren, gute Routinen etablieren, unser Selbstvertrauen und somit unsere Selbstwirksamkeit aktiv steigern und so weiter (vgl. dazu ausführlich das nächste Kapitel).

Wichtige Anmerkung an dieser Stelle: Ein Coaching ist und ersetzt keine eventuell notwendige Therapie und keinen Arztbesuch, kann aber in

Absprache mit der Therapeutin beziehungsweise dem Therapeuten prima begleitend stattfinden.

DIESES BUCH IST EINE DEMÜTIGE LIEBESERKLÄRUNG AN DAS LEBEN: AN DIE SCHÖNHEIT JEDES EINZELNEN MENSCHEN.

EINE LIEBESERKLÄRUNG AN DICH.

Ein Plädoyer, eine Aufforderung dafür, dass wir nicht nur funktionieren und erst »wenn es zu spät ist« beginnen, in unserem Leben auf ein wohltuendes Gleichgewicht zu achten und darauf, dass wir erfüllt durchs Leben gehen. Ein Weckruf für alle unterwegs in diesem System eingeschlafenen Helden und Heldinnen, Träumer und Träumerinnen, alle Gedankentieftaucher und Vielfühler, Könige und Königinnen – ach, für alle, die diese Welt für sich, aber auch insgesamt verbessern wollen. Und das können wir am besten, wenn wir mit uns selbst in Balance sind.

Denn desillusioniert und ernüchtert, wie manche Menschen sind, können sie ja nur immer einsamer, verzweifelter, unmotivierter, frustrierter oder verletzter werden und tragen all das in jeden einzelnen Bereich ihres Lebens (und somit auch in das Leben anderer) hinein.

WENN WIR UNS AUF DEN WEG MACHEN, HEILEN WIR ALSO NICHT NUR UNS, SONDERN VERÄNDERN DAMIT AUCH IMMER DAS LEBEN ANDERER.

Ganz unabhängig davon, an welchem Punkt du gerade bist: Es gibt Basics, die es jedem und jeder ermöglichen, ein vollkommen anderes Leben zu führen, die nicht hochgeheim oder neu erfunden sind, sondern nur vergessen oder oft als »Spiri-« beziehungsweise »Eso-Kram« abgetan werden – sie öffnen die Tür aus deinem Gedankengefängnis, können dich aus mentaler Überlastung und der damit einhergehenden Starre holen.

Es sind viele kleine Schritte auf dem Weg aus den verschiedenen Teufelskreisen und falsch abgespeicherten Glaubenssätzen hinaus nötig, kein Weg gleicht einem anderen und dennoch haben sie alle etwas gemeinsam: Sie beginnen mit dem Beginnen. Dem ersten Schritt.

DIE FEEL-TO-HEAL-METHODE: DEIN 6-WOCHEN-PROGRAMM

Wir beginnen mit einer gnadenlos ehrlichen Bestandsaufnahme, um herauszufinden, an welchem Punkt du dich gerade befindest. Du wirst lernen, deine Gefühle als Wegweiser zu sehen, denn nur wenn wir unsere Gefühle zulassen, können wir heilen. Du erfährst, wie du dein Selbstvertrauen stärken kannst, du wirst erleben, was Achtsamkeit bei all dem für eine Rolle spielt und wie du dein Vertrauen in dich und das Leben an sich fördern und stärken kannst. Außerdem geht es bei der Feel-to-Heal-Methode darum, dass du erkennen kannst, wie wichtig Ziele für uns sind, was die Kraft guter Routinen bewirkt und wie bereichernd es ist, wenn wir herausfinden, wofür wir brennen.

EIN DEFINIERTER UND ÜBERSCHAUBARER ZEITRAUM, IN DEM DU ERLEBEN KANNST, DASS DU VIEL MÄCHTIGER BIST, ALS DU DENKST!

Ich möchte, dass du erste spürbare »Erfolge« hast und dadurch den Glauben an deine Kraft sowie die Motivation findest, langfristig dranzubleiben. Ich möchte dir die Erkenntnis ermöglichen, dass du alles andere als allein mit deinen Sorgen und Nöten bist. Ich möchte, dass du dich lächelnd befreien kannst von Vorstellungen, die du entwickelt hast, weil du dachtest, so müsstest du sein. Ich möchte, dass du dich erinnerst, wer du wirklich bist.

Im Anschluss an diese 6 Wochen solltest du, um immer mehr in Einklang mit dir zu kommen, das Gelernte wiederholt anwenden, vertiefen, auf dich abgestimmt ausbauen und so in deinen Alltag integrieren, dass es im Idealfall ein unverzichtbarer Teil deiner neuen Lebenshaltung wird, und sich damit noch viel mehr in deinem Leben so verändert, wie du es dir wünschst.

Dieses Buch ist ein »Mitmach-Buch«, das heißt, es wird dir am meisten bringen, wenn du bereit bist, dir die nötige Zeit für dich zu nehmen und die Aufgaben zu machen. Aber auch wenn du dieses Buch »nur« mit einem wirklich offenen Herzen und Kopf liest, wird für dich schon vieles anders aussehen.

Am Ende eines jeden Kapitels des 6-Wochen-Teils findest du einige Reflexionsfragen, die du in deinem klugen Kopf bewegen kannst. Ich empfehle, dass du dir zum Arbeiten mit diesen Fragen ein wunderschönes Notizbuch für dich anschaffst, um dir für die jeweiligen Tage der Woche und dann auch noch zusammenfassend für die vergangene Woche Notizen machen zu können, auf die du immer wieder zugreifen kannst.

Mit dem Aufschreiben deiner Antworten und Gedanken zu diesen Fragen speicherst du einerseits Gelerntes nachhaltiger ab, andererseits ist es enorm aufschlussreich, wenn wir unsere manchmal noch wild durcheinandersausenden Gedankenflausen strukturieren, um sie sinnvoll in Worte packen zu können. Wie beim Sprechen ist der Akt des Ausformulierens auch beim Aufschreiben tatsächlich ein Prozess des Loslassens.

Ich weiß, dass du dieses Buch liest, weil du dich sehr nach Veränderung sehnst. Dafür wirst du vieles loslassen müssen. Und *by the way*: Loslassen tut oft weh, aber es darf auch gleichzeitig verdammt guttun! Dieser Wunsch nach Veränderung ist auch der Grund, warum du dieses Buch gefunden hast oder dieses Buch dich gefunden hat.

Wenn du ähnlich ungeduldig bist wie ich, gehe doch folgendermaßen vor: Lies dir das Buch einmal »nur« durch. Du bekommst dadurch ein

Gefühl für die Übungen und viel neuen Input, den dein Unterbewusstsein ganz automatisch für dich nutzen wird. Du bekommst eine Ahnung davon, was möglich sein könnte, wenn du dich auf dieses Buch, dieses Soul-Care-Zeitfenster – dich! dein Leben! –, einlassen magst, und kannst anschließend loslegen, ohne die Ungewissheit im Nacken, wie es im Buch weitergehen wird.

Anhand von Beispielen meines ganz persönlichen Weges, der durch meine Hochsensibilität und die Zeit meiner Angststörung ebenso geprägt ist wie durch meinen Erfahrungen als Frau und Mum³ (Mum hoch drei) sowie aus meiner Arbeit als soul.care.coachin®, werde ich dir einen Weg aufzeigen, der es dir, auf dich individuell abgestimmt, immer mehr ermöglicht, das zu ändern, was geändert werden muss, damit du in dir selbst ruhen und bei neuen Herausforderungen in deinem Leben gelassener sein kannst. Dabei geht es nicht darum, dich zusätzlich unter Druck zu setzen, sondern in erster Linie darum, dich von viel Ballast zu befreien.

Du kannst diesen Weg mithilfe dieses Buches allein gehen und wirst staunen, was du alles verändern kannst und wirst, oder wir gehen diesen Weg gemeinsam. Wenn du das möchtest, weil du dir vielleicht professionelle Unterstützung wünschst, wenn du mehr Sicherheit durch das begleitende Arbeiten mit diesem Buch erlangen und auch individuelle Fragen loswerden möchtest, begleite ich dich als Coachin gern auf deinem Weg.

Um diesen Weg zu gehen, gibt es drei Grundvoraussetzungen:

Schluss mit dem Selbstmitleid und der oft unendlich scheinenden Suche nach dem oder der Schuldigen. Wenn du möchtest, dass sich etwas ändert, musst du die Verantwortung für dich und dein Leben selbst übernehmen und wirklich wollen, dass sich etwas ändert.

Schluss mit dem Warten auf *das* Zaubermittel, sein Auftauchen ist nämlich ähnlich wahrscheinlich wie das des Prinzen, der auf seinem Gaul angeritten kommt, um die Prinzessin zu retten, oder das der guten Fee, die dir – Simsalabim! – drei Wünsche erfüllt.

Schluss mit den Ausreden! Sonst wird dies nur ein weiterer Energie verschwendender, verkrampfter Selbstoptimierungsversuch, weil du in diesem Moment denkst: »Vielleicht bin ich ja dann angekommen.«

Soll ich noch eins draufsetzen? Du wirst im Idealfall (!) niemals »ankommen« im Sinne von »fertig sein«. Mit das Tollste, Aufregendste, Großartigste und Lebendigste an diesem Leben ist: Du darfst immer wieder Neues entdecken, Fehler machen, lernen, von Neuem Faszination für etwas entwickeln, begreifen, dass es in einigen Bereichen neue Erkenntnisse gibt, und schauen, was das mit dir macht und wonach du dich dann ausrichten möchtest.

Ich möchte dir und allen anderen mit diesem Buch etwas ganz Besonderes (zurück-)geben: Ich möchte, dass du dich auf einer tiefen Ebene erinnerst und (wieder) beginnst, (an dich) zu glauben. Vor allem daran, dass du selbst in der Lage bist, etwas zu verändern, und dass du erkennst, dass du dich viel zu lange viel zu klein gemacht hast.

ALLES, WAS DU DAFÜR BRAUCHST, TRÄGST DU IN DIR.

DAS IST KEIN ESOTERISCHER HUMBUG, SONDERN EINE TATSACHE.

In dir sind all die Antworten auf deine Fragen. Unabhängig davon, wie herausfordernd (positiv oder negativ), turbulent, frustrierend, faszinierend oder befriedigend dein Leben dir erscheint: Es gibt in dir einen Ort, an dem du eine tiefe Ruhe, Kraft und Liebe spürst. Immer. Egal, wie laut es um dich herum ist.

Alles normal, ODER WAS?

Die vergangenen Jahre mit ihren unzähligen Krisen, darunter besonders die Kriege, der Klimawandel und die Pandemie, haben uns vor vollkommen neue und unvorhersehbare Herausforderungen gestellt. Im Hinblick auf die beiden Letztgenannten könnte man auch sagen, die Natur zeigt uns in Bezug auf alles, was viele von uns fälschlicherweise für selbstverständlich hielten, den ausgestreckten Mittelfinger.

Reflektiere bitte mal deine Reaktion auf den letzten Absatz. Es ist gar nicht so unwahrscheinlich, dass sich in dir allein durch die Wörter »Pandemie« oder »Kriege« ein Widerstand geregt hat. Wenn dem so ist, ist das ein großartiges Beispiel dafür, wie wir Menschen Dinge wegdrücken, bagatellisieren, schönreden oder verdrängen, obwohl wir gut daran täten, vor den damit verbundenen Wahrheiten nicht die Augen zu verschließen. Deine Reaktion ist menschlich. Sie ist allerdings nicht *ur*menschlich, sondern ein erlerntes Verhalten. Denn unsere Vorfahren haben noch viel mehr auf ihre eigene Intuition gehört, und sie haben sich von eben jenen beschützend leiten und heilen lassen, die durch ihre außergewöhnliche Wahrnehmung und Sensibilität in der Lage waren, Risiken und mögliche Konsequenzen hervorragend einzuschätzen. Unser erlerntes Verhalten trägt dazu bei, dass wir uns immer mehr von uns selbst entfernen, wenn wir nicht auf unsere innere Stimme hören, sondern stattdessen Wahrheiten deckeln. In deinem eigenen Sinne: Sei bereit hinzusehen, denn die Jahre 2020–2024 waren und sind sehr aufschlussreich.

In der Pandemie zum Beispiel wurde unser Sicherheitsempfinden kurzerhand aus den Angeln gehoben und wir wurden mit einer Form der Hilflosig- und Sterblichkeit konfrontiert, die die meisten (psychisch) vollkommen überfordert (hat), von Long Covid und Post Vac fange ich an dieser Stelle mal gar nicht erst an. All das geschah *zunächst* nicht durch Krieg, sondern durch Krankheit. Es wurde uns suggeriert, dass wir nicht »jammern« sollten, da wir ja »nur« zu Hause bleiben müssten, im Gegensatz zu unseren Großeltern/Eltern, die mit Krieg konfrontiert wurden. Emotionaler Ausnahmezustand, aber doch bitte nicht schwächeln, war zunächst die »gesellschaftsfähige« Herangehensweise im Angesicht dieser Krankheit, die sich durch die Globalisierung in nicht aufzuhaltender Geschwindigkeit über unseren Planeten ausbreitete.

Es war nicht wirklich greifbar für die Menschen, die zwar die Einschränkungen erlebten, aber nicht persönlich mitansehen oder erleben mussten, wie es den Erkrankten ging. Und da diese Auswirkungen auch heute noch anhalten, gehe ich auf diese lebensverändernde Zeit an dieser Stelle etwas ausführlicher ein:

Alle, die bis dahin in ihrem Leben »Baustellen« umfuhren, indem sie stets geschäftig waren und mit Job, Veranstaltungen, Sport, Verabredungen und Alltag genug zu tun hatten, um nicht hinsehen zu müssen, waren auf einmal gefangen mit sich selbst und eventuell einem engsten Kreis. Schnell lagen Nerven angesichts der Unsicherheiten aufgrund dieser Situation blank. Beziehungen wurden auf die Probe gestellt. Fragen nach dem Sinn tauchten für viele von uns auf, die sich nun nicht mehr durch permanente Ablenkung wegdrücken ließen.

(Zukunfts-)Ängste, Sorgen in Dauerschleife, Traurigkeit, Hilflosigkeit und Einsamkeit (unabhängig davon, ob allein oder gemeinsam einsam) besuchten nun die Menschen, als persönliche Besuche nicht mehr gestattet waren.

Ob dieser neuen Situation hatten wir sogar bei »Mutruf« einige Anrufe von verängstigten Frauen, die dachten, sie könnten wegen der Schließungen nicht einmal Zuflucht in einem Frauenhaus finden. Was durch die fehlenden Ausweichmöglichkeiten hinter den verschlossenen Türen in dieser Zeit in Bezug auf häusliche Gewalt geschehen ist, mag ich mir gar nicht wirklich vorstellen, und doch ist es unglaublich wichtig, dass wir davor auf keinen Fall die Augen verschließen! Die psychischen Folgen dieser Zeit sind in jeglicher Hinsicht noch vollkommen unvorhersehbar.

DIE NEUE EINSAMKEIT UND MENTAL LOAD

Immer wieder weise ich in meiner Arbeit auf die gravierenden Auswirkungen von Einsamkeit hin. Einsamkeit ist in einer immer anonymer werdenden Gesellschaft sehr verbreitet. Dennoch wird sie wenig thematisiert, weil eine tiefe Scham mit ihr verknüpft ist, sodass Menschen nicht gerne über sie sprechen, denn in ihrem Inneren denken viele, sie wären allein, weil sie nicht »gut oder liebenswert genug« wären.

Im Laufe der Pandemie wurden zwar nach und nach zarte Stimmen lauter, die eben diese Schwierigkeiten versuchten zu thematisieren, aber für meinen Geschmack wurden sie vielerorts zu schnell zum Schweigen gebracht.

Besonders Menschen, die sich aus einer Überlastung oder aus einer physischen oder psychischen Erkrankung herausgearbeitet haben oder herausarbeiten, sowie hochsensible Menschen erleben eine sehr spezielle Form der Einsamkeit, weil sie durch ihre Empfindsamkeit und durch erlebte Zurückweisungen aufgrund der Tatsache, dass sie »anders« sind, besondere Ansprüche an zwischenmenschliche Beziehungen und Veranstaltungen haben oder entwickeln.

Wie kann es angehen, dass wir in dieser modernen und ach so offenen Gesellschaft runterspielen oder gar ignorieren, welch eine zusätzliche Belastung die Zeit der Pandemie für unsere Psyche war? Anstatt die wundervollen Möglichkeiten zu nutzen, die wir allein schon durch die heutige Technik haben, um zum Beispiel für alte Menschen etwas an besagter Einsamkeit zu ändern!

Wie kann es angehen, dass wir in so einer herausfordernden Zeit scheinbar nichts Besseres zu tun hatten, als im Eiltempo zu einer »Normalität« zurückzurennen, die diesen Namen noch gar nicht zu Recht tragen durfte, weil alles noch höchst fragil war?

Aus psychologischer Sicht war diese Zeit eine Katastrophe, gekrönt durch die immer weiter fortschreitende Spaltung der Gesellschaft beispielsweise beim »Impfen« oder der Frage »Wie viel G[6] darf's denn nun sein?«.

Aber trotzdem war bei Weitem nicht alles an dieser psychisch und logistisch sehr herausfordernden Zeit schlecht. Es liegt aber an uns, ob wir das, was uns diese und andere Ausnahmesituationen Positives lehren, mit in die Zukunft nehmen. In Bezug auf unsere Umwelt war es auf einmal möglich, dass der Flug- und Kreuzfahrtschiffverkehr fast zum Erliegen kam. Es gibt an dieser Stelle also viel Potenzial, um über Alternativen nachzudenken. Besonders angesichts der sich häufenden Extremwettervorkommnisse sollten mittlerweile alle begriffen haben, dass wir nicht weiter so mit Mutter Erde umgehen können und dürfen. Natürlich war gerade nach den ersten Lockdowns die Sehnsucht vieler Menschen besonders groß, in andere Länder zu reisen. Sie wollten Freiheit fühlen und das Leben genießen. Aber können wir nicht wenigstens insofern Wertschätzung für eben diese wunderschönen anderen Plätze auf der Welt aufbringen, als es uns dann auch den Aufschlag auf unser Flugticket wert ist, der notwendig ist, um zumindest »klimaneutral« zu reisen?

Das Interesse für Homefarming und Camping explodierte ebenso wie neue Ideen, wie man sich auch digital »treffen« könnte. Homeoffice wurde »einfach mal« gemacht, und siehe da, es funktionierte grundsätzlich für erstaunlich viele Berufe. Auf die zusätzliche Belastung für Eltern gehe ich an dieser Stelle nicht *en détail* ein.

Doch dass in der Zeit der Lockdowns leider in vielen Fällen (die Betonung liegt auf »vielen«, ich weiß, dass es auch für einige Männer zutraf) sehr klassisch mal wieder die Frauen die Arschkarte gezogen hatten, die neben Job und Haushalt gleichzeitig (kleine) Kinder zu betreuen (und teilweise zu unterrichten) hatten, kann und möchte ich nicht unkommentiert stehen lassen. 2024 – und wir müssen immer noch um die Gleichberechtigung in unserer Gesellschaft kämpfen! Das ist nicht akzeptabel. Schlimm genug, dass beispielsweise Frauenquoten, Gleichstellungsbeauftragte und Rentenansprüche von Müttern immer noch notwendig sind, so wurden wir nun auch noch vielerorts zurückkatapultiert in eine Zeit, von der wir gehofft hatten, wenigstens ihr bereits entwachsen zu sein.

All das, was Frauen alltäglich begegnet – die Mehrfachbelastung, die sich eingebürgert hat und Frauen auch ohne Pandemie schon an ihr Limit bringt –, hat enorme Auswirkungen auf ihre seelische Verfassung. Der Begriff »Mental Load« bedeutet übersetzt »mentale Belastung« und steht als Überbegriff für diese Mehrfachbelastung (Care-Arbeit in Beziehungen, Familie und Haushalt, berufliche und gesellschaftliche Ansprüche, was »frau« heutzutage sonst noch so alles zu sein und zu leisten hat), die für die meisten Frauen an der Tagesordnung ist und durch die sich Frauen immer mehr selbst verlieren. Ein Synonym für die gedanklichen und überlangen To-do-Listen, die zumeist in den Köpfen der Frauen geführt werden und die einfach nicht enden wollen.

Diese unbezahlte Arbeit für die Familie ermöglicht zwar einen reibungslosen Ablauf im Alltag, überfordert aber permanent: An Arzttermine, Geburtstagsgeschenke und Schulveranstaltungen zu denken sowie die verschiedenen Kleidergrößen ebenso zu kennen wie sich die Namen der befreundeten Kinder und deren Adressen (Mamataxi ist auch ein Part davon) zu merken, liegt meist im Aufgabenfeld der Frauen. Natürlich sollen wir dabei gleichzeitig nicht die Bedürfnisse unseres Partners oder unserer Partnerin übersehen, auf unsere Figur und unser Aussehen achten und last, but not least im Job selbstverständlich Bestleistungen bringen. Arbeiten Frauen halbtags, erledigen sie nicht selten auch hier mehr Aufgaben, als in die vereinbarte Arbeitszeit eigentlich hineingehören; nicht nur, dass sie im Verhältnis zu den in Vollzeit arbeitenden Kolleginnen und Kollegen tatsächlich mehr Aufgaben zugeteilt bekommen, greift auch dort an vielen Stellen noch das Patriarchat, und so kümmern sich Frauen zusätzlich noch um die Organisation des Geburtstags eines Kollegen, um frisch gekochten Kaffee und vieles mehr. Im Grunde hat frau ständig ein schlechtes Gewissen: Bei der Arbeit hat sie das Gefühl, nicht genug Zeit für die Familie und alles, was dazugehört, zu haben, und zu Hause rattern die Gedanken an Abgabefristen und Meetings fortlaufend in ihrem Kopf. An all das denken zu müssen, ist unfassbar belastend. Pause machen, Zeit für sich haben? Fehlanzeige. Die anstehenden Aufgaben sind nie alle erledigt, und Frauen haben das Gefühl, in einem Teufelskreis zu stecken.

Da es unmöglich ist, allen Ansprüchen gerecht zu werden, haben sie ständig das Gefühl, nicht »genug« zu sein oder zu leisten. Die daraus resultierende Selbstkritik ist ganz sicher nicht förderlich für einen gesunden Selbstwert oder die mentale Gesundheit. Mental Load richtet also auf vielen Ebenen Schaden an.

WENN ANGST DIE KONTROLLE ÜBERNIMMT

Ich gehe sogar noch einen Schritt weiter und vermute, dass viele Frauen – ohne es zu wissen – an einer hochfunktionalen Angststörung[7] leiden, befeuert oder gar bedingt durch die vollkommen utopischen gesellschaftlichen Ansprüche an sie und / oder weil sie nicht wissen, dass sie hochsensibel sind und deshalb mit ihrem Verhalten, das sie der Mehrheit angepasst haben, stets über ihre Grenzen gehen. Die Hauptmerkmale dieser Form der Angststörung sind sowohl die Angst vor dem Scheitern als auch davor, nicht gemocht zu werden, nicht gut genug zu sein. Die Productivity Anxiety[8] – die Angst, nicht produktiv genug zu sein – betrifft nicht nur, jedoch besonders Frauen. Bei dem verzweifelten Versuch, in allen Lebensbereichen ständig Bestleistungen zu erbringen, merken Frauen häufig gar nicht, dass sie dabei von Angst angetrieben werden.

Bis zu einem gewissen Maß kann uns unsere Angst tatsächlich helfen, bessere Leistungen zu erbringen. Oft denken Betroffene, dass sie wunderbar funktionieren, obwohl sich innerlich immer mehr Gefühle der Überforderung anstauen, bis diese schließlich überkochen. Es ist schwer, diese Störung zu erkennen, weil Betroffene nach außen ruhig und gelassen wirken, »beneidenswert« viel unter einen Hut bekommen und häufig sehr strukturiert, weit über ein durchschnittliches Maß hinaus organisiert und erfolgreich sind. Menschen mit einer hochfunktionalen Angststörung kommen nie wirklich zur Ruhe und denken leider auch, sie müssten sich Pausen erst verdienen und so weiter. Dennoch sind sie nicht so offensichtlich eingeschränkt wie jemand, der aufgrund der eigenen Angst nicht mehr das Haus verlassen kann. Es ist aber ein fataler Irrglaube, dass diese Form der Angststörung das Leben der Betroffenen nicht ebenso beeinträchtigt.

Der innere Druck und die Ängste bis hin zu Panikattacken sind nicht durch eine Diagnose in Schweregrade einzuteilen, der Leidensdruck ist genau so individuell, wie es jeder einzelne Mensch ist.

JEDER MENSCH, DER RUND UM DIE UHR DAUERANGESPANNT IST UND MIT ÄNGSTEN ZU TUN HAT, DURCHLEBT SEINE GANZ PERSÖNLICHE HÖLLE.

Tückisch ist, dass die Betroffenen selbst oft nichts von ihrer hochfunktionalen Angststörung ahnen, weil sie glauben, diese starken Angstgefühle seien normal. Nicht selten haben sie das Gefühl, sich selbst verloren zu haben, geben aus Angst vor dem Scheitern aber nichts auf, nicht einmal Beziehungen, die ihnen in keiner Weise guttun. Sie haben das tiefe Bedürfnis, von allen gemocht zu werden, und einen überirdischen Perfektionsanspruch. Weil sie diesen niemals erfüllen können, neigen einige auch in Teilbereichen zur Aufschieberitis (Prokrastination) ... aus Angst, zu scheitern, zu versagen oder jemanden zu enttäuschen, machen sie lieber gar nichts.

Menschen mit einer hochfunktionalen Angststörung achten meist akribisch auf ihr Äußeres, wirken entspannt und sind insgesamt absolut angepasst. Sie führen oft ein »Bilderbuchleben«. Was in Wirklichkeit allerdings nicht selten ein sehr gut eingespielter Bewältigungsmechanismus ist, denn sie haben einen Ruf zu verlieren. Sie sind sehr oft selbstständige »Vorzeigeehefrauen und -mütter«, souveräne Führungskräfte am Arbeitsplatz, Personen des öffentlichen Lebens, gesellschaftlich etabliert, und renommierte Expertinnen auf ihrem Gebiet. Und das macht die hochfunktionale Angst noch gefährlicher, noch schambehafteter, weil Betroffene befürchten, wenn sie davon erzählen würden, wie es *in* ihnen aussieht, würden andere ihnen nicht glauben, dass sie ständig von ihren Ängsten getrieben werden. Unerkannt kann dies dazu führen, dass sich diese Form der Angststörung und der damit einhergehenden Erschöpfung zusätzlich zum Burn-out, die Sorgen zu einer handfesten Depression und die Zukunftsängste und verzweifelten Kontrollversuche langfristig zu einer Zwangsstörung entwickeln können.

Doch wenn wir die übernommenen Ungerechtigkeiten des Patriarchats nicht weiter akzeptieren und den Begriff Gleichberechtigung endlich wirklich *leben*, wird sich das im positiven Sinn auf die Lebensumstände und daraus resultierend auf die mentale Belastung für Frauen auswirken. Durch die Etablierung von zum Beispiel erheblich mehr Homeoffice-Möglichkeiten kann diese in Kombination mit besseren Kinderbetreuungsangeboten dazu beitragen, dass es für Frauen *und* Männer gleichermaßen (!) insgesamt praktikabler wird, Kinder und Arbeit/Karriere besser wuppen zu können. Damit wäre schon mal ein dickes Belastungspäckchen von den Schultern genommen.

NEBENWIRKUNGEN DER PANDEMIE AUF DIE MENTALE VERFASSUNG

Doch zurück zu weiteren Nebenwirkungen der Pandemie, auch wenn ich weiß, dass viele die Zeit gerne einfach aus ihrem Gedächtnis streichen würden und sich auch teilweise so verhalten. Doch neben den Belastungen, die eine große Krise für alle mit sich bringt, kann sie auch zu Positivem inspirieren. So entstanden aus der Not der Lockdowns heraus auch viele gigantisch schöne, kreative Lösungen: Geschäfte wurden umfunktioniert, damit zumindest eine Abholung möglich war, es wurde improvisiert, was das Zeug hält, und so manch einer, dessen berufliche Existenz bedroht war, weitete seinen Blick, klickte einmal weniger bequem und ohne nachzudenken auf »in den Einkaufswagen legen« oder »jetzt kaufen« und unterstützte stattdessen endlich mal die lokalen Geschäfte.

Es gab eine wahre Wiederbelebung des Nachbarschaftszusammenhalts. Wie schön, dass Menschen auf einmal nach ihren Nachbarn und Nachbarinnen schauten. So manch einer registrierte zum ersten Mal überhaupt, wer da eigentlich seit Jahren nebenan lebte. Es wurde wertvolle Einkaufsunterstützung organisiert und neuer Zusammenhalt geschaffen, was gerne fortgesetzt werden darf, denn es sind Oasen für unsere Seelen.

Diese und andere positive Erfahrungen und Erkenntnisse sollten wir also nicht aus den Augen verlieren, und ich hoffe sehr, dass all diese Punkte noch sehr viel mehr ausgebaut werden. Angesichts des Verhaltens einiger Menschen (ich sage nur »wichtige« Fußballspiele, Urlaubsplanungen, ausufernde Feiern noch während der Pandemie) habe ich da allerdings leider einige wohl nicht ganz unberechtigte Zweifel.

Leider wiegen auch die folgenden Punkte nach wie vor schwer: Ängste, Traurigkeit, Verzweiflung und Einsamkeit katapultierten viele Menschen erstmals (oder zurück) in gedankliche Teufelskreise. Der einzige positive Nebeneffekt dabei ist, dass es im Hinblick auf mentale Überlastung und psychische Erkrankungen seit der Pandemie ein neues Ansatzverständnis für diese »Kopfthemen« gibt. Das wiederum kann einen großen Beitrag zu ihrer Enttabuisierung leisten. Vorausgesetzt, wir kümmern uns darum, dass dieses Ansatzverständnis nicht in der Versenkung verschwindet, sondern weiterhin öffentlich thematisiert wird. Denn über all die Menschen und Betroffenen psychischer Überlastung und Erkrankungen, denen die Folgen der Pandemie auch heute noch in den Knochen stecken, wird immer weniger gesprochen. Für viele von ihnen entstand durch die hektische Rückkehr zur »Normalität« zusätzlicher Druck, weil es schien, dass bei allen anderen scheinbar alles wieder flutschte.

Für einige Menschen war die Zeit der Lockdowns und Einschränkungen aber auch bis zu einem gewissen Punkt geradezu erholsam. Die Zwangsentschleunigung der Gesellschaft und an vielen Stellen die Besinnung auf wesentliche Werte und das, was wirklich wichtig ist, hatten zur Folge, dass hochsensible Menschen sich zum ersten Mal quasi mit »Erlaubnis« vor der sonst üblichen Reizüberflutung schützen konnten.

Doch besonders Menschen mit Ängsten oder Depressionen, die bereits auf einem guten Weg waren, allein oder mithilfe von Therapie wieder ihren Weg zurück ins Leben zu finden, fühlten sich wie zurückgebeamt in die Zeit, in der sie in ihrem Gedankengefängnis feststeckten. Viele Therapieangebote, die den Menschen Halt gegeben haben, fanden nicht statt. Einige meiner Helferinnen bei »Mutruf« haben sich schon während des ersten Lockdowns aus Selbstschutzgründen erst einmal »abgemeldet«, weil die Nerven so blank lagen, dass die Triggergefahr für sie einfach zu groß wurde.

Ältere Menschen, deren einzige soziale Kontaktmöglichkeiten in der wöchentlichen Gymnastikrunde oder beim Spieleabend waren, vereinsamten zunehmend. Warum zum Geier reichte es nicht, dass sie getestet und unter Einhaltung der AHA-Regeln[9] dorthin gingen? Wie kann es sein, dass psychische Konsequenzen von Isolation und Einsamkeit derart heruntergespielt wurden? Ich schäume bei dieser Erinnerung beim Schreiben erneut innerlich vor Unverständnis. Eben solche offensichtlichen Fehlentscheidungen waren es auch, die die Menschen nachhaltig verunsicherten.

War und ist unser Pflegepersonal nicht schon überlastet genug? Anfangs wurde für sie geklatscht, als könnten sie sich davon etwas kaufen, aber immerhin schien es, als würde die Aufmerksamkeit endlich mal auf die richtigen Stellen richten. Leider war auch das zu schnell wieder vorbei.

Während es für viele also gar nicht schnell genug wieder in einen scheinbar pandemielosen Alltag zurückgehen konnte, schufteten an anderer Stelle überlastete und unterbezahlte Menschen für die Gesundheit und das Leben anderer. Auch hier können wir die physischen und psychischen Konsequenzen nur erahnen … Dabei hätte unser Gesundheitssystem so viel aus dieser harten Zeit lernen können, aber es scheint eher das Gegenteil der Fall zu sein. Aber das ist nicht meine Kernkompetenz, wer dazu mehr Informationen haben möchte, sollte sich auf jeden Fall anhören, was beispielsweise Franziska Böhler aka @thefabulousfranzi dazu berichten kann.

BEFREIE DICH VON ZWEIFELN UND BLOCKADEN

Wenn das Gesundheitssystem nicht dazulernen sollte, ist das das eine. Das andere ist, ob wir für uns selbst Lehren aus all den Krisen um uns herum ziehen. Ob wir lernen, besser auf uns zu achten, lernen, der Überforderung etwas entgegenzusetzen, uns nicht zum Opfer machen zu lassen.

Räumen wir deshalb zunächst mit vielen typischen, Fesseln anlegenden Mythen auf, die diesen ersten Schritt für viele fast unmöglich machen.

- Du musst nicht angstfrei sein, um ein erfülltes und glückliches Leben zu führen.
- Du musst nicht deine Depression »besiegt« haben, um vollwertig zu sein.
- Du musst nicht weniger sensibel werden oder abstumpfen, um »richtig« zu sein.
- Du musst keinen bestimmten Body-Mass-Index haben, um attraktiv zu sein.
- Du musst nicht die 10k-Follower-Marke geknackt haben, damit das, was du zeigst, sehenswert ist.
- Du musst als Frau nicht immer alle 20 Bälle gleichzeitig in der Luft halten.
- Du musst dein Leben nicht ohne Wenn und Aber danach ausrichten, ob du den Feminismus unterstützt, ob du dich fleischhaltig, vegetarisch oder vegan ernährst oder ob du dich für Umweltschutz engagierst.
- Du musst dich nicht dafür entschuldigen, welche Farbe deine Haut hat, woran du glaubst, bei welchem Geschlecht du nun mal Schmetterlinge im Bauch bekommst, ob du sportlich bist oder nicht.

Wie politisch engagiert du bist, ob du in allen Bereichen nachhaltig lebst, wie du zum Impfen stehst, ob du jemand bist, der oder die alles infrage stellt und nicht einfach alles übernimmt, sondern an revolutionäre Ideen glaubt (*off topic*: Früher nannte man solche Menschen »Querdenker«, da war der Begriff noch positiv belegt), ob du dich als Frau zwischen Kind und Karriere entscheiden musst/darfst/sollst oder dich als Mann in neuen Rollen zurechtfinden musst/darfst/sollst, sollte in erster Linie nur folgende Kriterien erfüllen: *deine*! Du selbst solltest wohlwollend, zufrieden und stolz in den Spiegel schauen können.

Um aktiv zu werden, fehlt vielen die Idee, womit sie anfangen könnten. Und wer kennt es nicht: Die logische (absolut menschliche) Konsequenz ist meist, dass wir reden und reden, dass wir etwas ändern oder tun wollen, damit es uns besser geht, aber schlicht und ergreifend nichts umsetzen. Wir wissen nicht wie, haben Zweifel, ob es überhaupt etwas bringt, oder vergangene »Optimierungsversuche« aus blindem Aktionismus heraus scheiterten so kläglich, dass sie unsere Versagensängste schüren.

Gerade Panikler, aber auch Menschen mit anderen psychischen Erkrankungen sowie Frauen, Care-Arbeitende und Hochsensible in ihrer täglichen Überlastung sind irgendwann so weit entfernt davon, sich selbst ein guter Freund oder eine gute Freundin zu sein, wie eine Kuh von einer Mondlandung.

Negative Gedankenmuster werden leider viel schneller übernommen als positive. Der Ursprung hierfür liegt in unserer Entwicklungsgeschichte begründet und dient in handelsüblichen Mengen unserem Schutz, logo, aber nicht im Übermaß. Wir brauchen deshalb die positiven Impulse, das Vertrauen in uns und unser Handeln, um aus dieser Starre zu erwachen und etwas bewegen zu können.

- »Was soll ich denn noch alles machen?«
- »Warum kann ich nicht einfach wie die anderen ticken?«
- »Wenn ich keine Angst mehr hätte, dann …«
- »Bei mir hilft das alles nichts.«

Kommt dir das bekannt vor?

Diese und/oder viele weitere ähnliche, dich selbst immer kleiner machende Aussagen wirken wie eine angezogene Handbremse in deinem Leben.

Deshalb möchte ich dich im übertragenen Sinne an die Hand nehmen und dich während eines klaren Zeitfensters dazu bringen, mit diesem Buch zu arbeiten und so neuen Routinen und Möglichkeiten in deinem Leben eine Chance zu geben.

Beginne deine Reise
ZU DIR SELBST

Ich möchte dich einladen. An den Ort, an dem du tief im Vertrauen und überzeugt davon bist, dass sich alles fügen wird. Denn das tut es. Immer.

Natürlich können in 6 Wochen nicht alle alten Wunden heilen, du wirst in dieser kurzen Zeit nicht alle Stolpersteine aus dem Weg räumen können, aber du hast dann eine Basis, zu der du immer wieder zurückkehren kannst. Die Tipps und Anregungen sind alltagstauglich und umsetzbar, sodass du auch nach dieser Zeit in der Lage sein wirst, kraftvolle Veränderungen zu erzielen, um im Idealfall immer tiefer ins Vertrauen, ins Leben zu tauchen.

Aus eigener Erfahrung weiß ich um die ganz speziellen Anforderungen, wenn es darum geht, die ersten Hürden zu überwinden, solange wir in gedanklichen Dauerschleifen feststecken. Wir brauchen diesen gewissen Ruck, diesen wichtigen Impuls, um immer wieder den ersten Schritt zu tun, und ich weiß, er ist jedes einzelne Mal eine Mutprobe.

Ganz besonders hart trifft es diejenigen, die in Dauerschleifen der Angst (vor der Angst) gefangen sind. Überspringe bitte die nächste Seite, wenn du dich deiner Angst jetzt gerade nicht gewachsen fühlst, auch wenn ich dir sagen möchte: Versuche es trotzdem zu lesen, auch wenn es dich triggert! Denn es sind nur deine Gedanken, die dir etwas vorgaukeln, was gar nicht da ist.

Dennoch:

TRIGGER-WARNUNG:
Beschreibung von Angstgefühlen

Kennst du dieses Gefühl, wenn sich alles in dir zuschnürt und du wie erstarrt bist? Wenn du denkst, dass du jetzt unmöglich auch nur einen Schritt machen kannst?

Dein Herz scheint dir gleich aus dem Körper zu springen, deine Beine fühlen sich weich an, dein Mund trocken, dein Blickfeld verändert sich, die Geräusche um dich herum werden entweder schrill und laut oder ganz dumpf. Dir ist ganz wackelig zumute, abwechselnd wird dir heiß und kalt, du kannst keinen klaren Gedanken fassen außer: »Lass das aufhören! Oh nein, nicht hier! Das muss aufhören!« *You Know what I mean.*

Ist es bei dir der erste Schritt aus deiner Wohnung? Der Gedanke daran, gleich auf die Autobahn abbiegen zu müssen? Das Gefühl beim Anblick der ellenlangen Schlange an der Kasse? Der Schritt auf die Bühne, um vor Publikum einen Vortrag zu halten? Der Moment, bevor du eine Arztpraxis betrittst – wissend, dass du warten müssen wirst? Oder schon der Gedanke an eine Situation, die dir bevorsteht, weil es sich in deinen Kopf eingebrannt hat, dass du in der Vergangenheit in ähnlicher Situation mal eine Panikattacke hattest? Ich weiß, wie unglaublich schwer es ist, genau diesen ersten Schritt zu tun.

Dennoch tun wir Panikler ihn immer wieder, zumindest, wenn wir uns nicht immer weiter aus dem Leben zurückziehen. Leichter wird es leider für die meisten dadurch nicht, denn oft tun wir diesen Schritt im Kampfmodus, doch Konfrontationstherapie bei Ängsten muss verschiedene Aspekte erfüllen, damit sie funktionieren kann. Wir verlieren immer mehr den Glauben an uns selbst, sind uns selbst der ärgste Kritiker und schlimmste Feind. Wir verschwinden immer mehr.

TRIGGER-WARNUNG ENDE

Ich fordere dich hiermit auf, einen weiteren Schritt zu tun. In friedlicher Absicht, wohlwollend und im weiteren Verlauf deines Weges gefolgt von vielen weiteren Schritten, fein strukturiert und in Abschnitte unterteilt, die eingängig sind und dich führen, dir Halt geben.

Wenn du dich nach dem Gefühl sehnst, endlich mal wieder Bauchmuskelkater vom vielen Lachen zu haben; Erinnerungen sammeln möchtest, die dir ein schelmisches Lächeln ins Gesicht zaubern; mit jeder Faser deines Körpers spüren möchtest, dass du vor Leidenschaft vibrierst; oder dir zunächst einfach mal wieder das Gefühl guttun würde, aktiv etwas für dich verändern zu wollen, dann lass dir von mir gesagt sein: Wenn du dieses Sehnen spürst, kannst du schaffen, was immer du willst! Denn es zeigt, dass da noch viele, viele Funken in dir sind, die nur darauf warten, wieder lichterloh zu brennen.

BIST DU BEREIT?
DU KANNST NUR GEWINNEN, LASS UNS ANFANGEN.

EINE KLEINE ÜBUNG ZUM AUFWÄRMEN

Weil ich deine Skepsis quasi spüren kann, bitte ich dich, vorab eine Übung zu machen, denn es ist extrem hilfreich, zu merken, dass wir unseren Gedanken wirklich *nicht* hilflos ausgeliefert sind!

Im Teufelskreis der Angst beispielsweise verselbstständigt es sich irgendwann, dass wir unseren Körper, unsere Gedanken ständig nach körperlichen Veränderungen und Anzeichen für eine erneute Panikattacke scannen, nicht wahr? Wir sind mutierte kleine Egokreisel, weil wir an nichts anderes mehr denken »können«. So manches Mal habe ich mit tiefer Traurigkeit festgestellt, dass ich so gerne einfach den Moment genießen würde, aber es war mir nicht möglich, weil ich zwar körperlich anwesend war und funktionierte, innerlich aber nicht aus meinen Sorgen rauskam.

Wenn wir mental so überlastet sind, dass unser Fokus 24/7 auf Sorgen, Angst, ängstlichen Gedanken, Körperspannung und so weiter liegt, ist es kein Wunder, dass wir unseren Weg aus all dem heraus ganz sicher nicht finden. Erst wenn wir aufhören, unsere Gedanken ständig um das gleiche Thema schweifen zu lassen, wenn wir unsere Art zu denken ändern, können sich auch unsere Gedanken ändern.

Dazu braucht es eigentlich »nur« eins: das Vertrauen in unsere Macht (bewiesen durch Übungen wie die nun folgende), das es uns ermöglicht, den berüchtigten ersten Schritt zu machen.

AUFGABE

Nimm dir bitte für heute oder morgen ganz in der Früh vor, mal sehr bewusst nach allem zu schauen, was blau (rot, gelb, grün oder welche Farbe auch immer du möchtest) ist.

Achte an diesem einen Tag bis zum Schlafengehen einfach überall auf diese eine Farbe. In der Stadt, in der Natur, an anderen Personen, Häusern, Autos, Schildern, Verpackungen, Reklameschildern, überall. Sei wie ein Scanner, der auf eine einzige Farbe geeicht ist.

Immer wenn du merkst, dass du mit deinen Gedanken von der Aufgabe abschweifst, lenke sie liebevoll, aber bestimmt zurück und richte deine Konzentration auf die Farbe neu aus. Suche deine Umgebung danach ab und verfeinere deinen Blick, die Suche, immer mehr.

Am nächsten Tag wirst du den Beweis dafür bekommen, dass du sehr wohl die Macht hast, zu entscheiden, worauf du deinen Fokus legen möchtest. Vorausgesetzt, du hast die Übung wirklich einen ganzen Tag lang durchgezogen. Du weißt nun, dass du mit relativ einfachen Mitteln deinen Fokus verschieben kannst.

MUT-MOOD – SPEZIELL FÜR DIE PANIKLER UNTER UNS

Ich weiß, dass du trotz der vorangegangenen Übung noch skeptisch sein könntest.

Ich weiß, wie es sich anfühlt, wenn man nicht mehr daran glaubt, dass noch eine weitere Übung oder Technik, von der man hört, für einen selbst etwas ändern könnte.

Ich weiß, wie sich tiefste Verzweiflung anfühlt, wenn man macht und tut und trotzdem ist die Angst 24/7 präsent.

Ich weiß um die Hilflosigkeit, wenn wieder eine Situation so viel Kraft gekostet hat, dass wir noch am nächsten Tag zittrig sind.

Ich weiß, wie es sich anfühlt, in den eigenen Augen zu versagen.

Ich weiß, wie viel Kraft es kostet, immer und immer wieder auf die Matte zurückzugehen.

Aber ich weiß auch, dass es sich lohnt und dass du es schaffen kannst, wenn du es wirklich willst; dass sich das Blatt wieder wenden kann und du es selbst in der Hand hast, die Augen zu öffnen und in vielen Bereichen zu heilen. Die gnadenlose Bestandsaufnahme ist dafür als erster Schritt unerlässlich, glaube mir! Drücke dich nicht davor, auch wenn sie dir schwerfällt. Sie kann weh tun, sie kann aber auch unendlich erleichtern. Ich kann dir nur aus ganzem Herzen raten, dich ihr zu stellen.

NICHTS UND NIEMAND, KEIN ARZT, KEINE THERAPEUTIN, KEIN MEDIKAMENT, KEINE THERAPIE, KEINE F*CKING ATEMÜBUNG KANN DIR EINES ERSETZEN: DEINEN WILLEN!

Diesen Willen kannst du mit den verschiedenen im Buch folgenden Schritten beginnen zu stärken. Ja, dafür musst du am Ball bleiben, denn damit sich davon etwas manifestieren kann, solltest du üben, üben und nochmals üben. Heilung verläuft nicht gradlinig. Heilung ist auch nicht immer bequem, im Gegenteil.

Wenn wir von Heilung sprechen, bedeutet das nicht zwangsläufig, dass wir uns vollkommen aus einer mentalen Überlastung oder gar psychischen Erkrankung befreien, aber definitiv einen anderen Umgang damit erlernen. Wir alle tragen einen kleinen oder großen Rucksack mit uns herum, vollgepackt mit Prägungen, erlernten Verhaltensmustern und (oftmals falschen) Glaubenssätzen. Um ein selbstbestimmtes Leben zu führen, das auf dich und deine Bedürfnisse abgestimmt ist, lohnt es sich, den Inhalt deines Rucksacks mal einer Bestandsaufnahme zu unterziehen und ihn ordentlich auszumisten – wir werden unser sechswöchiges Feel-to-Heal-Programm damit beginnen.

Und in Bezug auf deine Ängste möchte ich dir sagen: Wenn ich es nach so vielen Jahren geschafft habe, einen anderen Umgang damit zu erlernen, kannst du das auch! Gib diesem Buch eine Chance. Nicht mit Vorurteilen oder nur halbherzig. Zieh das für dich raus, was sich für dich richtig anfühlt, hab keine Scheu, Dinge aus diesem Buch und »von anderswo« miteinander zu kombinieren, für dich etwas Eigenes daraus zu machen, um dann damit zu arbeiten.

Vergiss nicht, es geht nicht darum, dich gemäß den Ansprüchen anderer zu optimieren, sondern zu erkennen, dass du viel mehr bist und kannst, als du denkst.

Um uns aus gedanklichen Teufelskreisen oder der Angst zu befreien, müssen wir lernen, uns mit dem zu beschäftigen, was wir wollen, ohne dass das immer in Abhängigkeit zu diesen Teufelskreisen oder Ängsten steht, die wir ja *nicht* mehr wollen. Ein »nicht« kriegt unser Gehirn nämlich nicht auf die Kette, was bedeutet, dass wir immer das manifestieren, womit wir uns beschäftigen. Du solltest Entspannungstechniken also nicht erlernen, um damit der Angst etwas entgegenzusetzen, sondern weil du gelassener werden möchtest. Du solltest weniger Bücher über Ängste lesen, sondern vielmehr welche darüber, wie wir uns persönlich weiterentwickeln und unser Selbstvertrauen stärken können. Wenn du deinen Fokus Stück für Stück verschiebst, bleibt nämlich ganz automatisch immer weniger Raum für die alten Teufelskreise und Ängste.

Stell dir vor, wir würden uns kennen. Dann würde ich jetzt vielleicht vor dir stehen, dir wertschätzend und liebevoll in die Augen sehen und dir sagen:

»DU KANNST DAS! DU BIST NICHT ALLEIN. ICH WEISS, DASS DU DAS KANNST. LASS MICH DIR EIN WENIG HELFEN, ICH GLAUBE AN DICH ...«

WOCHE 1

Die gnadenlose BESTANDSAUFNAHME

Du bist viel stärker, als du vielleicht gerade denkst. Lass uns mit diesem Buch erreichen, dass du für dich und dein Leben auch für neue Richtungen und Wege offen bist. Dass das nicht immer leicht ist, weiß ich. Aber ich finde, du solltest dir selbst die Chance geben, herauszufinden, was dieses Leben für dich noch so bereithält, wenn du dir endlich erlaubst, scheinbar Selbstverständliches oder gar »Unabänderliches« infrage zu stellen.

Ich werde dir jetzt mein Herz öffnen und meine Geschichte erzählen, um dir zu zeigen, wie man aus dem Zustand der geistigen Überforderung herausfindet. Halte deinen Stift und dein Notizbuch bereit – für alles, was du zu deinem Nutzen festhalten möchtest. Am Ende dieser ersten Woche findest du einige Reflexionsfragen. Du kannst sie an jedem Tag und/oder in jeder Woche als Unterstützung dafür nutzen, das Gelesene (meine Geschichte sowie die Gedanken und Ideen, die sie in dir anregt) in deinen Alltag zu übertragen.

Die gnadenlose Bestandsaufnahme ist für viele sehr unbequem, denn wir werden dabei mit unseren eigenen Verhaltensmustern konfrontiert. Mit unserer Faulheit und all den Ausreden, die wir viel leichter finden als die Zuversicht, dass es sich lohnt, die *vorhandene* (lies das vorstehende

Wort bitte noch mal) Energie zu nutzen, um uns in Bewegung zu setzen. Oftmals sehen wir nur das, was offensichtlich ist, bemerken alles drum herum oder in der Tiefe nicht oder halten den Deckel drauf, weil wir intuitiv spüren, dass sonst einiges Ungeliebte an die Oberfläche kommt. Doch wenn wir mental überlastet und erschöpft sind, kommen wir um diese Ehrlichkeit uns selbst gegenüber nicht herum.

Wenn du in deinem Leben wirklich etwas verändern möchtest, kannst du das allerdings nur, indem du an deinem Denken und Verhalten etwas änderst. Dafür musst du aber zunächst wissen, wer du eigentlich bist, absolut ehrlich reflektieren, was dich ausmacht, und bereit dazu sein, das Bild, das du von dir selbst entwickelt hast, nicht länger als in Stein gemeißelt hinzunehmen. Und für die Panikler: Wenn du dich fragst, was das denn mit deiner Angst zu tun hat ... glaube mir, mehr als du ahnst!

Wie würdest du dich beschreiben? Wenn dich jemand noch nicht kennt, was würdest du diesem Menschen über deine Charaktereigenschaften erzählen? Bist du eher still oder laut, angepasst oder rebellisch, faul oder fleißig? Was magst du gern? Welche Hobbys hast du? Hast du noch wirklich Freude an ihnen? Bereits die Veränderung deiner Perspektive kann sehr aufschlussreich, ernüchternd oder gar enttäuschend sein. Denn, mal ganz ehrlich, die wenigsten sind stolz und erfüllt von dem, was sie tun. Ist das nicht unfassbar schade? Aber genau das wollen wir ja ändern, und der beste Zeitpunkt, damit anzufangen, ist immer jetzt.

AUFGABE

Für alle Bereiche deines Lebens gilt es, für dich selbst herauszufinden, wie zufrieden du mit ihnen bist:

- Wie geht es dir körperlich, also dem Zellhaufen, der Wunder an Wunder reiht?
- Wie geht es deiner *Seele*?
- Wie fühlst du dich in deiner Beziehung? Und wie in Freundschaften?
- Fehlt dir etwas? Wenn ja: was?

- Wo und in welcher Hinsicht sehnst du dich nach mehr?
- Was ist jobtechnisch bei dir los? Bist du da glücklich und motiviert?
- Welche Spuren willst und wirst du hinterlassen?
- Ist dir dein Leben *sinn*voll genug?
- In welchen Situationen klebst du deiner inneren Stimme immer wieder ein Pflaster auf den Mund, weil du Angst davor hast, die Wahrheit zuzulassen? Weil du weißt, dass du diese Wahrheit dann nicht mehr vergessen kannst?

Schubse deine trägen Gedankenscheißerchen also mal von vornherein in eine andere Richtung:

WENN ALLES MÖGLICH WÄRE, WIE WÜRDE FÜR DICH EIN RICHTIG ERFÜLLTES UND ZUFRIEDENES LEBEN AUSSEHEN?

Nimm dir bewusst Zeit, darüber nachzudenken, und spiele mit diesen Fragen! Es werden wahrscheinlich weitere durch sie auftauchen. Erlaube dir, sie einfach alle kommen zu lassen.

Um ein noch besseres Gefühl dafür zu bekommen, wie festgefahren wir in unseren Einschätzungen und Gedankengängen teilweise sind, möchte ich an dieser Stelle eine weitere wundervolle Geschichte mit dir teilen:

Kennst du die Geschichte vom schwarzen Punkt[10]? Sie hält uns den Spiegel vor, wie häufig wir in unseren Gedanken feststecken, und lehrt uns, dass wir so vieles, was uns umgibt, schlichtweg übersehen:

In der Geschichte verteilt ein Professor in seiner Klasse ein Blatt Papier an all seine Studentinnen und Studenten mit der Aufgabe, was sie auf diesem Blatt Papier sehen, wenn sie es umdrehen, zu beschreiben. Auf dem Blatt Papier prangt lediglich in der Mitte ein schwarzer Punkt ... Nach einiger Zeit sammelt der Professor die Arbeiten von allen ein und beginnt, die Beschreibungen zu lesen. Er wendet sich schließlich an die Klasse und sagt: »Ihr alle habt bei diesem Experiment den schwarzen Punkt bis ins kleinste Detail beschrieben. Den Durchmesser, die gleichmäßige schwarze Färbung, die Größe an sich und die Position auf dem Papier. Aber niemand von euch hat über all die weiße Fläche geschrieben, die diesen Punkt umgibt.« Die Studentinnen und Studenten schauen verdattert drein und der Professor fährt fort: »Diese Herangehensweise lässt sich hervorragend auf unsere Wahrnehmung übertragen. Wie oft bemerken wir nur das, was gerade schiefläuft, oder sind frustriert über etwas, das uns fehlt? Dabei sind auch in unseren schwersten Zeiten immer Dinge zu finden, für die wir dankbar sein können, die oftmals sogar mehr Platz einnehmen als unsere Sorgen oder vermeintlichen Probleme, so wie das helle Papier in unserem Experiment. Wir sind in der Lage, unsere Wahrnehmung zu trainieren, und ich hoffe, dass dieses Beispiel euch zukünftig in den Sinn kommt, wenn ihr das Gefühl habt, die ganze Welt hätte sich gegen euch verschworen. Denn zur gleichen Zeit bietet das Leben uns auch kostbare Momente und Möglichkeiten.«

Es lässt sich nicht sicher sagen, ob das jemals so passiert ist, aber entscheidend ist die Erkenntnis, die wir aus der Geschichte gewinnen können: dass wir wirklich hinsehen sollten, um uns ein Bild zu machen. Nur so können wir auch versteckte Sehnsüchte, Selbstbetrug oder Träume erkennen, die wir im Alltagsgrau und mit Unterstützung unserer »Als Erwachsene:r tut man so was doch nicht«-Version verleumden.

Fühle mal darüber nach …

Im Vorfeld zu diesem Buch habe ich überlegt, wie viel ich von meiner persönlichen Geschichte an dieser Stelle einfließen lassen soll. Klar, jeder Weg ist vollkommen individuell, es gibt ihn nicht, den einen ultimativen Tipp zum Glücklichsein, aber mit dem »Entblößen« meiner eigenen, mal kleineren, mal größeren »Struggles«, habe ich in der Vergangenheit bereits erreicht, weswegen es mir wert war, so viel von mir zu zeigen: Ich habe anderen Mut gemacht. Mut, genau dort hinzusehen, wo wir unsere

Welt eigentlich so behalten wollen, wie sie ist, selbst wenn wir ahnen, dass es da etwas gibt, was nicht richtig läuft. Wir scheuen uns so sehr davor, weil wir wissen: Wenn wir einmal ehrlich hingesehen haben, wird nichts mehr so sein können, wie es vorher war.

Bereiche also, in denen wir nicht zufrieden oder glücklich sind. Und warum? Weil es – zumindest zunächst – immer einfacher und bequemer ist, sich mit etwas, was zwar unschön, aber irgendwie okay ist, zu arrangieren anstatt Verantwortung zu übernehmen und konsequent zu handeln, möglicherweise sogar noch mal neu anzufangen. Bei einigen Personengruppen ist dieses Verhalten sogar besonders oft zu beobachten.

Bei Paniklern beispielsweise ist dieses Verhalten sehr ausgeprägt. Oft versuchen sie verzweifelt wenigstens in Teilbereichen ihres Lebens so etwas wie Kontrolle oder eine Art Sicherheitsgarantie zu bekommen, und da alles Neue oder Ungewisse ihnen tendenziell zumindest suspekt ist, verharren sie häufig sogar lieber in einem unglücklichen, aber wenigstens vertrautem Leidenszustand.

Ebenso tun sich hochsensible Menschen grundsätzlich mit Veränderungen schwer, was unter anderem ganz simpel in der Tatsache begründet ist, dass jede Veränderung eine Fülle an neuen Eindrücken und Reizen bedeutet, die es zu verarbeiten gilt. Deshalb lieben die meisten hochsensiblen Menschen Routinen und Verlässlichkeit, weil sie mehr Ruhe bedeuten.

Speziell Frauen können ein Lied davon singen, wie schwer es ist, das eigene Leben einer Bestandsaufnahme zu unterziehen. Wenn sie eh schon nicht wissen, wo ihnen vor lauter zu erledigenden Aufgaben der Kopf steht, sie dann auch noch das Gefühl von Unzulänglichkeit an jeder Instagram-Account-Ecke gratis mitbekommen, weil andere Frauen scheinbar spielend und perfekt gestylt ihre 20 Bälle der verschiedenen Rollen in der Luft halten, haben sie keine Kraft, ganz zu schweigen von dem Mut, ihr Leben auf den Prüfstand zu stellen. Sie scheuen sich aber auch davor, weil sie sich nicht eingestehen wollen, dass sie auf Teufel komm raus einen Schein wahren – aus ihrer ureigenen Sehnsucht heraus. *By the way:* Wenn Menschen in den sozialen Medien nur ihren »Happy-Life-Content« von sich zeigen, ist das in den meisten Fällen Fake, denn sie struggeln in Wirklichkeit genauso wie du und ich. Du siehst nur eine inszenierte Momentaufnahme in den Beiträgen und Fotos, die sie posten. Und speziell bei den Fotos haben sie vermutlich eine geraume Zeit damit zugebracht, eines zu wählen, mit dem sie fein sind, notfalls nach ein bisschen Photogeshoppe, und die 80 anderen, auf denen sie sich selbst nicht gut/hübsch/vorteilhaft genug fühlen, gelöscht.

Nicht selten findet man solch ein Verhalten und diese Sehnsüchte besonders in Bezug auf die eigene Ursprungsfamilie oder Beziehung. Wir sehnen uns so sehr nach der Verwirklichung unserer Idealvorstellung, wünschen uns so sehr, dass wir alles, was wir für eine rundherum erfüllende und gesunde Entwicklung brauchen, auch bekommen. Aber das ist gar nicht die Regel, glaube mir. Die nicht gestillten Sehnsüchte begleiten uns weiterhin, und wir krallen uns an der Hoffnung fest, dass sie nicht ungestillt bleiben. Anstatt für uns einzustehen, erdulden und ertragen wir vieles, immer mit dieser Hoffnung im Gepäck, dass es doch noch zum Happy End kommt.

Genauso ernüchternd kann es sein, wenn wir uns ehrlich eingestehen, dass wir in Beziehungen gar nicht immer das bekommen *können,* was wir uns wünschen, allein schon wegen der nackten Tatsache, dass immer mindestens zwei Menschen mit ihren Wünschen, Mustern und Prägungen zusammenkommen und es doch sehr unwahrscheinlich ist, dass beide immer dasselbe wollen. Der Punkt ist, dass wir erkennen müssen, was uns gefehlt hat oder fehlt, um das dann liebevoll anzuerkennen, zu verzeihen und loszulassen. Mit unseren jetzigen Möglichkeiten können wir dafür sorgen, dass alte Wunden heilen und auch aus einem anderen, wohlwollenderen Blickwinkel betrachtet werden können. Durch die Arbeit mit den Fragen, die du zu Beginn dieses Kapitels in der Aufgabenstellung findest, wirst du dazu viele Antworten und erste Impulse für dich finden.

Wenn ich all das anhand meiner eigenen Vergangenheit und Erfahrungen aufzeige, mache ich mich allerdings auch jedes Mal wieder verletz-

und angreifbar, denn mit mir macht es auf jeden Fall etwas, wenn jemand mich deswegen kritisiert, ich hab's viel lieber, wenn Menschen mich mögen. Isso.

Um zu einer Antwort zu finden, gab ich die Frage in meinem Freundeskreis und in den sozialen Medien weiter und bekam nicht nur in den Kommentaren wundervolle Antworten, sondern auch persönliche Zuschriften, die mir zeigten, dass es einen echten Unterschied für meine Leserinnen und Leser macht, wenn ich aus dem Nähkästchen plaudere. Ausschlaggebend war dann letzten Endes tatsächlich ein ganz bestimmter Kommentar, der emotional beim Lesen einfach so viel mit mir gemacht hat, und deshalb wirst du auch in diesem Buch immer wieder Einblicke bekommen, wie es sich auf meinem Weg für mich angefühlt hat.

Du kannst sicher das eine oder andere Mal Parallelen zu dir finden, im Idealfall schubse ich dich liebevoll konsequent in deinen »Revoluzzer-Modus«. Und da mir mein Galgenhumor immer geholfen hat und es heute noch tut, hoffe ich inständig, dass du beim Lesen auch anfangen kannst, aus vollem Herzen zu lachen!

Wir alle lernen (vor allem mit fortschreitendem Alter, ja – an dieser Stelle stell dir mich ruhig schulterzuckend und augenrollend vor): Das Leben ist nicht wie ein Dauerferiencamp, es ist kein Ponyhof oder eine immerwährende Chill-out-Zone – im Gegenteil. Immer wenn wir denken, wir hätten gecheckt, wie's läuft, lacht sich das Leben ein zweites Loch in den Bauch und kippt uns eine neue Lektion vor die Füße.

WIR SIND ALSO ALLE IM GLEICHEN SPIEL DES LEBENS UNTERWEGS. NUR NICHT AUF DEN GLEICHEN LEVELN.

Bedenke das bitte auch immer (!), wenn du auf Menschen triffst, die du eventuell nicht einordnen kannst, die im ersten Moment unsympathisch rüberkommen oder bei denen du nicht verstehen kannst, wieso sie sich so verhalten, wie sie es tun. Du weißt nicht, ob sie morgens eine traurige

Nachricht bekommen haben. Du weißt nicht, ob sie sich mit Sorgen oder gar Ängsten plagen. Du siehst Menschen nicht an, was sie alles mit sich herumtragen, also bitte, bitte: (Ver-)urteile nicht!

Zu den verschiedenen Leveln in unserem Leben im Hinblick auf unsere bedürfnisorientierten Entwicklungsstufen werde ich später noch ausführlicher eingehen.

Eine meiner folgenreichsten und wohl antreibendsten Eigenschaften war lange, lange Zeit mein vollkommen überdimensionierter Perfektionsanspruch. In enger Zusammenarbeit mit meinem inneren Kritiker, nennen wir ihn meinen kleinen Monk, ließ er jeden Hauch einer Ahnung, wie es sein könnte, mit mir selbst zufrieden zu sein oder – behüte – sogar stolz auf mich zu sein, in Windeseile wieder verpuffen.

Irgendwann war ich so klein geworden! Egal, was ich tat, wie sehr ich mich auch abstrampelte und mich immer wieder meiner Angst stellte, es wurde scheinbar einfach nicht besser. Ich war immer weit davon entfernt aufzugeben, denn ich wusste, irgendwo war noch die selbstbewusste, starke Frau, die ich eigentlich bin, aber ich konnte nicht einmal (an-)erkennen, wie stark ich sogar – und besonders – in dieser Zeit war. Dementsprechend war ich teilweise nah am Verzweifeln, denn mit Logik kam ich in puncto meiner Ängste nicht weiter, und das ärgerte mich maßlos.

Aber ich blieb dran. Zumindest dafür waren mein Sturkopf und mein Stolz immer enorm hilfreich, aufgeben kam für mich nie infrage. Allerdings muss ich sehr wohl gestehen, dass ich es meinen Mitmenschen damit auch nicht unbedingt leicht mach(t)e, denn anstatt an der richtigen Stelle mal um Hilfe zu bitten oder mich fallen zu lassen, souffliert mir mein kleiner Monk ständig, dass dies Schwächeln wäre und ich die Sache gefälligst allein können müsste ... Ich arbeite daran, *räusper*.

Ich machte also wieder und wieder erste Schritte, und selbst wenn sich diese teilweise wie Rückschritte anfühlten und ich dachte, dass ich wieder von vorne anfangen müsste, lernte ich durch sie doch immer mehr. Das ist ganz wichtig für dich zu wissen: Auch durch Rückschritte lernen wir immer mehr!

Wie oft erlebe ich, dass meine Coachees sich bei Rückschritten so fühlen, als hätten sie im Spiel des Lebens die »Gehe direkt in das Gefängnis«-Karte gezogen, weil sich in einer stressigen Phase die Angst wieder meldet, von der sie eigentlich dachten, sie hätten sie »unter Kontrolle« oder »besiegt«. Aber zum einen geht es darum überhaupt nicht, und zum anderen: Du verlierst nicht alles. Es ist deshalb niemals alles wieder auf null.

All das, was du gelernt hast, was du geübt hast, ist trotzdem noch da. Leider neigt unser internes Datensystem aber dazu, die hilfreichen hinter den oft genutzten Techniken zu verstecken, die oft im direkten Zusammenhang mit unseren fest verankerten Glaubenssätzen stehen. Im Hochleistungsmodus kommt es dann zu Reaktionen, die sich anfühlen, als wärst du in eine andere Zeit zurückkatapultiert, dabei hat dein kleiner Monk nur in der Hektik die falsche Schublade aufgemacht, weil sie einfach leichter zu öffnen war.

NICHT DIE RÜCKSCHRITTE PER SE SIND SCHLIMM,
SONDERN WIE WIR SIE BEWERTEN. JEDER MACHT SIE.

WENN DU SIE ALS TEIL DES GANZEN SIEHST, WIRD AUS IHNEN
SOGAR EINE SCHRITTFOLGE – TANZE SIE DOCH EINFACH!

Wir neigen leider dazu, unser psychisches Gleichgewicht, unser Wohl, schnell wieder zu vernachlässigen, wenn alles gut läuft, und wundern uns dann, wenn es knallt. Deswegen wünsche ich dir, dass du diesem Buch *wirklich* eine Chance gibst, damit es deine Grundhaltung, dein Leben nachhaltig verändern kann.

Ein neues Verständnis, eine neue, mildere und mitfühlendere Sichtweise half mir, in verschiedenen Lebensbereichen immer mehr Zusammenhänge für mich zu erkennen. Wir werden im Folgenden daran arbeiten, dass es dir genauso ergehen kann.

WIE UMFELD UND GESELLSCHAFT UNSERE ROLLEN DEFINIEREN

Wir wachsen in einer Gesellschaft auf, in der wir uns immer wieder behaupten müssen, um den in rasender Geschwindigkeit wechselnden Ansprüchen gerecht zu werden. In einer Gesellschaft, in der »Erfolg« sich scheinbar nach der Anzahl der virtuellen Follower richtet – höher, schneller, besser, und das bitte in beneidenswerter Work-Life-Balance. Und dabei nicht die gesunde Ernährung vergessen!

EINE GESELLSCHAFT, IN DER BURN-OUT UND ALKOHOLKRANKHEIT DIE EINZIGEN ANERKANNTEN PSYCHISCHEN ERKRANKUNGEN SIND:

FINDE DEN FEHLER!

Wir leben in einer Gesellschaft, in der etliche Minderheiten tagein, tagaus vor ganz andere Probleme gestellt werden als die Mehrheit, obwohl es wahrhaft viele Menschen sind, die zu diesen Minderheiten zählen.

In einer Gesellschaft, in der immer noch nicht angemessen darüber gesprochen wird, dass Frauen andere physische und psychische Aufgaben zu bewältigen haben als Männer.

In einer Gesellschaft, in der Frauen in der Medizin fälschlicherweise an vielen Stellen immer noch wie »kleine« Männer behandelt werden und in der die versteckte Ungleichheit für Frauen zu einer Überforderung in allen Lebensbereichen führt, weil *frau* eigentlich nichts richtig machen kann. Zu laut oder zu leise. Zu fordernd oder zu schüchtern. Zu tough oder zu mädchenhaft. Zu sexy oder zu graues Mäuslein. Über- oder Rabenmutter. Hausmütterchen oder Karrieretussi. Zu dick oder zu dünn. Zu sensibel oder zu maskulin. Die Aufzählung lässt sich beliebig ergänzen.

In einer Gesellschaft, in der zusätzlich diese Grundverunsicherung ihren Höhepunkt im Miteinander der Frauen erlebt: Anstatt sich gegenseitig aus vollem Herzen zu gönnen, für welches Lebensmodell sich jeweils entschieden wird (ob eine Frau Mutter werden möchte [und kann] oder nicht; ob sie gerne die Care-Arbeit zu Hause übernehmen möchte oder ob sie ihre eigene Karriere verfolgen möchte und so weiter), vermitteln sie sich gegenseitig ein schlechtes Gefühl für die jeweils getroffene Entscheidung. Das ist absolut menschlich, denn so können wir die von uns getroffenen Entscheidungen viel besser rechtfertigen, es ist aber hinderlich für die freie Entfaltung. Denn es bedeutet kontinuierliche zusätzliche Angriffe auf das Selbstwertgefühl des jeweiligen Gegenübers – ein essenzieller Faktor in Bezug auf unsere psychische Widerstandsfähigkeit. Wie sollten uns gegenseitig stärken, nicht schwächen.

In einer Gesellschaft, in der bereits immer mehr sehr junge Menschen psychische Probleme bekommen. Nicht zuletzt, weil sie in den sozialen Medien scheinbar erstrebenswerte Welten vorgelebt bekommen, sich mit einigen dieser Influencer vergleichen und dabei nur verlieren können. Sie werden tatsächlich infiziert: mit Minderwertigkeitsgefühlen, Statusdruck und dem Gefühl, zu versagen oder nicht zu genügen.

In eine solche Gesellschaft werden wir hineingeboren und müssen uns im Laufe unseres Lebens immer wieder neu positionieren oder gar finden. Zunächst sind wir das Kind, also in den meisten Fällen Sohn oder Tochter. Wir sind noch ganz pur, rein und authentisch. Schnell bekommen wir jedoch bestimmte Eigenschaften zugeschrieben, Regeln aufgebürdet, müssen durch den Verhaltenskodex unseres jeweiligen Umfeldes durchsteigen. Wir lernen durch Lob, Tadel oder Strafen, was »gewünscht« oder »falsch« ist. Wir bekommen von unseren Bezugspersonen Werte vorgelebt und vermittelt, die wir zum Teil übernehmen, ohne uns dessen bewusst zu sein. Die uns aber immer wieder Knüppel zwischen die Beine werfen können, wenn wir sie nicht kennen oder bewusst hinterfragen.

Diese Rollen und Einordnungen ziehen sich durch unser gesamtes Leben: erste Sandkastenbeziehungen, Kindergartenfreundschaften, die ersten Cliquen in der Schule und so weiter. *By the way:* Gehörtest du dazu? Oder standest du am Rand? Bist du vom Typus Mensch, der einen Raum betritt, sofort präsent ist und alle in seinen Bann zieht, oder eher vom Typus Mäuslein, das verhuscht den Blick schweifen lässt, um zumindest nicht negativ aufzufallen? Oder der hochsensible Mensch, dem oft gesagt wird, er wirke arrogant, obwohl er in Wirklichkeit nur abwartet, bis die erste Reizwelle vorbei ist und er sich sicher genug fühlt?

Tief in unserem Inneren möchten wir alle geliebt und gesehen werden. Das liegt in unserer Natur und ist evolutionstechnisch ziemlich gut ausgeklügelt. Wir möchten dazugehören und passen uns entsprechend an. Dagegen ist eigentlich nichts einzuwenden; um Gemeinschaft zu erreichen, bedarf es gewisser Kompromisse und Zugeständnisse. Allerdings nur bis zu einem gesunden Maß, denn wenn wir dabei gegen unsere eigenen Werte und Überzeugungen agieren, so komplett gegen uns selbst, bekommen wir mit der Zeit ein Problem.

In der Pubertät sind wir hin- und hergerissen zwischen unserem wahren Ich und dem, wie wir gerne wären. Oft kommt in dieser Zeit unsere wahre Persönlichkeit ans Licht, wir suchen und finden uns also im Idealfall in dieser Zeit (wieder) und rebellieren gegen das, was uns aufgezwungen wurde und wird. Allerdings sind wir bereits so eingesponnen in das gesellschaftliche Netz, dass diese Rebellion meist nicht ohne Kompromisse durchgezogen wird.

Später wird es noch viel extremer: Als (Ehe-)Partner oder -Partnerin, Eltern und Berufstätige sollen wir die verschiedenen Rollen so perfekt wie möglich ausfüllen, alle nebeneinander, oft sogar gleichzeitig. (Welche und wie viele Rollen versuchst du zu erfüllen?) Dabei wird erwartet, dass wir dann unsere jeweiligen »Leistungen« immer noch verbessern. Wir vergleichen uns, messen unsere Erfolge mit einer Messlatte, von der wir glauben, dass sie uns das erstrebenswerte Maß angibt. Wir verlieren uns.

WER BIST DU, WENN DU NIEMAND SEIN MUSST?

WER BIST DU, WENN NIEMAND ETWAS VON DIR MÖCHTE?

WER BIST DU, WENN NIEMAND ZUSIEHT?

WER BIST DU?

Wann hast du das letzte Mal etwas getan, was sich ganz nach dir angefühlt hat? Ohne Wenn und Aber?

Und was, verdammte Axt, hält dich davon ab, davon mehr zu wollen?

All diese Fragen nach dem Sinn musste – nein, durfte! – ich mir auf meinem Weg also auch schon mehrfach stellen, und sie können wirklich helfen, wenn du sie dir ehrlich beantwortest! Wenn du magst, nimm dir gern dafür jetzt etwas Zeit, bevor du weiterliest. Du könntest – zumindest als vorläufige grobe Skizze – parallel in deinem Notizbuch festhalten, inwieweit du dich von Regeln geprägt siehst, die du nicht als deine eigenen bezeichnen würdest. Diejenigen Regeln, die dir in Fleisch und Blut übergegangen sind, wirst du vermutlich nicht gleich erkennen können, doch je mehr du von nun an deinen Fokus darauf richtest, nach *deinen* Regeln zu leben, je mehr werden sie sich im Laufe der Zeit zeigen, sodass du irgendwann entscheiden kannst, ob du sie behalten möchtest oder nicht.

Bei mir zum Beispiel war mein übermenschlicher Perfektionsanspruch oftmals komplett kontraproduktiv. So sehr, dass ich ihn nach meiner Angst-Odyssee eigentlich nur loswerden wollte. Aber irgendwann erreichte ich auch dort einen anderen Blickwinkel, auch im Zusammenhang mit meiner Hochsensibilität, aber dazu später mehr. Mittlerweile haben mein Perfektionismus und ich ein echt gutes Verhältnis zueinander, fast so wie *best buddys* oder wie in einer Liebesbeziehung, denn ich lerne ja gerne dazu, schließlich werden wir dadurch immer besser in dem, was wir tun. Nur übertreiben soll er's halt nicht mehr.

DIE EIGENE PRÄGUNG AUF DEM PRÜFSTAND

Es gilt, die »roten Fäden« zu entdecken. Wir können in der Rückschau anhand unserer persönlichen Entwicklung nachvollziehen und erkennen, wie einzelne Erfahrungen uns prägten und / oder zusammenhängen, wie sich etwas in unserem Leben gefügt hat und wie wir ein Bewusstsein für die Werte entwickelten, nach denen wir jetzt leben. Auch meine »roten Fäden« haben ihren Ursprung in meiner Vergangenheit. Die daraus resultierenden Verhaltensmuster zu erkennen, war ein unglaublich schmerzhafter, aber extrem wichtiger Teil auf meinem persönlichen Weg. Beim Lesen wirst du an einigen Stellen vermutlich Parallelen erkennen oder deine Intuition meldet sich, das sind gute Hinweise für dich, um die Ursprünge deiner eigenen roten Fäden zu erkunden.

In der ersten, sich sehr lang ziehenden Anfangsphase meines Paniker-Daseins, dachte ich je nach Tagesform, a) ich hätte irgendeine Krankheit, die die körperlichen Symptome erklären würde, b) es gäbe einen konkreten Auslöser, wenn ich dem nur auf die Spur käme, oder c) ich müsste einfach *die eine* bestimmte Technik finden, dann wäre ich flugs repariert. Diese Phase ging nahtlos über in einen langwierigen Lernprozess, der zunächst sehr angespannt war, aber *step by step* von immer mehr Achtsamkeitsmomenten begleitet wurde. Trotzdem war ich immer auf der Hut und Meisterin darin, mir ja nicht anmerken zu lassen, wie sehr die Angst mein Leben dominierte.

Es tat mir unfassbar weh, als ich irgendwann nicht mehr die Augen davor verschließen konnte, dass ich über viele Jahre tatsächlich emotionalen Missbrauch erlebt hatte, und es fiel mir lange schwer, mich zu entscheiden, ob ich dennoch sagen kann, dass ich eine schöne Kindheit hatte – denn die gab es ja nur, weil ich mich entsprechend angepasst verhalten hatte. Doch wer wäre ich denn ohne diese Erinnerungen? Es war ein langer Prozess, aber ich habe mich entschieden, dass ich meine schönen Erinnerungen behalten möchte. Isso. Allerdings entschuldige ich all das, was schiefgelaufen ist, auch nicht länger.

Meine Mutter hat mich geliebt, aber sie war auch extrem manipulativ, und tanzte ich nicht nach ihrer Pfeife, waren stets Liebesentzug und Ignoranz die Waffen ihrer Wahl. Ich suchte die Schuld immer bei mir, denn was sonst hätte mich als kleines Kind dieses Verhalten lehren können? *Ich* musste doch falsch sein, wenn meine Mutter sich so verhielt, oder? Hätte es jemanden gegeben, der in diesen Situationen den Rücken gerade gemacht hätte und für mich eingestanden wäre, hätte ich vielleicht eine andere Prägung erfahren. Hätte, hätte, Fahrradkette.

Ein Beispiel von vielen, das mir besonders in Erinnerung geblieben ist, stammt aus der Zeit kurz vor meinem Abi. Meiner Mutter gefiel mein damaliger Freund nicht, hauptsächlich, weil er nicht jedes Mal brav ins Wohnzimmer zu meinen Eltern ging, wenn er zu mir zu Besuch kam. Außerdem weckte dieser Mann auch noch Seiten in mir, die meine Mutter doch so gar nicht gerne sah, denn ich verhielt mich nicht wie sie, sondern wie ich es wollte. Nur um das klarzustellen: Dabei war ich weder aufmüpfig noch rebellisch oder frech, also jedenfalls nicht zu ihr. Auch war an der Beziehung zu meinem Freund überhaupt nichts Verwerfliches, im Gegenteil. Ich büffelte fürs Abi (auf den letzten Drücker ... *räusper*) und er fragte mich für die Klausuren ab. Dennoch kam es eines Tages zu der Situation, dass ich meinen Freund gerade verabschiedet hatte und wieder nach oben in mein Zimmer wollte, als meine Mutter im Flur erschien und schrie: »Entweder sie geht oder ich!«

Mein Vater stand daneben und sagte nichts. Ich verharrte wie versteinert auf der Treppe und wusste nicht, wohin mit mir. Ich verstand die Welt nicht mehr. Meine Mutter brauste vor sich hinschimpfend, mit meinem Vater im Schlepptau in ein anderes Zimmer und ich war fix und fertig. Schnell merkte ich im Anschluss, dass diese Situation noch eine Ecke anders war als viele ähnliche zuvor, einfach aufgrund ihrer Dauer. Denn meine Mutter redete nicht mehr mit mir. Kein »Guten Morgen« oder sonstiges. N I C H T S.

Und sie hielt ihr Schweigen über mehrere Wochen durch ...

Aus lauter Verzweiflung trennte ich mich von meinem Freund, in der irrtümlichen Hoffnung, dass meine Mutter sich dann wieder anders verhalten würde. Tat sie nicht. Egal, wie viele Versöhnungsversuche ich startete. Am Tag meiner Abi-Entlassung flehte ich sie erneut an, wenigstens dorthin zu kommen. Sie sagte zwar endlich wieder etwas, aber nur: »Nein, das kann ich nicht.« Ich fühlte mich in dieser Zeit vor, bei und nach meinem Abi so verloren und hilflos wie nie zuvor in meinem Leben.

Bei meinem Abi-Ball schaute ich zwar vorbei, aber ich konnte vor lauter Schmerz beim Anblick der anderen stolzen Eltern mit ihren Kindern nicht den Festsaal betreten, ich flüchtete. Ich weiß, dass dies das letzte Mal ist, an das ich mich erinnern kann, dass ich tatsächlich hemmungslos geweint habe.

Kurz darauf flog ich mit einer Freundin nach Mallorca, das hatten wir schon lange geplant und gebucht. Für mich stand fest: Ich wollte nicht mehr zurück. Wie auch immer ich das anstellen könnte. Ich lernte einen charmanten Spanier kennen, und wir sprachen sogar über eine eventuelle Scheinehe, damit ich dort arbeiten könnte. Meine Freundin bekam das natürlich mit, ihr ging der Arsch auf Grundeis, sie erzählte ihren Eltern von meinen Plänen – ihrerseits Freunde meiner Eltern.

Ein Schelm, wer Böses dabei denkt ... So kam es, dass meine Mutter sich mächtig mit Nettigkeit und Versöhnungsvorschlägen ins Zeug legte (und bagatellisierte die Situation bei uns zu Hause, das sei ja gar nicht so dramatisch gewesen, ich sei ja nur mal wieder zu sensibel), und meine Freundin redete so lange auf mich ein, bis ich gar nicht anders konnte, als voller Hoffnung wieder mit zurückzufliegen.

Viele Jahre später, als ich in meinem ersten Buch etwas zu dieser Zeit schreiben wollte, sprach ich vorsichtshalber zunächst mit meinem Vater darüber, ob ich mich in meiner Erinnerung da in irgendetwas verrannt habe oder ob es diese Zeit wirklich so gegeben habe. Ich hatte mich nicht geirrt.

Es brauchte noch eine Menge weiterer schmerzhafter Erkenntnisbereitschaft, um zu sehen, dass die Rolle meines Vaters bei alledem auch nicht so pralle gewesen war. Der Herr Sozialpädagoge, der für alle anderen Problemfälle immer ein offenes Ohr und Lösungen hatte, ließ das Verhalten meiner Mutter mir gegenüber immer wieder zu, weil das seiner eigens für ihn selbst entwickelten Strategie im Umgang mit ihr entsprach. Für mich dennoch ziemlich bitter im Nachgang.

Jedenfalls lernte ich von klein auf: Verhielt ich mich wie gewünscht, war alles prima, handelte ich jedoch nach meinen Vorstellungen und Wünschen, bekam ich jedes Mal die Quittung. Ich lieb(t)e meine Eltern. Sehr. Und genau das ist auch der Grund, warum mich diese Erlebnisse so prägen und beeinflussen konnten.

Bevor ich all das erkannte, übertrug ich meine erlernten Verhaltensmuster unbewusst auch auf Freundschaften und Beziehungen, und irgendwann zeigte mir meine Seele dann mithilfe der Angst, wo der Hammer hängt.

Aber Stück für Stück befreite ich mich aus dem Teufelskreis Angst und Panik. Die Selbstreflexion, ohne länger etwas schönzureden mit »So schlimm war es wohl schon nicht«, um den damit verbundenen Schmerz nicht spüren zu müssen, half mir dabei ganz entscheidend. Und eben diese gnadenlose Selbstreflexion war für mich unerlässlich, weil ich nur so erkennen konnte, wie viele Warnsignale – in Form eines mulmigen Gefühls hier oder eines (dann lieber schnell unterdrückten) Impulses dort – ich ignoriert hatte, bis meine Angstdiva immer häufiger die Bühne meines Lebens betrat.

Bereits in meinem Buch *Du bist so viel mehr als deine Angst* habe ich darüber geschrieben, aber es ist mir an dieser Stelle sehr wichtig, diesen Punkt noch einmal deutlich zu machen: Wenn in unserer Vergangenheit Menschen, die wir lieben, etwas (nicht) getan haben oder tatsächlich Fehler gemacht haben, die uns so geprägt und verletzt haben, dass die Spuren bis ins Erwachsenenleben spürbar und wegbestimmend sind, bedeutet das trotzdem NICHT unbedingt, dass wir diese Menschen nicht mehr lieben dürften. Und es bedeutet auch nicht zwangsläufig, dass diese Menschen uns nicht wirklich lieben.

Wir sollten niemals vergessen, dass wir abhängig von unserem Alter und unseren Möglichkeiten zum Zeitpunkt des Geschehens emotional und intellektuell eventuell sogar »falsche« Schlüsse aus etwas gezogen haben. Unser »inneres Kind« hat all die Enttäuschungen und Sehnsüchte von damals archiviert und gespeichert (zack!, Musik im Kopp, du auch?[11]), genau wie die kostbaren Momente, bei denen unser Herz vor Freude hüpft, wenn wir uns an sie erinnern. Alles, was wir erleben, hinterlässt Spuren und beeinflusst uns in unserer Entwicklung. Wir dürfen nur nicht vergessen, dass zwei Menschen ein und denselben Moment vollkommen unterschiedlich erleben können. Das bedeutet, dass etwas, was dich früher so enttäuscht hat, dass du heute noch mit einem Kloß im Hals daran zurückdenkst, für die andere Person vollkommen unwichtig gewesen sein kann, und das ganz ohne böse Absicht.

Beispiel: Für die Eltern war es möglicherweise ein pupsnormaler Dienstag, als ihr pubertierender Sprössling in der Schule richtig Mist gebaut und dafür Ärger mit dem Lehrer bekommen hat. Sie haben sich vielleicht sogar extra und in guter Absicht überlegt, dass sie nicht noch eins draufsetzen wollen, und sind deshalb einfach wieder in ihr Alltagsgeschehen eingetaucht, ohne weiter darauf einzugehen. Für eben diesen jungen Menschen kann genau diese Situation aber dazu geführt haben, dass er sich nicht gesehen und damit nicht geliebt von seinen Eltern gefühlt hat, weil sie in einem für ihn wichtigen Moment vorgeblich nicht für ihn da waren.

Und schon haben wir vollkommen unterschiedliche Erinnerungen an Erlebtes, das für diesen jungen Menschen nachhaltig, wenn auch vielleicht unbewusst, prägend und präsent ist, während die Eltern das Ereignis möglicherweise ohne böse Absicht überhaupt nicht mehr auf dem Zettel haben.

Natürlich gibt es sie auch, die Dinge, die eben wirklich unfair (oder Schlimmeres[12]) waren, aber auch da gilt: Nicht alles wurde uns aus Berechnung oder absichtlich angetan, denn diese Menschen handelten ebenfalls jeweils aus ihren ganz eigenen Möglichkeiten und Prägungen heraus. Es geht in erster Linie darum, Dinge zu erkennen, um mit ihnen Frieden schließen zu können, und jetzt einen anderen Umgang damit zu erlernen beziehungsweise unsere daraus resultierenden Verhaltensmuster zu erkennen und verändern zu können.

Deshalb war es auch für mich ganz wichtig, das Kind beim Namen zu nennen und endlich nicht mehr die Augen davor zu verschließen, dass vieles, was ich erlebt hatte, wirklich absolut nicht in Ordnung gewesen war und so auch schlicht und ergreifend nicht hätte passieren dürfen. Aus dieser Erkenntnis erwuchs für mich dann auch endlich die Möglichkeit, mich daraus zu befreien.

Wenn du an Situationen in deiner Kindheit zurückdenkst, in denen du enttäuscht warst, welche fallen dir dann ein? Trau dich, diese Gefühle zu fühlen, und versuche, sie konkret zu benennen. Schau ihnen ins Gesicht! Nur so kannst du diese Wunden gezielt heilen.

WARUM OVERTHINKING ZUR MENTALEN LAST WERDEN KANN

Wir tun uns selbst den größten Gefallen damit, Frieden mit Dingen zu schließen, die geschehen sind. Denn jedes einzelne Mal, wenn wir Zeit und Energie darauf verwenden, uns mit Dingen zu beschäftigen, die in der Vergangenheit geschehen sind, erreichen wir damit in den häufigsten Fällen das Gegenteil von dem, was wir wollen: Einerseits verschwenden wir unsere eigene, kostbare Energie auf etwas, das wir de facto nicht mehr ändern können, und andererseits manifestieren wir es in unserem Gedächtnis mit jedem weiteren Mal des »Wiederkäuens«.

Als wäre das nicht genug, tun wir uns auch das Geschehene durch das ständige Beschäftigen damit wieder und wieder an: Indem wir es immer wieder lebendig werden lassen, erleben wir den Schmerz, die Enttäuschung oder andere traurigen Momente unserer Vergangenheit noch mal und noch mal und noch mal ... Bist du dir dessen bewusst? Überlege bitte, in welchen Situationen du das erlebst. Wie fühlst du dich damit? Kannst du fühlen, wie sehr dir dieses Gedankenkarussell Energie raubt?

Für hochsensible Menschen kommt noch hinzu, dass es eine echte Gratwanderung ist zu differenzieren, welche Empfindungen und Gedanken einfach typisch für ihre Hochsensibilität und welche der Angst geschuldet sind.

Doch Overthinking per se tut uns so oder so nicht gut, deshalb bin ich in Bezug auf Ängste auch nur in sehr begrenzter Weise eine Befürworterin der tiefenpsychologischen Herangehensweise. Dinge zu erkennen: gut! Dinge immer wieder aufzufrischen und darin herumzuwühlen? Gar nicht gut! Wenn du zum tausendsten Mal überlegst, warum XY dieses oder jenes gesagt und getan hat und dich so verletzt und missverstanden hat, ziehst du dir den Schmerz also jedes Mal wieder von Neuem rein. Wäre es nicht viel schöner festzustellen, dass das Leben manchmal echt scheiße oder unfair ist, aber dass wir diesen Mist trotzdem loslassen dürfen? Ich bin Meisterin darin, Erlebtes wieder und wieder Revue passieren zu lassen, besonders bei Menschen, die mir viel bedeuteten und bei denen ich nicht wahrhaben wollte, dass ich ihnen eben nicht so viel bedeutete. Meine eigene kleine Tiefenpsychologie brachte mich aber nicht weiter. Außerdem ist es auch kein Verbrechen, jemanden nicht auf die Art »zurückzulieben«, wie er oder sie (in diesem Fall ich) es sich wünscht, unsere Gefühle sind kein Wunschkonzert.

Das bedeutet aber gleichzeitig, dass es nicht an dir liegt, wenn jemand dich nicht so liebt, wie du es gerne hättest, es ist keine persönliche Entscheidung eines Menschen zu sagen: »So, die möchte ich jetzt aber mal so richtig nachhaltig verletzen, also liebe ich sie nicht, ätsch!«, sondern es ist einfach so, wie es ist. Du magst sicherlich auch nicht jeden Menschen gleich, oder?

Etwas schwieriger gestaltet sich das natürlich, wenn es darum geht, dass es zwischen zwei Menschen einmal Nähe und Liebe gab und sich das verändert. Aber auch da gilt: Willst du mit einer Illusion leben? Oder lieber Schmerz loslassen und neue Chancen ergreifen?

Aber wie wir, glaube ich, alle wissen, kann man auf Verstandesebene etwas noch so lange verinnerlicht haben, die Gefühlsebene hängt da doch so manches Mal ziemlich trödelig hinterher, nicht wahr? Bei mir ist das jedenfalls definitiv so, und dementsprechend war es ein sehr hakeliger Prozess für mich, aus solchen Konstrukten herauszuwachsen. Zumal zusätzlich zu diesem Angstding bei mir noch eine weitere »Komplikation« hinzukam (und weiter hinzukommen wird), die Zeit meines Lebens klar und deutlich auf der Hand lag, aber über lange Zeit so überhaupt nicht in meiner Selbstwahrnehmung vorkam, und die ich im Buch zwar bereits erwähnt habe, die ich selbst aber in meiner gnadenlosen Bestandsaufnahme in puncto Angst übergangen hatte ...

HERRJE, JETZT BIN ICH AUCH NOCH HOCHSENSIBEL?

Mein kleiner Monk hatte wohl fürs Erste die Nase voll gehabt bei so vielen Erkenntnissen, jedenfalls musste ich erst noch ein wenig weiterwachsen, bis ich es endlich für mich annehmen konnte:

»Du bist hochsensibel, wie es im Buche steht!«, sagte mir meine Freundin. »Deutlicher geht es ja wohl nicht.«

Meine erste innere Reaktion war: Was für ein Quatsch, das ist doch wieder nur so eine Modeerscheinung, oder?

Ich bin niemand, der sich nach aktuellen Trends richtet, im Gegenteil: Wenn etwas alle machen, mache ich es schon aus Protest nicht mit. Das war schon immer so (oh, ich kann förmlich sehen, wie jetzt viele Coaches und Coachinnen die Hände über dem Kopf zusammenschlagen), selbst wenn ich eigentlich verdammt neugierig bin und manches Mal gerne würde. Ich weiß, das ist schon ziemlich dusselig, und glaube mir, mich ärgert's am meisten, aber als Sturkopf durch und durch bin ich noch dabei, in dieser Hinsicht manches zu üben (du kannst dich wieder entspannen, ich arbeite dran ...).

Ich wollte nicht hochsensibel sein! Das sind doch die, die versuchen, damit alles Mögliche zu entschuldigen, oder? Die immer gleich einschnappen und keinen harmlosen Scherz vertragen können; die sofort abhauen, wenn es im Bierzelt endlich richtig gemütlich wird; die heulend hinterm Lenkrad sitzen, wenn am Straßenrand ein zermatschter Igel liegt ... Nee, nee, das bin ich nicht. Ich fühle halt nur viel.

»Du spürst die Gefühle anderer oft schon, wenn sie gerade erst in den Raum kommen und noch bevor sie etwas sagen.« »Ja, schon, aber das ist ja eher eine feine Wahrnehmung und meiner Menschenkenntnis zuzuschreiben, oder? Ich war doch schon immer sehr empathisch und beobachte Menschen sehr genau, das kann doch jeder.«

»Es schmerzt in deinen Ohren, wenn etwas laut ist. Hast du dir nicht sogar manchmal die Ohren zugehalten, wenn deine Jungs Legosteine in die Kisten geräumt haben, weil es dir wehtat?« »Joah, das ist richtig, aber ich kann eben super hören.«

»Erinnerst du dich noch an die Konzerte und Partys früher? Den nächsten Tag konntest du immer knicken, nicht, weil du getrunken hättest, sondern weil deine Akkus alle waren.« »Hm, ja, aber ...«

»Warum trägst du so oft deine Sonnenbrille?« »Weil mich das Licht teilweise in den Augen schmerzt, wie bei vielen anderen auch!«

So ging das Gespräch noch mit vielen Beispielen aus meinem Leben weiter und meine Gegenargumente schwächelten immer mehr. Plötzlich ergab alles nicht nur einen Sinn, sondern lieferte mir auch endlich die fehlende Erklärung dafür, warum ich zwar schon ganz viel in Bezug auf meine Angst begriffen hatte, mir aber nicht klar gewesen war, welch ein kontraproduktiver Mitspieler meine intensive (Körper-)Wahrnehmung in diesem Zusammenhang war.

Ich hatte also bis dahin einen wesentlichen Teil von mir selbst schlicht immer noch nicht angenommen, sondern mich stattdessen auf anderer Ebene selbst bekämpft und mit mir geschimpft, ich solle mich nicht so anstellen. Deswegen ist es so wichtig, dass du zumindest zu dir selbst absolut ehrlich bist!

So wie mir geht es leider vielen, wenn nicht sogar den meisten Menschen. Wir sehen nicht auf unsere Essenz, auf unseren authentischen, puren Kern. Wir belügen uns selbst, verbiegen uns und wundern uns dann, wenn das nach hinten losgeht. Achte auf deine Energieräuber, die sich vor dir verstecken wollen.

JE WENIGER DU DICH VERSTELLST, JE MEHR DU BEI DIR BIST, UMSO WENIGER CHANCEN HABEN ANGST UND SELBSTZWEIFEL.

Aber zum Glück gibt es sie immer wieder in unserem Leben, diese Momente, in denen es uns wie Schuppen von den Augen fällt, nicht wahr? Der Begriff »hochsensibel« war für mich bis dahin absolut negativ belegt, ich wollte »so« nicht sein, dennoch spürte ich, dass es verdammt gut war, was plötzlich passierte. Es war verdammt gut, zu entdecken, wer ich war. Du wirst sehen, die gnadenlose Bestandsaufnahme ist zwar einerseits anstrengend, gibt dir andererseits aber auch die Chance, Schätze zu heben, die du zuvor gar nicht oder nicht als Schätze erkannt hast.

Zeit meines Lebens habe ich Sätze zu hören bekommen wie: »Nun nimm das mal nicht so schwer«, »Stell dich nicht so an« oder »Sei doch nicht so empfindlich!«. Kein Wunder, dass ich das nicht quasi auch noch schriftlich wollte, oder?

Aber als meine Freundin mir nun all ihre Beobachtungen aufzählte, spürte ich, wie sich in mir etwas aufrichtete, ein Teil, der immer kleingehalten worden war. Ich entwickelte richtig Wut, es brodelte in mir: »Doch, verdammt! Ich bin genau das! Empfindlich, oder besser gesagt empfindsam. Sensibel. Zart besaitet. Feinfühlig.«

Endlich rebellierte ich innerlich dagegen, dass ich so viel nicht hatte fühlen »dürfen«, weil ich »ja immer zu viel fühlte«, was zur Folge hatte, dass nicht einmal ich mir selbst zugestand, »viel zu fühlen«. Ich war so verdammt hart zu mir geworden in all den Jahren und das machte mich unglaublich traurig.

Am schmerzvollsten an dieser Erkenntnis war für mich, dass ich so unsicher geworden war, dass ich anderen Menschen mehr geglaubt hatte als mir selbst. Ich habe mich fast kaputt machen lassen, so fest war in mir verankert, dass jegliche Ungereimtheiten, die Dysbalancen zwischen mir und so vielen anderen, an mir liegen müssen. Noch heute muss ich unglaublich darauf achten, nicht auf meinen kleinen inneren Monk reinzufallen, wenn er ganz impulsiv loskreischt.

Dennoch: Unterm Strich war diese Erkenntnis in erster Linie ein befreiendes Gefühl – als würde ich nun ein komplettes Puzzle sehen können, das ein schönes Bild zeigte und endlich einen Sinn ergab. Ich war kein Alien und ganz sicher nicht allein mit meiner Eigenart.

Nach Aha-Momenten wie diesem wurde mir in der Rückschau einiges klar: Ich habe so vieles so lange nicht sehen können und mit aller Macht ignoriert, weil ich nicht »anders« sein wollte. Habe mich angepasst und permanent überfordert, ohne den Grund dafür zu kennen. Und als ich schließlich auch noch, für mich schon unverständlich genug, so'n Angstkram hatte, da wollte ich auf gar keinen Fall zusätzlich noch den Stempel auf der Stirn tragen: »Achtung, ängstliches Sensibelchen auf Mission!«

Das berühmte Bauchgefühl, das mir eigentlich immer sehr gute Dienste geleistet hatte, wurde während meiner Angstjahre von mir knallhart boykottiert. Ich musste erst wieder lernen, an welcher Stelle es hilfreich war und an welcher Stelle nicht. Das war nicht leicht, denn zu dem Zeitpunkt war ich noch dabei, mir mein Selbstbewusstsein (zurück) zu erarbeiten und fühlte mich die meiste Zeit wie ein aus dem Nest gefallenes hilfloses Vögelchen.

ANDERSSEIN IST IN UNSERER GESELLSCHAFT NICHT VORGESEHEN.

Ganz zaghaft ändert sich daran zum Glück etwas, weil immer mehr Menschen mit ihren Geschichten an die Öffentlichkeit gehen, um anderen Mut zu machen und viele verschiedene Wege aufzuzeigen. In Bezug auf Hochsensibilität ist es übrigens wichtig zu wissen, dass es sich dabei nicht um einen »Fehler« oder eine »Krankheit« handelt, sondern dass etwa 20 Prozent der Menschen (und Hochsensibilität gibt es übrigens auch im Tierreich) hochsensibel sind, während die anderen »normal« fühlen. Ja, wir sind eine Minderheit, eine Besonderheit, aber keine erfundene, sich zierende Spezies. Ebenso wie es Rechts- und Linkshänder oder verschiedene Haar- oder Augenfarben gibt, gibt es auch hochsensible und »normal« fühlende Personen. Es ist einfach ein Persönlichkeitsmerkmal.

Menschen, die offen zugeben, dass sie sich mental überlastet fühlen, Hochsensiblen und denen, die psychisch erkrankt sind oder waren, wird häufig vorgeworfen, sie würden sich wichtigmachen wollen. Besonders wenn sie wie ich gar den Weg in die Öffentlichkeit wählen und sich auf ihren Seiten in den sozialen Medien und mit ihrer Arbeit für einen offeneren Umgang mit diesen Themen einsetzen. Das tut den meisten von ihnen ziemlich weh, denn, glaube mir, es wäre einfacher, sich nicht immer wieder erklären zu müssen und sich dabei mit den eigenen Triggern zu konfrontieren. Leider ist es aber auch so, dass eben diese Betroffenen diejenigen sind, von denen die meiste Aufklärung ausgeht, die in unserer Gesellschaft bezüglich sämtlicher Tabuthemen erfolgt, weil ansonsten an vielen Stellen noch immer der Mantel des Schweigens darübergelegt wird.

Natürlich gibt es sie auch hier, die schwarzen Schafe, denen es wichtiger ist, ihre Hochsensibilität oder (psychische) Erkrankung dafür zu nutzen, möglichst viele Follower zu bekommen, statt in erster Linie anderen wirklich zu helfen. Untereinander »enttarnen« wir diese Menschen allerdings recht schnell. Denn im Gegensatz zu denen, die wirklich dafür sorgen wollen, dass sich für Betroffene etwas ändert, und die sich vernetzen und gegenseitig unterstützen, wo sie nur können, sind solche Einzelgänger tatsächlich ziemlich unangenehme Zeitgenossen, die stets das Gefühl haben, jemand »könnte ihnen etwas streitig machen«.

Kleine Anekdote am Rande: Ich »durfte« die Krönung eines solchen Verhaltens erleben, als eine Therapeutin, mit der ich eigentlich respektvollen Kontakt hatte, wie ich dachte, mich ohne Angabe von Gründen bei Instagram blockierte. Dass dem so war, erkannte ich erst später. Mir wurde ihr Profil plötzlich nicht mehr angezeigt, und ich machte mir tatsächlich Sorgen, ob sie Schwierigkeiten hatte, dass ihr Account wohlmöglich von jemandem gehackt worden war oder so. Ich schrieb dieser Person sogar eine Mail, weil ich in Sorge um sie war. Keinerlei Rückmeldung. Weil solch ein Verhalten für mich einfach nicht nachvollzieh- beziehungsweise vorstellbar ist, erfuhr ich nur durch einen Zufall, dass sie sehr wohl noch auf Insta aktiv war. Mir fiel im ersten Moment ziemlich die Kinnlade runter. Geghostet von einer Person, die aufgrund ihrer Berufswahl eigentlich wissen müsste, welche Konsequenzen solch ein Verhalten haben kann. Eine Erklärung habe ich dafür übrigens bis heute nicht und werde sie wohl auch nicht bekommen. Aber das muss man sich erst mal auf der Zunge zergehen lassen: Da gibt jemand vor, Menschen im Hinblick auf ihre psychische Gesundheit zu helfen, und verhält sich dann so. Sehr schade!

Wie auch immer, ich werde wie viele andere, für die es eine Herzensangelegenheit ist, in dieser Gesellschaft etwas an der Tabuisierung zu ändern, nicht leiser werden, nur weil andere meinen, es würde »zu viel« über Mental Health oder Hochsensibilität gesprochen. Solange ich immer noch Anrufe bei »Mutruf« oder Mails bekomme mit der Aussage: »Ich bin so froh, dass ich dich/euch gefunden habe, ich dachte, es ginge nur mir so!«, gibt es noch viel zu tun.

Für mich persönlich muss ich der Ehrlichkeit halber aber ergänzen, dass es mir zum Glück auch noch richtig, richtig Spaß macht, an die Öffentlichkeit zu gehen, Interviews zu geben und so weiter. Und ja, in den Momenten kann ich ziemlich extrovertiert sein. Es war ein langer Weg, bis ich mich aus meinem Angstgefängnis befreit hatte, und ich bin mittlerweile wirklich stolz darauf, stärker aus all dem hervorgegangen zu sein, als ich jemals war. Nach all den Jahren mit Ängsten bin ich extrem hungrig aufs Leben und genieße es, koste es aus, mich so frei zu fühlen. Das darf jeder sehen, denn auch und genau damit mache ich anderen ebenfalls Mut!

Vielleicht entdeckst ja auch du bei deiner gnadenlosen Bestandsaufnahme einen Schatz, den du zunächst gar nicht gesehen oder gar für einen Misthaufen gehalten hast? Vielleicht bedeutet diese Entdeckung auch die Befreiung von einer Last, den Gewinn einer neuen Freiheit, so sein zu können / dürfen, wie du nun mal bist? Falls dich zum Beispiel das Thema *Hoch*sensibilität selbst sehr berührt und du dich fragst, ob es auch dich betreffen könnte, findest du am Ende des Buches noch weitere Ausführungen zu diesem Thema von mir.

UNSERE INTUITION – EIN MEISTERWERK

Für mich hatte meine Empfindsamkeit zwar vieles in meinen Angstjahren *gefühlt* »noch viel schlimmer« gemacht, aber nun faktisch greifen zu können, was es bedeutet, hochsensibel zu sein, erklärte so vieles. Ich bin inzwischen sogar davon überzeugt, dass meine Hochsensibilität auch dazu beigetragen hat, dass die Angst irgendwann auf diese Weise in mein Leben trat, aber das ist eine ganz persönliche Einschätzung. Für mich wurde die Erkenntnis, dass ich hochsensibel bin, jedoch sehr schnell von der Strafe zu einer Gabe, und ich wurde mir des Geschenkes bewusst, das mir das Leben damit gemacht hatte.

Ich spüre zum Beispiel oft, wie es Menschen wirklich geht, wenn sie in meiner Nähe sind. Meine Antennen sind sehr fein, sodass ich unfassbar viele Informationen aus Situationen und Gesprächen herausziehe, und meine Gedanken sind es gewohnt, aus all dem ein strukturiertes Bild zu machen, sodass ich oft quasi vorhersehen kann, was als Nächstes passieren wird. Das und vieles mehr unterscheidet die Wahrnehmung und Reizverarbeitung für hochsensible Menschen sozusagen auf äußerer Ebene, aber hinzu kommt, dass sie Dinge auch körperlich viel intensiver erleben und dementsprechend auch verarbeiten müssen.

So spüre ich Veränderungen in meinem Körper oft schon, bevor sie sichtbar werden. Ja, ich kann dir tatsächlich sagen, wenn ich im Gesicht an einer bestimmten Stelle einen Pickel bekomme, der noch nicht einmal von außen fühlbar ist. Mein Zahnarzt war ziemlich überrascht, als ich ihm sagte, an einer meiner Zahnwurzeln stimme etwas nicht, erst das Röntgenbild überzeugte ihn. Mein Frauenarzt konnte erst auf dem Ultraschallbild sehen, was ich bereits gefühlt hatte.

Meinen Körper so wahrnehmen zu können, war in einer meiner Schwangerschaften noch auf sehr herausfordernde Weise zusätzlich trainiert worden. Ich hatte damals viel zu früh in der 20. SSW (falls du dich mit dem Thema noch nie beschäftigen musstest: Eine »normale« Schwangerschaft hat 40 Schwangerschaftswochen) einen vorzeitigen Blasensprung und brütete meinen Sohn im wahrsten Sinne des Wortes in den folgenden zwölf Wochen liegend im Krankenhaus aus, bis er als Frühchen zur Welt kam. Während dieser Zeit hatte ich außer den Visiten, Untersuchungen und im Verhältnis zur Länge eines Tages kurzen Besuchen kaum Abwechslung und war der Sorge um das Leben meines ungeborenen Sohnes 24/7 ausgeliefert. Ich spürte jede kleinste Veränderung in mir. Das rettete ihm tatsächlich das Leben. Und es hat meine Sinne noch mehr geschärft.

In Situationen wie der eben beschriebenen konnte ich zum Glück nie anders, als mich unbeirrt (und stur) auf mein Gefühl zu verlassen. Nichts und niemand konnte mich dann davon abbringen. Die Ärztinnen und Ärzte wollten beispielsweise damals, dass ich die Schwangerschaft abbreche. *Never ever*, ich hatte meinen Sohn doch schon zart flatternd in mir gespürt …

Aber es gab auch unzählige Situationen in meinen Angstjahren, in denen diese Fähigkeit für mich zum übereifrigen Anheizer meiner ganz persönlichen Hölle wurde.

Neu entdeckte Veränderungen in und an meinem Körper, die meine hypochondrischen Gedankenscheißerchen zu Höchstleistungen anspornten, Nebenwirken von der 24/7-Daueranspannung durch die Angstdiva sowie all die körperlichen Symptome, die nun mal mit Angst oder einer Panikattacke einhergehen, mussten von mir dahingehend überprüft werden, ob ich sie aufgrund meiner extrem feinen Wahrnehmung spürte, ob sie durch die mit der Angst verbundenen Habachtstellung spürbar waren und ich sie ignorieren sollte, oder ob es nicht doch angemessen wäre, eine Ärztin oder einen Arzt aufzusuchen.

Warum erzähle ich dir das?

WIR TRAGEN BESTIMMTE EIGENSCHAFTEN, WERTE, MÖGLICHKEITEN, TRÄUME UND BEDÜRFNISSE IN UNS. SICH SELBST ZU VERLEUGNEN IST WIE IN EINER UNGESUNDEN BEZIEHUNG MIT SICH SELBST ZU LEBEN.

Kennst du Sprüche wie: »Ich hab die Nase voll!«, »Das schlägt mir aber so was von auf den Magen!«, »Ich kann den oder die echt nicht riechen!«? Oder Empfindungen wie zum Beispiel: bei einem angespannten Gespräch einen Kloß im Hals haben oder gar in einer Beziehung keine Luft mehr zu bekommen, sozusagen zu ersticken? Solche Äußerungen und Gefühle bis hin zu körperlichen Schmerzen können durch psychischen Schmerz ausgelöst werden. Fast jeder kennt eins oder mehrere meiner aufgezählten Beispiele, du also vermutlich auch, oder?

Wie lange willst du dich damit noch plagen? Wie lange also noch dich selbst belügen?

Nur durch ein furchtloses Hinsehen in deinem Leben kannst du dich aus den Schubladen befreien, in die du selbst und andere dich gesteckt haben! Möglicherweise machst du den ersten Schritt, die Bestandsaufnahme, und möchtest in der Folge trotzdem nicht unbedingt etwas ändern. Auch das ist okay. Aber bitte in dem Bewusstsein, dass du dann auch nicht über dein Leben jammern solltest, wenn du nur aus Bequemlichkeit nichts veränderst. Du hast die Macht, dein Leben so zu gestalten, dass es dir wieder Erfüllung und Freude bringt, dass du Momenten, die schwerer sind, mit einer größeren Gelassenheit entgegentreten kannst. Ob du diese Macht nutzt, ist ganz und gar deine Entscheidung. Wenn du immer noch zauderst und misstrauisch bist, lass uns einen Deal machen: Gib dem Ganzen doch einfach mal diese 6 Wochen Feel to Heal und schau, wie es sich für dich anfühlt.

WAS HAST DU DENN ZU VERLIEREN, AUSSER HOFFENTLICH ZUMINDEST EINEN TEIL DEINER UNZUFRIEDENHEIT?

In deine Komfortzone kannst du dich hinterher immer noch wieder zurückziehen und es den berühmten drei Affen nachmachen (wobei ... mittlerweile sind es ja eigentlich vier, wenn man den mit Handy mitzählt, nicht wahr?). Die drei Affen jedenfalls haben ihren Ursprung in einem japanischen Sprichwort und bedeuten in unserer westlichen Welt etwa: »das Schlechte nicht wahrhaben wollen«.

NIMM DICH SELBST INS KREUZFEUER

Vertraue deiner inneren Stimme beziehungsweise deinem inneren Gefühl, das dich dazu gebracht hat, dieses Buch zu lesen. Entscheide du, ob du so ein Äffchen sein möchtest, aber ich finde ja, du solltest dir selbst die Chance geben herauszufinden, was dieses Leben noch so für dich bereithält, wenn du dir endlich erlaubst, scheinbar Selbstverständliches oder gar »Unabänderliches« infrage zu stellen.

Stelle dir also in dieser ersten Woche immer wieder die genannten – oder andere in dir aufpoppende – Fragen, und da es sich um ein Mitmach-Buch handelt, schreibe dir Stichpunkte dazu gern in dein Notizbuch. Das Gleiche mache bitte mit den Fragen von S. 52, die direkt in dein Innerstes zielen:

- Wie geht es dir körperlich, also dem Zellhaufen, der Wunder an Wunder reiht?
- Wie geht es deiner *Seele*?
- Wie fühlst du dich in deiner Beziehung? Und wie in Freundschaften?
- Fehlt dir etwas? Wenn ja: was?
- An welcher Stelle sehnst du dich nach mehr?
- Was ist jobtechnisch bei dir los? Bist du da glücklich und motiviert?

- Welche Spuren willst und wirst du hinterlassen?
- Ist dir dein Leben *sinn*voll genug?
- In welchen Situationen klebst du deiner inneren Stimme immer wieder ein Pflaster auf den Mund, weil du Angst davor hast, die Wahrheit zuzulassen, weil du weißt, dass du dann nicht mehr so tun kannst, als wäre nichts passiert?

Aufgrund meiner eigenen Schwierigkeiten, mich selbst anzunehmen, weiß ich ganz genau, was es mit uns machen kann, wenn wir Teile von uns verleumden. Mach bitte nicht meine Fehler, sondern nutze die Erkenntnisse, bei denen du spürst, dass sich etwas in dir regt. Ich habe mich in den Zeiten, die von Angst und Panik geprägt waren, so sehr vermisst und die Welt nicht mehr verstanden, ich wurde immer kleiner.

Dabei bin ich von Natur aus durch und durch optimistisch; manchmal bis oft auch ziemlich albern. Ich liebe es, wenn mir die Tränen vor Lachen kommen. Ich hüpfe auch mit 50 immer noch gerne in Pfützen, fange Schnee- oder Regentropfen mit der Zunge auf, und wer es schafft, in mein Herz zu kommen, kann mit mir Pferde stehlen und muss mich schon sehr verletzen, dass ich ihn oder sie dort wieder hinausbefördere.

Ich wusste nicht, wie es angehen konnte, dass ich es so vermasselt hatte. Wo war die selbstbewusste, lebensfrohe Frau hin?

Die, die das Tauchen liebte, sich gern an einem Fallschirm hängend von einem Motorboot im Mittelmeer ziehen ließ oder sich auf einer Safari fast die Hosen nass machte vor Lachen, als das Kamel, auf dem sie saß, sich hinlegte? Wie konnte aus dieser freiheitsliebenden Frau, die sich auch nachts ins Auto setzte, einfach nur um an den Strand zu fahren, so ein Angsthäschen werden? Aber die Antwort steht im Zusammenhang mit der eben genannten Aufzählung, denn vieles davon unterdrückte ich, passte mich an, versuchte die perfekte Mama / Frau / Freundin / gesellschaftlich Zugehörige zu sein, von der ich dachte, die würden »die anderen« hoffentlich lieben können.

Was für ein Bullshit!

Als ich meine Verhaltensmuster erkannte und begann, mich aus diesen Fesseln zu befreien, wurde mir immer klarer, dass ich liebenswert bin, und zwar genau so, wie ich bin. Und dass ich auf Menschen verzichten kann, denen ich nicht reiche oder alternativ »zu viel« bin. Dass meine Hochsensibilität kein »Makel« ist und mich auch nicht weniger wertvoll macht, sondern dass sie etwas Besonderes und Kostbares ist.

Ich durfte erkennen, dass einiges, was ich erlebt hatte, traumatische Folgen für mich gehabt hatte, aus denen schlussendlich sogar diese »Angstgeschichte« entstand. Ich hatte nun mal mehrfach bei Menschen, die ich liebte, tatsächlich erlebt, dass ich abgelehnt oder mit Liebesentzug gestraft wurde, wenn ich mich nicht so verhielt, wie es mein Gegenüber gerne gehabt hätte. Dass man sich als hochsensibler Mensch in unserer Gesellschaft eh meist wie ein Außerirdischer fühlt, verstärkte die Wirkung von solchem Verhalten mir gegenüber nur noch mehr. (Noch mal zur Erinnerung: Es geht um das Erkennen, nicht ums Schlechtmachen.)

Das Fiese daran ist, dass es dabei eine klare Proportionalität zur Intensität meiner Gefühle gibt. Je mehr mir also jemand bedeutet, umso mehr Angst hatte ich, nicht zu genügen, ausrangiert zu werden, wenn ich nicht dem jeweiligen Ideal entspräche – nur: Bewusst war ich mir dessen lange Zeit nicht. Bei meinen jahrelangen Versuchen, genau diese (fremden) Ideale zu verkörpern, musste es mich wohl irgendwann so dermaßen aus der Spur hauen, damit ich gezwungen war, endlich hinzusehen!

Sogar in meiner Beziehung hielt ich lange Zeit aus Selbstschutz die Augen verschlossen. Hintergrund war unter anderem, dass es meine Familie, beziehungsweise die Geschwister untereinander, während der Hoch-Zeiten meiner Angst nach dem Tod meiner Mutter wegen Erbstreitigkeiten zerrissen hatte. Ich hatte keinerlei familiären Rückhalt mehr, keinen »sicheren Hafen«.

Mit meinem Vater hielt ich zwar weiterhin sehr engen Kontakt, aber der war seit dieser Zeit überschattet von der Tatsache, dass er sich nicht traute, für sich einzustehen oder mal eine andere Meinung zu vertreten als die meiner (Halb-)Geschwister. Das war zwar schon, so lange ich mich erinnern kann, der Fall, aber als meine Mutter noch lebte, war die Situation für ihn dennoch anders. Ich denke, es war das Resultat seiner ureigenen Angst, dass er meine (Halb-)Geschwister verlieren könnte, wenn ihnen etwas an ihm nicht passt, schließlich war er ja nicht ihr leiblicher Vater. Ich hatte dafür auch großes Verständnis – tja, wer, wenn nicht ich? Das sorgte aber erst recht dafür, dass ich mich noch einsamer und »nicht gut genug« fühlte.

Hinzu kam, dass ich aus Unwissenheit in Bezug auf meine Prägungen und Muster sämtliche Freundschaften verloren hatte, als ich mich von meinem ersten Mann trennte. Wobei ich an dieser Stelle mal dahingestellt lasse, ob wirkliche Freundinnen nicht anders für mich hätten da sein können beziehungsweise sich hartnäckiger für unsere Freundschaft hätten einsetzen »sollen«. Zumindest hätte ich mir das mit jeder Faser gewünscht. Aber rückblickend muss ich sagen, dass ich es den wenigen Menschen, die mir so enorm wichtig waren, auch nicht leicht gemacht habe, und mein Sturkopf tat sein Übriges. Denn der führte dazu, dass niemand eine einmal von mir gefällte Entscheidung anzweifelte, weil ich alles konsequent durchzog. »Koste es, was es wolle!« traf leider auch auf meine eigene Gesundheit zu, weil ich mich aufgrund dieses Sturkopfes in vielerlei Hinsicht – vor allem mental – komplett überforderte.

Und ja, es schmerzte sehr, auch das irgendwann zu erkennen und mir einzugestehen, dass ich selbst einen großen Teil dazu beigetragen hatte, Situationen zu erschaffen, die mir so unfassbar wehgetan hatten! Ich hätte gerne an der Uhr gedreht, aber nützt ja nix, wir müssen auch akzeptieren, dass das eben nicht geht. Tatsache ist aber: Bis auf meine eigene kleine Kernfamilie und meine beste Freundin noch aus der Teenagerzeit, mit der ich aber keinen »Alltagskontakt« habe, hatte ich wirklich absolut niemanden mehr.

So kam es, dass ich zumindest in meiner eigenen kleinen Familie, vor allem in meiner Partnerschaft, ein Gefühl von Sicherheit wollte. Dadurch habe ich, die es nie gelernt hatte, für sich selbst einzustehen, vieles geduldet, was einfach nicht mir selbst entsprach, immer um des lieben Friedens willen. Bewusst war mir das überhaupt nicht. Mein erlernter vorauseilender Gehorsam, das vorzeitige Erahnen der Bedürfnisse und Wünsche von anderen hatte ich seit meiner Kindheit immer mehr perfektioniert. Ich habe dir ja schon zuvor etwas zur hochfunktionalen Angststörung erzählt – nun, ich bin ein Paradebeispiel dafür. In Kombination mit meinen Ansprüchen an mich selbst und an andere (Ansprüche, die besonders bei hochsensiblen Menschen extrem ausgeprägt sind) überforderte ich mich für sehr lange Zeit maßlos und verschwand immer mehr.

Zusätzlich fühlte ich mich immer stärker gefangen, konnte allerdings nicht greifen, woher das rührte, denn mein Mann trug mich auf Händen und erfüllte mir jeden, teilweise nicht einmal geäußerten Wunsch. Doch auch ein Zuviel an Liebe kann für einen anders gestrickten Menschen tatsächlich erdrückend sein. Aber steh mal für dich und deine Freiräume ein, wenn du so geprägt bist wie ich! Jemandem quasi seine Zuvorkommenheit vorzuwerfen, während man immer noch denkt, man selbst wäre nur undankbar oder »falsch«, ist verdammt schwer! Ich hatte nicht gelernt, dass ich das Recht dazu habe, gesunde Grenzen für mich zu setzen. Schlimmer noch, mir war gar nicht mehr bewusst, wie wichtig es für mich ist, meinen Freiraum zu haben.

Außerdem befand ich mich lange Zeit in einer finanziellen Abhängigkeit, denn für all das, was ich tue, um in der Gesellschaft etwas an der Tabuisierung zu bewegen, bekam ich zwar wundervolle Komplimente und wusste, wie wichtig und auch tatsächlich unbezahlbar meine Arbeit ist, aber es gab eine Zeit, in der ich davon nicht alle Rechnungen hätte bezahlen können. Nicht dass mein Mann das erwartet hätte, er war und ist unfassbar stolz auf das, was ich tue. Für ihn war es schon immer selbstverständlich, dass das, was von uns beiden reinkommt, unseres ist. Diese Selbstverständlichkeit konnte ich allerdings nicht teilen, mein Selbstwert hinkte da arg hinterher. So hatte all das zur Folge, dass meine Ehe, die für andere mit Blick von außen »traumhaft« wirkte, für mich toxisch wurde. Das zu erkennen, riss mir den Boden unter den Füßen weg. Eigentlich wegen einer Lappalie kam es zu einem Moment, in dem ich, ohne nachzudenken, aber vollkommen überzeugt sagte: »Ich kann nicht mehr!«

Vielleicht empfindest du das gerade ähnlich? Dann bist du durch die gnadenlos ehrliche Bestandsaufnahme vermutlich schon ein deutliches Stück weiter. Wenn du Entscheidungen für dich treffen sollst, die dich anstrengen, kann die Frage »Was möchte ich jetzt wirklich?« viel Klarheit bringen.

»Ich kann nicht mehr!« Diese Worte hallten tagelang in mir nach, hingen zwischen uns in der Luft und wirklich jede einzelne Faser meines Körpers fühlte sich genauso an.

Es gab für mich nach dieser schmerzhaften Erkenntnis zwei Möglichkeiten: entweder die Beziehung sofort zu beenden oder endlich zu lernen, für mich einzustehen und mich aus meinen alten Fesseln zu befreien, wissend, dass mich das sehr viel Kraft kosten würde. Ich brauchte einige Tage, an denen ich mich sowohl auf Gefühls- als auch auf Faktenebene mit meiner Situation knallhart auseinandersetzte, um zu einer Entscheidung zu kommen.

Ich erkannte dabei, dass ich gar nicht in der Form abhängig war, wie mir mein kleiner Monk das hatte weismachen wollen, was meinem Selbstwertgefühl einen gehörigen Schwung verlieh. Dieses Zurückfinden in meine Kraft ermöglichte es mir, meine Gefühle für meinen Mann wieder auf eine freie Art spüren zu können, und ich entschied mich dafür, nicht wegzulaufen. Damit hätte ich auch nicht wirklich etwas an den Ursachen geändert, der Weg wäre allerdings (zumindest fürs Erste) bequemer gewesen und hätte meiner üblichen Herangehensweise entsprochen.

Aber ich wollte unserer Beziehung und mir auf Augenhöhe eine Chance geben. Ich habe mir geschworen, meine alten Wunden *in* der Beziehung zu heilen. Das geht allerdings nur, wenn beide bereit sind, gnadenlos offen zu kommunizieren, und ihnen die Beziehung so viel wert ist, dass sie wissen, welch großartige Chance es auch sein kann, *gemeinsam* aus den jeweiligen Mustern herauszuwachsen.

Wenn man ein freigeistiger Typ ist, sollte man sich nicht davon abhalten lassen, das auch zu leben. Wenn man nicht der absolute Kuscheltyp ist, sollte man nicht nur deshalb kuscheln, weil der Partner oder die Partnerin anders tickt.

Es gibt unzählige kleinere und größere Beispiele, wie wir uns selbst verraten. Lange Zeit habe ich (wie gesagt vollkommen unbewusst) genau das getan, wohl auch, weil mir situationsabhängig suggeriert wurde, ich wäre wahlweise zu sehr oder zu wenig sensibel. Es wurden ständig Triggerknöpfe bei mir gedrückt. Zu viel Nähe, zu viel Zweisamkeit, zu viel Auf-den-Händen-getragen-Werden nahmen mir die Luft zum Atmen, da mein kleiner Monk mir immer wieder deutlich zu verstehen gab, ich müsste immer schön aufpassen, dürfte nicht zu viel Liebevolles zulassen, denn wenn dann im Fall eines Falles der andere mich verlassen würde, wäre die Fallhöhe unerträglich.

Es gehörte viel und auch sehr unbequeme Selbstreflexion dazu, mir einzugestehen, dass nicht wenige Erlebnisse, bei denen ich mich nicht richtig behandelt gefühlt hatte, aufgrund meiner erlernten Strategien *selfmade* waren. Ich habe in vielen Fällen den Fehler bei meinem Mann gesucht und musste nun feststellen, dass die Ursache dafür oft war, dass ich innerlich immer noch versuchte, so zu handeln, wie es meiner Mutter recht gewesen wäre. Autsch.

Allerdings war diese Erkenntnis ein Gamechanger für meine Entwicklung und für meine Ehe. Ich habe mir vorher nie erlaubt, diese schicksalhafte Liebe, die auf eine magische Weise begonnen hatte, wirklich anzunehmen. Ein verzweifelter Versuch, mich für den Worst Case bestmöglich zu schützen. Es tat mehr als nur gut, nun endlich klarzusehen.

Durch die offene Kommunikation zwischen mir und meinem Mann kam viel ans Licht. Die Enge, die mich zu erdrücken drohte, war wiederum *seiner* Angst geschuldet. Er selbst hatte nämlich vom ersten Moment unserer Begegnung an so wahnsinnig große Angst, dass er mich wieder verlieren könnte, dass er alles daransetzte, mich ja glücklich zu machen. Daher rührte das *too much*. Um das Ganze möglichst kompliziert zu machen, soufflierten meine tief verankerten Glaubenssätze mir die ganze Zeit, dass diese Beziehung zu schön wäre, um wahr sein zu können, und vieles mehr. Nun konnten wir gemeinsam und doch jeder für sich aus diesen alten Prägungen aussteigen.

Du siehst, manchmal bringt man durch eine ehrliche Bestandsaufnahme einen viel größeren Ball ins Rollen, als man zuvor gedacht hat. Wenn du dabei entdeckst, was schiefgelaufen ist, kann es sein, dass du es auch einem anderen ermöglichst, bei sich selbst ein paar Dinge zu erkennen und geradezurücken, weil ihr beide so miteinander verflochten seid, dass natürlich das Verhalten des einen ein Verhalten des anderen heraufbeschwört und umgekehrt. Dazu muss man nicht verheiratet sein, es reicht eine Art von Verhältnis, das es zulässt, vertraulich miteinander zu sprechen.

Zusätzlich zu der Belastungsprobe in meiner Ehe kam noch erschwerend hinzu, dass nachdem ich gerade angefangen hatte, mich wieder ins Leben zu wagen, mit dem klaren Ziel, mir meine Unabhängigkeit zurückzuerarbeiten, die Zeit der Lockdowns begann. Gerade die ersten Probeflüge absolviert, gab es nun in vielerlei Hinsicht Flugverbot. Der goldene Käfig, von dem ich nun wusste, dass ich darin zu ersticken drohte, wurde auch deshalb zu der Zeit enger denn je. Ich hatte zwar ein klares Ziel, konnte allerdings nur sehr begrenzt »durchstarten«. So manches Mal war ich sehr frustriert und unglücklich, ruderte ziemlich herum in dieser Zeit, war mir aber dennoch sicher, dass ich (m)einen Weg finden würde.

Ich erfand mich zwar nicht im herkömmlichen Sinne neu, setzte aber konsequent andere Prioritäten: Durch die Lockdowns konnte ich keine Malkurse geben und erlebte leider selbst bei jahrelangen Kunden und Kundinnen null Loyalität in Bezug auf die Kursgebühren. Die Zahlungen wurden ohne ein Wort einfach eingestellt, die größere Enttäuschung war dabei wie so häufig die auf menschlicher Ebene. Außerdem konnte ich zu der Zeit auch keine Ausstellungen und Lesungen planen. Also machte ich das, was ich schon so viele Jahre unentgeltlich gemacht hatte, zu meinem Hauptstandbein und arbeite seitdem ganz offiziell als soul.care.coachin®. Um meinen eigenen Ansprüchen gerecht zu werden und weil mir der verantwortungsvolle Umgang mit Menschen gerade im Hinblick auf unsere Psyche so wichtig ist, schrieb ich mich zunächst an einer Akademie ein und erarbeitete mir über ein Jahr lang wertvolles Zusatzwissen im Bereich Heilpraktiker/-in für Psychotherapie, zudem begann ich parallel noch eine vertiefende einjährige Coaching-Ausbildung.

Ich bin sehr gewachsen in dieser Zeit, denn diese Ausbildungen hatten es beide nicht nur vom Lernstoff her in sich, sondern brachten mir auch weitere Erkenntnisse über mich selbst. Dabei einen Partner an der Seite zu haben, der mitwächst und bedingungslos unterstützt, ist nicht selbstverständlich und ein Prozess mit Ups und Downs für beide.

Ich lernte auch, meinen Stolz an der richtigen Stelle zu überwinden. So bat ich tatsächlich in dieser Zeit zum ersten Mal in meinem Leben einen ganz besonderen Menschen konkret um etwas.

Schon während meiner Recherche über Bjarne Mädel und des dann folgenden Malprozesses für meine aktuelle Bilderserie war eine magische Atmosphäre entstanden. Er hat mich zutiefst berührt und beeindruckt, denn er hat sich so sensibel mit dem Thema Angststörungen beschäftigt, dass es ihm möglich war, eine Glanzleistung als Regisseur und Schauspieler zu erschaffen. Ich habe mich ziemlich davor gedrückt, den entsprechenden Film anzusehen, aus Sorge, dass die Darstellung von Angst und Panik klischeehaft falsch und somit für Betroffene eher einer Ohrfeige gleicht oder aber, falls gut gemacht, die Bilder mich sehr triggern würden.

Es ist eine Gratwanderung, diese Ängste so darzustellen, dass einerseits die ganze Palette von Hilflosigkeit, Scham, Unverständnis, Wut, gestrauchelter Logik und tiefster Verzweiflung ob dieses fehlplatzierten Urgefühls, begleitet von verschiedensten körperlichen Symptomen, gezeigt wird, andererseits diese Ängste aber dennoch nicht vollkommen überzogen »psychomäßig« dargestellt werden und damit der Eindruck entsteht, Betroffene wären nicht gesellschaftsfähig oder Ähnliches. Wie gesagt, der Film ist großartig geworden, und in mir ploppte die Idee beziehungsweise der Traum auf, dass es gigantisch wäre, würde er das Vorwort zu diesem Buch schreiben.

Zum Glück verfüge ich manchmal über ein Teilzeit-Selbstbewusstsein, das andere vielleicht als Größenwahn bezeichnen würden und das mich dazu bringt, an meine Träume und Visionen so sehr zu glauben, dass ich mich auch traue, dafür einzustehen. Nach einigem inneren Tauziehen zwischen genanntem Selbstbewusstsein und dem Schiss vor meiner eigenen Courage siegte Ersteres und ich fragte ihn ...

... und wie geil ist es bitte, dass Bjarne mir zusagte, das Vorwort zu schreiben? Muss ich in meinem Buch eigentlich wie bei Instagram auch Werbung kennzeichnen? Frage für eine Freundin. Aber ich tue es aus freien Stücken und von ganzem Herzen: Wer die »Sörensen-Filme« noch nicht gesehen hat, sollte das unbedingt nachholen!

Diese Zeit lehrte mich jedenfalls erneut auf die nicht wirklich sanfte Tour, wie wichtig es ist, dass wir an uns glauben und mit uns selbst im Reinen sein sollten. Aber aus meinen schwersten Zeiten entwickelte ich schon immer meine größten Stärken. Das soll keine Selbstbeweihräucherung sein, sondern dir zeigen, dass ich das, was ich anderen vermittle, auch selbst lebe. Ich weiß, wie es ist, wenn man sich leer und unzufrieden fühlt, wenn man mental erschöpft und überlastet ist und wie viel Kraft es kostet, immer wieder den Rücken gerade zu machen.

Die Angst zu versagen, die Angst, dass wir uns irren, wenn wir auf unser Herz hören, oder die Angst vor (emotionaler oder finanzieller) Unsicherheit sorgen oft für eine Vollbremsung beim Anblick neuer Abzweigungen oder Möglichkeiten in unserem Leben. Aber wir haben nur dieses eine und mit der entsprechenden Basis wird so vieles möglich!

WARUM WERTE SO WICHTIG FÜR UNS SIND

Du kannst *dir selbst* zur Seite stehen, wenn du von der Gesellschaft und von deinen eigenen Ansprüchen mal wieder überfordert bist.

Du kannst *in dir* Halt finden, damit dir Einsamkeit nicht komplett den Boden unter den Füßen wegzieht und so möglicherweise den Weg in die Welt der Depressionen ebnet, und du kannst dich aus dieser Einsamkeit befreien.

Wenn du beginnst, dich zu erinnern, wer du wirklich bist und was dich erfüllt, werden unendlich viele neue Möglichkeiten geboren.

Wir sind so viel mächtiger und kraftvoller, als es uns manches Mal vorkommt, und bereits scheinbar kleine Veränderungen in unserer Alltagsroutine und im Umgang mit unseren eigenen Gedanken können in sehr kurzer Zeit zu einer spürbaren Erleichterung, Entspannung und Klarheit führen, die uns beflügelt, uns endlich wieder spüren lässt, wie sich *leben* auch anfühlen kann. Unsere Angst und unsere gesellschaftlich geprägten Ansichten, was »man« machen darf oder nicht, halten uns klein. Wenn wir sie überwinden, wir uns ihnen stellen, erreichen wir eine Freiheit, die wir nicht mehr für möglich gehalten haben.

Wenn du mit den Fragen nach deinem wirklichen Ist-Zustand (siehe oben die Aufgabe zu Beginn des Kapitels *Die gnadenlose Bestandsaufnahme*) arbeitest, wirst du möglicherweise immer mal wieder an Punkte kommen, wo es sich anfühlt, als wärst du hin- und hergerissen. Nicht genug, dass unser kleiner Monk ständig seinen Senf zu allem dazugeben muss, werfen uns in solchen Augenblicken auch noch unsere Werte so manches Mal Knüppel zwischen die Beine. Es lohnt sich sehr, das genauer unter die Lupe zu nehmen, denn vermutlich steckt eine relativ einfache Erklärung dahinter: Du musst dich in diesen Momenten entscheiden, welchem deiner Werte du mehr Gewicht gibst. Die Werte, die wir von Anfang an mitbekommen haben, erscheinen uns als gegeben, wenn wir uns noch nicht mit diesem Thema beschäftigt haben. Wir haben sie dementsprechend vermutlich auch noch nie im Hinblick darauf hinterfragt, ob sie auch noch *unsere* Werte sind, wenn wir sie mithilfe der heutigen, frei entwickelten, persönlichen Bedeutung, die diese Werte für uns haben, abgleichen.

Vieles in unserem Leben läuft mithilfe bestimmter körperlicher und geistiger Prozesse automatisch ab und das ist auch gut so! Aber spätestens wenn wir an Punkte in unserem Leben kommen, wo irgendetwas hakt, ist es an der Zeit, Dinge infrage zu stellen, vorausgesetzt, wir sind offen für die Antworten.

Diese Punkte lassen sich meiner Meinung nach nicht übersehen. Wir können zwar versuchen, uns selbst zu belügen, etwas schönzureden und somit furchtbar im Kampf mit uns zu leben, aber tief in uns selbst spüren wir sehr wohl, dass die Wirklichkeit eine andere ist.

Kennst du deine Werte überhaupt?

Unsere Werte sorgen dafür, dass wir uns in Situationen wohl oder unwohl fühlen; Menschen mögen oder eine zunächst scheinbar undefinierbare Abneigung verspüren; wir einen Job erfüllend finden oder grottenunzufrieden sind. Viele Menschen kennen ihre Werte nicht einmal, meist schlicht und ergreifend deshalb, weil sie sich der Bedeutung von Werten für ihr Leben nicht bewusst sind oder es noch keine Veranlassung für sie gab, sich damit zu beschäftigen.

Es gibt zahlreiche Wertemodelle und Herangehensweisen für das Arbeiten mit Werten. Die verschiedenen Wertelisten, die mir im Laufe der Zeit untergekommen sind, unterscheiden sich minimal. Auch beim NLP (Neurolinguistisches Programmieren) und in vielen Coachings spielen Werte eine große Rolle. Ich bin bereits auf meinem Weg aus der Angst, auf der Suche nach noch mehr Input und Erklärungsansätzen immer wieder auf sie gestoßen, ebenso wie bei der Vertiefung meiner Kenntnisse für meine Arbeit als Coachin. Die Arbeit mit ihnen fasziniert mich ungemein.

Selbst wenn wir denken, wir wären uns unserer Werte bewusst, stimmt das meist nur zum Teil. Klar kann jeder »raushauen«, dass er oder sie Ehrlichkeit enorm wichtig findet. Haben wir aber beispielsweise während unserer Entwicklung erlebt, dass Menschen die Wichtigkeit von Ehrlichkeit versichern, sie aber selbst nicht leben, ist dies eine Dissonanz, die dazu führt, dass wir einen Konflikt mit uns herumschleppen. Hinzu kommt, dass wir uns solcher »übernommenen« Werte noch weniger bewusst sind als derer, die wir aus der Hüfte geschossen aufzählen könnten.

Bei der folgenden Arbeit mit Werten solltest du deshalb bei jedem für dich vermeintlich wichtigen Wert hinterfragen,

1. ob du ihn ungefiltert übernommen hast,
2. welche Bedeutung er (jetzt) für dich hat und
3. ob er tatsächlich auch immer noch ein frei gewählter Wert für dich ist.

Unsere Werte sind deshalb so wichtig, weil sie richtungsweisend für unsere Entscheidungen und für unser inneres (seelisches) Gleichgewicht sind. Besonders hochsensible Menschen können davon ein Liedchen singen, denn ihre hohen ethischen und moralischen Ansprüche basieren auf ihren Werten und sorgen nicht selten dafür, dass ihr Gerechtigkeitssinn Amok läuft. Aber auch alle anderen spüren, wenn Sein und Schein nicht zusammenpassen, und fühlen mehr oder weniger deutlich Stress, ob sie ihn nun benennen können oder nicht. Wenn wir nicht nach unseren Werten leben, entsteht Unzufriedenheit und eine enorme innere Anspannung. Kurzfristig gegen unsere Werte zu handeln, mag an der einen oder anderen Stelle vielleicht sogar mal gerechtfertigt sein, wenn wir wissentlich dadurch etwas anderes, was für uns absolute Priorität hat, erreichen, aber langfristig sollte es keine Option sein, denn es kann uns tatsächlich nicht nur frustrieren, sondern krank machen.

- Wenn du zum Beispiel in einer Firma arbeitest, der ihr ökologischer Fußabdruck vollkommen Banane ist, zu deinen Werten aber Nachhaltigkeit zählt, wirst du dich *never ever* mit diesem Job wohlfühlen können.
- Verharrst du in einer Beziehung, in der dein Partner oder deine Partnerin vollkommen andere Vorstellungen davon hat, wie viel Zeit ihr miteinander verbringen »solltet« als du, wirst du absolut unglücklich sein.
- Lebst du in einer großen Stadt, obwohl du dich eigentlich viel mehr nach einem Leben auf dem Land mit viel Natur sehnst, weil du dort immer spürbar aufblühst, wirst du im besten Fall einfach nur kein hipper Großstadtmensch, im nicht so schönen Fall wirst du durch deine eigene Unzufriedenheit aber vermutlich ziemlich grummelig werden oder für andere gar richtiggehend »unausstehlich«.

Wenn du deine Werte nicht lebst, wirst du immer wieder mit inneren Konflikten zu kämpfen haben. Die Folgen davon, sich selbst so zu verleugnen, können also ebenso vielfältig wie dramatisch sein, vor allem für deine Seele. Allein deshalb lohnt es sich, sie mal genauer unter die Lupe zu nehmen. Außerdem ist es faszinierend, sich selbst an der einen oder anderen Stelle tatsächlich auch zu »ertappen«. Etwa wenn du sagst, dass du auf dein Konsumverhalten sehr achtest, die neueste Tasche, das neuste Handy oder Auto aber immer ein Must-have ist. Oder Ähnliches.

Vollkommen authentisch seine Werte zu leben, kann anstrengend sein und mit Enttäuschungen einhergehen, langfristig ist es aber die einzige Option, wenn du Zufriedenheit und ein *wert*volles Leben anstrebst. Sie sorgen dafür, dass du dich orientieren kannst, geben dir Sicherheit und Würde.

- Wenn du dich zum Beispiel in einer Beziehung verbiegst, nur damit sie bestehen bleibt, brauchst du unglaublich viel Energie allein dafür, dir selbst mithilfe künstlich konstruierter Begründungen vorzumachen, dass es richtig so ist. Das wiederum bedeutet, dass du dich pausenlos in einem Modus innerer Kämpfe befindest, was langfristig nur auf deine Kosten gehen kann.
- Wenn du deinen eigenen Wertekodex für dich gefunden hast und danach dein Handeln, deine Entscheidungen ausrichtest, wirst du dich selbst anders achten und ein höheres Selbstwertgefühl entwickeln. Es werden nicht alle an deiner Seite bleiben. Du wirst vielleicht sogar einen schlecht bezahlten Job annehmen müssen, um wahrhaftig zu dir selbst zu stehen, aber unterm Strich ist das viel *wert*voller, als bei dem besser bezahlten ständig im Konflikt zu sein.

Deine Werte sorgen dafür, dass du überhaupt motiviert an Dinge herangehen kannst, um etwas zu bewegen, ein Leben zu leben, dass nach ihnen (und somit nach dir) ausgerichtet ist. Unsere Werte zu kennen und diese zu leben, kann uns sogar tiefste Erfüllung bringen. Wenn wir einer Arbeit nachgehen, die wir lieben, wenn wir mit uns im Einklang sind und vielleicht sogar ein Ziel vor Augen haben, wofür das alles gut ist, sind wir sehr viel »besser« in allem, was wir tun.

Bist du »voll in deinem Element«, flutscht alles einfach so, und es kann sein, dass du so manches Mal immer noch vor Energie sprudelst, obwohl du schon so lange an etwas arbeitest, dass du eigentlich eine Pause brauchen könntest. Wenn du etwas tust, bei dem du vollkommen im Gleichgewicht bist, wird deine Leidenschaft wach geküsst. Du empfindest Euphorie, kannst deine Energie und Lebendigkeit spüren und bekommst einen viel klareren Blick.

Zum Vergleich kannst du dir mal Gedanken darüber machen, wie es dir geht, wenn du einen deiner Meinung nach richtig, richtig schlechten Tag hast. Welche Gegebenheiten prägen deiner Erfahrung nach solch einen Tag? Kannst du anhand deiner Gefühle, Gedanken, Ängste und Bedürfnisse erkennen, was an solchen Tagen schiefgelaufen ist? Es muss nicht einmal der komplette Tag fürn Arsch sein, es reicht manchmal ein klitzekleiner Moment, der uns die Laune verdirbt, nicht wahr? Bei genauem Hinsehen erkennen wir hierbei oftmals, dass unsere Werte verletzt wurden. Diese können auch noch aus unserer Vergangenheit stammen und dafür sorgen, dass wir irgendwo in unserem Sicherheitsgefühl erschüttert wurden, unser Zugehörigkeitsgefühl enttäuscht wurde oder wir nicht genug Anerkennung bekommen haben.

- Du bist enttäuscht, wenn jemand zu einer Verabredung zu spät kommt?
  – Dann ist einer deiner Werte anscheinend *Pünktlichkeit.*

- Es stört dich, wenn Menschen hinterrücks über andere herziehen?
  – Gut möglich, dass *Loyalität* dahintersteckt.

- Dein innerer Monk kreischt empört auf, wenn du einen Raum betrittst und an der Wand ein Bild schief hängt?
  – *Maybe baby,* stehst du auf *Genauigkeit, Ordnung* oder hast, wie ich, einen »leichten« Hang zum *Perfektionismus.*

- Dir geht der Hut hoch, wenn du mitbekommst, dass jemand bevorzugt behandelt wird, obwohl jemand anderes etwas eindeutig mehr verdient?
  – Könnte sein, dass *Fairness* dir wichtig ist.

Solltest du nicht sofort wissen, wie du die dir wichtigen Werte erkennen kannst, überlege mal, ob du weißt, welche Werte deinen Eltern wichtig waren. Gab oder gibt es so etwas wie ein Familienmotto? Versuche dich an Situationen in deiner Kindheit im Zusammenhang mit deinen Eltern zu erinnern: Welche Werte könnten damals sowohl für sie als auch für dich eine Rolle gespielt haben?

- Wurdest du dafür gerügt, wenn du nicht rechtzeitig zum Essen da warst? Dann hast du durch solche Erlebnisse eine bestimmte Prägung im Hinblick auf *Pünktlichkeit.*

- Haben deine Großeltern oder Urgroßeltern einen Betrieb aufgebaut, den deine Eltern (selbstverständlich) übernommen haben? Dann wird dir ein Bewusstsein für *Traditionen* quasi mit in die Wiege gelegt worden sein. Gut möglich, dass sich in dir bei der Vorstellung, dass du ebenfalls in diese Fußstapfen treten sollst, alles sträubt und du dich entscheidest, deinen eigenen Weg zu gehen, weil dir deine *Selbstwirksamkeit* wichtiger ist und du andere Visionen von deiner Zukunft hast. Zack! Wertekonflikt vom Feinsten.

FINDE DEINE WERTE

Was denkst du, welche Werte sind dir wichtig?

Lies dir bitte die gleich folgende Werteliste[13] einmal komplett durch. Sie ist eine Ansammlung der Werte, die ich besonders erwähnenswert finde, sie ließe sich sicher noch erweitern. Um dein oberstes Stockwerk mal so richtig aufzumischen, darfst du dir die genannten Fragen (siehe oben in der Aufgabenstellung zu diesem Kapitel) noch einmal vornehmen und dabei immer mal wieder einen Blick auf die Werteliste werfen, und wenn du magst, *deine* TOP 10 herausarbeiten.

Dabei kannst du folgendermaßen vorgehen:

1. Lies dir die Werte zunächst alle in Ruhe durch und erlaube dir, bei jedem einzelnen zu überlegen, was der Begriff für dich ganz persönlich bedeutet.
2. Markiere/Umkreise dann die zehn Werte, die dich spontan am meisten ansprechen.
3. Reduziere die Auswahl anschließend auf die drei bis fünf Werte, die am meisten in dir bewegen.

ABENTEUER • ABWECHSLUNG • ACHTSAMKEIT • AKTIVITÄT •
AKZEPTANZ • ANERKENNUNG • ANSEHEN • ANSTAND •
AUFGESCHLOSSENHEIT • AUFMERKSAMKEIT •
AUFOPFERUNGSBEREITSCHAFT • AUSDAUER •
AUTHENTIZITÄT • BALANCE • BEGEISTERUNG • BELIEBTHEIT •
BESCHEIDENHEIT • BESITZ • BEWUSSTHEIT • CHARME •
CHARISMA • DANKBARKEIT • DEMUT • DIENEN •
DISKRETION • DISTANZ • DISZIPLIN • DOMINANZ •
DYNAMIK • EIFER • EFFEKTIVITÄT • EFFIZIENZ • EHRE •
EHRGEIZ • EHRLICHKEIT • EIGENSTÄNDIGKEIT •
EINFACHHEIT • EINFLUSS • EINFÜHLUNGSVERMÖGEN •
EINZIGARTIGKEIT • ELEGANZ • EMPATHIE • ENERGIE •
ENGAGEMENT • ENTHUSIASMUS • ENTSCHLOSSENHEIT •
ENTSPANNUNG • ENTWICKLUNG • ERFAHRUNG • ERFOLG •
ERHOLUNG • ERWARTUNG • EXZELLENZ • FAIRNESS •
FANTASIE • FAMILIE • FREIHEIT • FLEISS • FLEXIBILITÄT • FLOW •
FOKUS • FORTSCHRITT • FREIHEIT • FREUDE • FREUNDSCHAFT •
FRIEDEN • FRÖHLICHKEIT • FÜHRUNG • FÜRSORGLICHKEIT •
GEBORGENHEIT • GEDULD • GELASSENHEIT •
GEMEINSCHAFT • GEMÜTLICHKEIT • GENAUIGKEIT •
GENUSS • GERECHTIGKEIT • GESELLIGKEIT • GESUNDHEIT •
GLAUBE • GLÜCK • GROSSZÜGIGKEIT • GÜTE • HARMONIE •
HEITERKEIT • HERAUSFORDERUNG • HILFSBEREITSCHAFT •
HINGABE • HÖFLICHKEIT • HUMOR • IDEALISMUS •
INNOVATION • INSPIRATION • INTEGRITÄT • INTIMITÄT •

INTUITION • KLARHEIT • KLUGHEIT • KONTINUITÄT • KONTROLLE • KREATIVITÄT • LEBENSFREUDE • LEICHTIGKEIT • LEIDENSCHAFT • LEISTUNG • LERNEN • LIEBE • LOYALITÄT • LUXUS • MACHT • MENSCHLICHKEIT • MITWIRKUNG • MOTIVATION • MUT • NACHHALTIGKEIT • NÄCHSTENLIEBE • NEUGIER • OFFENHEIT • OPTIMISMUS • ORDNUNG • PERFEKTION • PRAGMATISMUS • PRÄSENZ • PROFESSIONALITÄT • PÜNKTLICHKEIT • QUALITÄT • REALISMUS • REICHTUM • REIFE • RELIGIOSITÄT • RESILIENZ • RESPEKT • RUHE • RUHM • SANFTHEIT • SCHNELLIGKEIT • SCHÖNHEIT • SELBSTDISZIPLIN • SELBSTERKENNTNIS • SELBSTERMÄCHTIGUNG • SELBSTVERTRAUEN • SELBSTWIRKSAMKEIT • SENSIBILITÄT • SEXUALITÄT • SICHERHEIT • SIGNIFIKANZ • SINN • SINNLICHKEIT • SOLIDARITÄT • SOUVERÄNITÄT • SPARSAMKEIT • SPASS • SPIRITUALITÄT • SPONTANEITÄT • STABILITÄT • STÄRKE • STATUS • STILLE • STRUKTUR • TEAMGEIST • TIEFGANG • TOLERANZ • TRADITION • TREUE • ÜBERLEGENHEIT • UNABHÄNGIGKEIT • VERANTWORTUNG • VERBINDUNG • VERGNÜGEN • VERMÖGEN • VERNUNFT • VERSPIELTHEIT • VERTRAUEN • VIELFALT • VORANKOMMEN • VISION • WACHSTUM • WAHRHEIT • WEISHEIT • WEITERENTWICKLUNG • WERTSCHÄTZUNG • WISSEN • ZUFRIEDENHEIT • ZUGEHÖRIGKEIT • ZUSAMMENARBEIT • ZUVERLÄSSIGKEIT • ZWECKMÄSSIGKEIT.

Auch wenn du dich jetzt gerade zum allerersten Mal bewusst mit dem Thema beschäftigst, wirst du trotzdem eigene Werte haben. Kannst du sie benennen? Wie stehst du grundsätzlich zu ihnen?

Was bedeuten sie für dich? Kannst du erkennen, dass sie deinem Leben einen Halt geben? Eine Ausrichtung? Beginnst du eine Ahnung davon zu bekommen, wie mächtig das Wissen um sie sein kann?

Wo und wie lebst du diese Werte, wo verbiegst du dich und lebst nach den Werten anderer?

Wenn du deine Werte im wahrsten Sinne des Wortes umzingelt hast, vergleiche sie mal mit deinem bislang gezogenen intuitiven Resümee auf die Sinnfragen. Die Überschneidungen sind unübersehbar, oder?

Wie sähe dein Leben aus, wenn du deine Werte zu 100 Prozent leben würdest?

WENN ALLES MÖGLICH WÄRE, WIE WÜRDE FÜR DICH EIN RICHTIG ERFÜLLTES UND ZUFRIEDENES LEBEN AUSSEHEN?

Merkste selbst, oder?

Die Kombination der Antworten auf die Fragen der Aufgabenstellung (siehe oben zu Kapitelbeginn) mit deinen Werten ist für dich wegweisend für dein gesamtes Dasein. Nicht nach ihnen zu leben, ist nicht nur weniger erfüllend, sondern zermürbt uns innerlich. Das, wofür du brennst, wird dich antreiben. Etwas, bei dem dein Körper vor Leidenschaft und Motivation vibriert, wird dich immer wieder über dich selbst hinauswachsen lassen. Dafür in den Ring zu steigen, im Einklang mit dir und deinen Werten zu agieren, auch wenn das manches Mal der unbequemere Weg sein wird, wird dich auf eine Art beflügeln, wie du es vermutlich schon sehr lange nicht mehr gespürt hast.

Nun ist es an dir, deine frei gewählten Werte zu verinnerlichen. Lass uns zusätzlich die Kraft der verschiedenen Manifestationstechniken nutzen. Du solltest dafür, oh Wunder, deine Sinne nutzen. Ein Gedanke wird besser abgespeichert, wenn wir ihn mit etwas anderem verknüpfen, zum Beispiel einem Bild, einem Geräusch, einem Duft. Je detaillierter deine Vorstellung von etwas ist, umso fester ist die Verankerung.

Gestalte dir in deinem Notizbuch eine Seite mit der Überschrift »meine Werte«, um deine persönlichen Werte noch mal festzuhalten. Schreibe, male, verziere sie und schmücke sie aus. Sprich sie dabei laut aus. Überlege, welches Bild in dir dazu entsteht, welches Lied dir in den Sinn kommt und so weiter.

In dieser ersten Woche wirst du planmäßig etwas ganz Grundlegendes getan haben:

Du warst vielleicht das erste Mal seit langer Zeit ehrlich zu dir. Hast dir und deinen Wünschen endlich einmal Aufmerksamkeit geschenkt. Hast dir Zeit genommen, Dinge infrage zu stellen, und vielleicht sogar richtig schöne Erkenntnisse dabei gehabt, wie zum Beispiel zu merken, dass du immer noch verliebt in deinen Partner oder deine Partnerin bist oder dass du glücklich bist, deinen Traumjob gefunden zu haben.

Ja, richtig gelesen, sich so gnadenlos ehrlich mit sich selbst auseinanderzusetzen, muss nicht zwangsläufig negative Ergebnisse bringen. Das Zauberschöne an dieser Ehrlichkeit dir selbst gegenüber ist, dass sie dir Klarheit bringt.

Und diese Klarheit bringt eine ganz andere Zufriedenheit mit sich. Wenn du das Gefühl hattest, irgendwo in deinem Leben läuft es nicht so, wie du denkst, dass es laufen sollte, aber bei genauem Hinsehen hast du nun festgestellt, dass du eigentlich verdammt dankbar dafür bist, dass es ist, wie es ist, dann ist das wunderbar! Dann wirst du beim weiteren Lesen dieses Buches dieses Gefühl vermutlich immer mehr untermauert sehen und ein stimmiges und wohliges Gefühl wird dich immer mehr erfüllen.

Wenn du aber festgestellt hast, dass dir etwas fehlt, dass dich etwas schmerzt oder schlicht unbefriedigend für dich ist, hilft eine neue Ausrichtung, um mit dir selbst anders ins Gespräch zu kommen. Denn sind wir doch mal ehrlich, dieses ewige Gezeter unseres kleinen Monks kann schon ziemlich nerven, oder?

Ich schätze, er war an der einen oder anderen Stelle in der nun vergangenen Woche ungewohnt still, korrekt? Das war dir bisher gar nicht aufgefallen? Ups! Ganz einfach: Du hast in dich hineingelauscht, deshalb musste er nicht mehr die ganze Zeit meckern. Das ist fein, denn das bedeutet, dass du nicht nur tatsächlich den ersten Schritt gemacht hast, sondern auf dem Weg zu dir sogar weitergegangen bist, und damit können wir hervorragend in die nächste Woche starten.

Sich so ehrlich und intensiv mit sich selbst auseinanderzusetzen, kann sehr anstrengend sein. Schau immer ganz genau, was dir guttut und wo du vielleicht langsamer vorangehen möchtest, als dir der vorgeschlagene Zeitrahmen vorgibt. Die Wirkung ist nicht abhängig davon, in welchem Tempo du mit diesem Buch arbeitest, sondern *dass* du es tust.

AN DIESER STELLE MÖCHTE ICH DIR SAGEN,
DASS DU SCHON VIEL WEITER BIST, ALS DU IM MOMENT DENKST!

Was meinst du, wie viele Menschen zu feige sind, ihr Leben überhaupt infrage zu stellen beziehungsweise genau hinzusehen? Oder denken, es wäre (im negativen Sinne) egoistisch, sich derart mit sich selbst zu beschäftigen? Was übrigens totaler Quatsch ist. Schließlich geht es hier um das Kostbarste, was du hast: dein Leben.

Niemand wird kommen und dafür sorgen, dass du ein zufriedeneres, sinnerfüllteres und fröhlicheres Leben führst. Das ist *dein* Job.

Ich würde sogar so weit gehen und behaupten, dass wir alle schon rein präventiv regelmäßig so eine Bestandsaufnahme unseres Ist-Zustandes machen sollten, nicht erst wenn es zwickt und zwackt. Mit einem Auto müssen wir regelmäßig zum TÜV, regelmäßige medizinische Kontrolluntersuchungen sorgen für eine gewisse Sicherheit in Bezug auf unsere körperliche Gesundheit, warum also behandeln wir unser seelisches Wohlbefinden immer noch so stiefmütterlich (oder stiefväterlich)?

Wenn du in diesen ersten sieben Tagen also wirklich ehrlich hingesehen und -gefühlt hast, Energieräuber entlarvt und vergessen geglaubtes Spaßpotenzial (neu) entdeckt hast, würde es mich wahnsinnig freuen, wenn du dir dafür selbst eine Freude machst.

Wie wäre es mit deinem Lieblingseis? Einem Besuch in deinem Lieblingsrestaurant mit deinem besten Freund oder deiner besten Freundin, bei dem du all deine neuen Erkenntnisse erzählen und ihn oder sie vielleicht mit deiner Energie gleich ansteckst? Einem Glas Wein, gern auch alkoholfrei, außer der Reihe? Einem Spaziergang an einem Ort, den du liebst, dir aber nicht alltäglich gönnen kannst? Das längst überfällige ausgiebige Schaumbad mit deinem Lieblingsduft, Kerzen und stimmungsvoller Musik, oder ein anderes, dich selbst wertschätzendes Happening? Kram endlich mal wieder in deiner Fantasie-Schublade!

- Wie hast du deinen Tag gestaltet und wovon hast du geträumt, als du noch zur Schule gegangen bist?
- Was mochtest du so verdammt gerne, als du noch Single warst?
- Wobei konntest du die Zeit vergessen, als du noch keine Kinder hattest?
- Oder andersherum: Wann bist du, wenn du ehrlich bist, manchmal echt genervt und würdest dir etwas anderes wünschen?

Das soll nicht zu einem schlechten Gewissen führen und ist absolut nicht zu verwechseln mit Egoismus in seiner negativen Form. Im Gegenteil, wenn wir erfüllter und zufriedener sind, strahlen wir das auch aus. Wir werden automatisch geduldiger und umgänglicher, sind als Gesellschaft eine Bereicherung und nicht länger der Miesepeter oder die Miesepetra.

Auf den folgenden zwei Seiten gebe ich dir eine Inspiration, wie du in deinem Notizbuch strukturiert mit den Fragen arbeiten kannst. Das erste Beispiel kannst du für jeden Tag in der Woche als Vorlage nehmen und das zweite als Abschluss und Wertschätzung für den Rückblick auf die gesamte Woche. Übernimm die Beispiele gern, wenn du im Moment dankbar für nicht noch mehr »Anforderungen« bist.

ONE DAY – OR DAY ONE?

Jeder Tag ist wie ein erster Tag.
Es kommt darauf an, wie du ihn nutzt …

Wie war heute mein Anspannungslevel?

Niedrig **Mittel** **Hoch**

Ich bin dankbar für …

Was hat mich heute ausgebremst?

Was ist mir heute gut gelungen?

Was war heute meine wichtigste Erkenntnis?

ONE WEEK – OR WEEK ONE?

Jedem Anfang wohnt ein Zauber inne!

Was habe ich in dieser Woche gelernt?

Die drei wunderschönsten Ereignisse:

Was sind meine wichtigsten Erkenntnisse?

Bin ich gut mit mir umgegangen?

WOCHE 2

Selbstvertrauen STÄRKEN

Ja, das kann man unabhängig vom Alter tun! Klar ist es einfacher, wenn wir es von Anfang an haben, aber es ist nie zu spät, dir ein solches zu erarbeiten. Unser Selbstvertrauen gleicht den Wurzeln eines Baumes. Je stärker und tiefer sie sind, umso weniger können dem Baum selbst ein heftiger Sturm, Trockenheit oder Hitze etwas anhaben. Je stärker also dein Selbstvertrauen ist, umso besser kannst du mit all den Herausforderungen deines Lebens umgehen.

AUFGABE

1. Finde jeden Tag drei Dinge an dir, die dir gefallen, die dir an dem Tag gut gelungen sind oder worauf jemand anderes vielleicht sogar zu Recht stolz wäre. Nutze dafür auch wieder die Macht, die damit einhergeht, wenn wir Dinge aufschreiben, und notiere dir diese Dinge.
2. Schreibe dir selbst einen Liebesbrief, am Ende dieser Woche oder, wenn du magst, auch gern schon vorher. Ja, du hast richtig gelesen!

Einen Brief, in dem du dir das Versprechen gibst, dass du dich ab sofort wertschätzt, dass du dich um dich kümmern wirst und in dem du dich um Verzeihung bittest für die Härte, mit der du dir selbst begegnet bist. Umarme dich mit Worten. Lass diesen Brief ein Feuerwerk werden: Schmeiße all deine Gefühle, Träume und Zukunftswünsche mit hinein, sei leidenschaftlich, zärtlich, wohlwollend, optimistisch, vertraulich.

WEISST DU EIGENTLICH, WIE STARK DU BIST?

Den meisten von uns ist gar nicht wirklich bewusst, was sie bereits alles in ihrem Leben geschafft haben. Angefangen damit, dass es alles andere als selbstverständlich ist, wenn wir solche Dinge wie laufen, sprechen und lesen gelernt haben.

Was meinst du wohl, wie dein Leben für dich verlaufen wäre, wenn du immer so schnell aufgegeben hättest, wie wir das als Erwachsene doch recht weit verbreitet tun, oder wenn du es gar nicht erst probiert oder für möglich gehalten hättest, dass etwas, was »man« nicht macht, sogar ziemlich gut für dich werden könnte?

Wie oft bist du wohl bei dem Versuch, überhaupt erst einmal auf deinen beiden Füßchen zu stehen, auf deinem entzückenden Windelpopo gelandet?

Wenn du bei dem Versuch, Essen auf einem Löffel oder einer Gabel in deinen Mund zu balancieren, gleich aufgegeben hättest, weil das mit großer Unterstützung der Erdanziehungskraft im wahrsten Sinne des Wortes danebenging, wärst du vermutlich sehr hungrig geblieben oder aus heutiger Sicht nicht unbedingt gesellschaftsfähig, was deine Tischmanieren betrifft.

Du lerntest (hoffentlich) schwimmen; Bobbycar-/ Roller-/ Fahrrad-/ Auto-/ Motorradfahren; Dinge zu (er-)greifen; rechnen (oooh, und ich stand mit Mathe aber so was von auf dem Kriegsfuß – die immer wiederkehrende Antwort auf meine Frage »Ja, aber *warum* ist das so?«. »Weil es eben so ist!« fand ich immer schon zutiefst unbefriedigend und habe auch hier erst vor Kurzem den Zusammenhang zu meiner Hochsensibilität erkennen dürfen –, dennoch kann ich mehr als nur 1 + 1 zusammenzählen); klettern; hast irgendwann die erste Sandburg gebaut, die nicht sofort wieder in sich zusammengefallen ist; übtest tauchen; freihändig fahren; balancieren; einen Ball fangen und so weiter.

- Kannst du eine Kaugummiblase machen? Erinnerst du dich noch daran, wie oft sie zerplatzt ist oder wie schwer es anfangs war, das Kaugummi im Mund überhaupt richtig zu platzieren, bis du den Bogen raushattest?
- Bist du in der Lage, jemandem auf Englisch/Französisch/Italienisch – whatever – »Hallo!« oder »Ich liebe dich!« zu sagen?
- Weißt du, dass man beim Eisessen besser nicht an der Waffelspitze anfängt?
- Trägst du immer noch Schuhe mit Klettverschluss, oder ist es dir tatsächlich gelungen, deine Finger so zu nutzen, dass du eine Schleife machen kannst?
- Hast du gar einen Schulabschluss?
- Eine Ausbildung oder ein Studium erfolgreich durchgezogen?

Na, kiek mal eener an!

Wenn es für dich mal mit harter Arbeit verbunden war, in irgendeinem Fach eine Drei zu schreiben, und du das durch Fleiß und Üben endlich geschafft hattest, weißt du, wie gut sich das angefühlt hat, richtig? Oder du hast mit einer neuen Sportart angefangen, warst anfangs vermutlich schnell aus der Puste, im Rückblick kannst du über diese Anfänge jedoch lächeln und weißt gar nicht mehr, wann alles daran zu einer Selbstverständlichkeit für dich geworden ist?

Vielleicht stand dir aber auch mal etwas Großes bevor, mit allem Drum und Dran, Magendrücken vor lauter Aufregung inklusive? Zum Beispiel den Jungen mit dem bezauberndsten Lächeln auf dem ganzen Schulhof, der sogar ein Jahrgang über dir war, anzusprechen oder dem Mädchen, dass du jeden Morgen auf dem Weg zur Schule gesehen hast, einen Brief zuzustecken, in dem du sie auf ein Eis eingeladen hast? So manches, was uns bevorstand oder nicht leicht fiel, ist dann doch viel besser gelaufen als erhofft, oder?

DIESE MOMENTE SIND GEPRÄGT VON HOFFNUNG, VERTRAUEN & MUT. DU HAST TIEF IN DIR DARAN GEGLAUBT, DASS DU ES SCHAFFEN KANNST, UND DAS GILT IMMER NOCH.

Rufe dir ganz bewusst immer wieder einige dieser »Meilensteine« in deinem Leben in Erinnerung, vor allem und gerade dann, wenn du zweifelst. Setz dich doch mal einfach gemütlich hin, koche dir einen Tee, Kaffee oder eine heiße Schokolade, kuschle dich in deiner Lieblingsecke ein und lass die Erinnerungen zu. Wenn sie nicht von allein kommen, blättere doch mal durch alte Fotos, wenn du welche hast, oder stöbere in dem Karton, der zwar intuitiv (!) jeden Umzug mitmachen »muss«, dem du aber zu wenig Beachtung schenkst ... was auch immer!

Nutze die positive Energie, die immer dann entsteht, wenn wir erkennen, dass doch schon ziemlich viel verdammt gut für uns gelaufen ist und wir schon viel geschafft haben, zumindest in der Rückschau.

WEISST DU EIGENTLICH, WIE VERDAMMT STOLZ DU AUF DICH SEIN SOLLTEST?

IM ERNST, DU BIST 'N KNALLER!

Wenn ich eins in meinem Leben wirklich gelernt habe, dann, dass sich immer alles fügt. Meist sogar zum Besseren. Mittlerweile bin ich in dieser Hinsicht so voller Vertrauen, dass ich schon fast grinse, wenn sich mir eine Situation zeigt, bei der ich in der allerersten Sekunde denke: »Ach du schei**, was soll das denn bloß werden?« Für diese Zuversicht bin ich demütig dankbar, denn ich weiß sehr wohl, was es mich gekostet hat, an diesen Punkt zu gelangen.

Neben der Feststellung, was du in deinem Leben schon alles gerockt hast, also all deine bereits erreichten Meilensteine, gibt es noch ein paar Basistipps, die du nutzen kannst, um dein Selbstvertrauen zu stärken: Deine Körperhaltung, deine Haltung dem Leben gegenüber, sprich deine Gedanken und Werte, haben enormen Einfluss darauf, wie sich dir dein Leben zeigt. Wie so oft im Leben können scheinbare »Kleinigkeiten« eine enorme Wirkung haben, und die folgenden kannst du nicht nur direkt umsetzen, sondern du wirst sofort eine Veränderung spüren:

- Anstatt mit gebeugtem Rücken zu sitzen oder zu stehen, richte dich auf. (Schön, wie wir bei so einer Aufforderung gleich brav mitmachen, oder?)
- Nicht die Lippen zusammenpressen, sondern bewusst lächeln.
- Jeden Tag (mindestens) eine gute Tat macht auch ein gutes Gefühl.
- Nimm dir jeden Tag eine (!) Sache vor, die du nicht gerne machst, immer wieder verschiebst oder vor der du sogar Angst hast, und zieh sie durch. Am Ende des Tages rufe dir genau diese Situation auf jeden Fall noch mal in Erinnerung und schau auch, auf welche weiteren Dinge du stolz sein könntest.
- Nutze die Macht der Meditation oder von positiven Affirmationen, um dein Selbstvertrauen zu stärken. Affirmationen sind kurze, klar formulierte Sätze wie: »Ich bin gut, so wie ich bin«, »Ich bin es wert, geliebt zu werden«, »Ich achte mich« und so weiter, die durch häufiges (innerliches) Wiederholen immer fester abgespeichert werden. Also positive Überschreibungen, im Grunde wie eine liebevolle Art der Selbsthypnose, die dich deinem jeweiligen Ziel näher bringen. Und ja, bei den meisten fühlt sich das am Anfang »falsch« an, als würde es nur auf uns nicht zutreffen, als würden wir es nicht verdienen. Das kann sich verändern, wenn du es möchtest und dranbleibst.

Im Internet findest du sehr viele (kostenlose) Anleitungen und Hörbücher dazu. Schau, womit du dich besonders wohl und geborgen fühlst, und übe damit, wann immer du kannst! Falls du dich fragst, was das denn bringen soll: Die Macht von Affirmationen ist vergleichbar mit der Macht von »Ohrwürmern«. Ich schätze, du weißt, was ich meine! Nein? »Mah Na Mah Na, do doo be-do-do, be-do-do be-do-do be-do-do-doodle do do do-doo do!«

Jetzt? Immer noch nicht? Hm ...

»La-a-ast christmas, I gave you my heart ...« So, bitte schön.

Du kannst das zeitweise nervige Erleben von solchen Ohrwürmern sozusagen umkehren, indem du sie bewusst und positiv einsetzt, also für dich zum Vorteil nutzt: Sammle Sätze/Affirmationen, und nimm sie für dich auf (zum Beispiel als Sprachnotiz im Handy). Nun kannst du sie dir stets und überall »nebenbei« anhören. Wenn du das oft genug gemacht hast, brennen sich die Sätze tatsächlich »einfach« so ein, du kannst gar nicht anders, dein Gehirn ist auf so etwas programmiert. Natürlich macht es noch mehr Sinn, wenn du dir der Sätze und ihrer Bedeutung auch beim Anhören bewusst bist, aber sie können dir auch so sehr helfen, denn wenn du mal einen Moment hast, in dem du mit dir selbst haderst, erinnere dich an diese Sätze!

Was dich auch wirklich richtig weiterbringen kann: Steige immer mal wieder aus deinem Alltagstrott aus, komm aus deiner Komfortzone, die oftmals keine ist, und mache mal was anders, lerne etwas Neues. Du darfst scheitern, stolpern oder feststellen, dass du irgendwie doch nicht der Typ für Schach, Bauchtanz oder Häkeln bist, aber probiere es! Allein durch das Versuchen stärkst du dein Selbstvertrauen! Für Hochsensible ist dabei ganz wichtig, immer auf den entsprechenden Ausgleich zu achten, um die Akkus wieder aufzufüllen und dem System die Zeit zum Verarbeiten all des neuen Inputs zu geben.

Dieses Aussteigen aus der Komfortzone beginnt schon im Kleinen: Geh deinen Morgenspaziergang heute doch mal »anders herum«. Selbst so eine kleine Variation kann dazu führen, dass in dir die Post abgeht, was deine Hormone betrifft. Auf einmal merkst du nämlich, dass es möglich ist, etwas anders zu machen, du musst es nur tun! Das gefällt der kleinen Revoluzzerin beziehungsweise dem kleinen Revoluzzer in uns sehr, glaube mir! Du wirst dich lebendig fühlen, wenn du dir etwas erlaubst! Deine Sinne erwachen, du nimmst alles auf einmal mit ganz anderen Augen wahr. In dir beginnt etwas zu pulsieren, was vorher fast eingeschlafen war. Dieses Leben bietet so viel mehr als Einheitsbrei. Wir müssen nur ins Handeln kommen und das erreichen wir am besten, wenn wir ehrlich festgestellt haben, dass wir irgendwo feststecken.

- Putze dir deine Zähne mit der anderen Hand. Lachflash oder Wutanfall inklusive – *you decide*.
- Fahre deinen Weg zur Arbeit doch mal mit dem Fahrrad oder auf einer anderen Strecke.
- Du kaufst immer im gleichen Geschäft? Heute mal nicht.
- In der Woche verabredest du dich eigentlich nicht, weil du am nächsten Tag fit für die Arbeit sein willst? Puh, wie anstrengend vernünftig. (Hach, wie gern hätte ich hier ein freches Emoji.) Triff dich trotzdem mal mit jemandem, und wenn es nur auf ein Eis nach der Arbeit ist.

Wie ich schon am Anfang des Buches geschrieben habe, ist es gerade für Menschen mit mentaler Überlastung oder mit psychischen Erkrankungen irgendwann fast ein Unding, stolz auf sich selbst/selbstbewusst zu sein. Die meisten hatten solche »Kopfsachen« schließlich noch nicht immer und erinnern sich sehr gut an den Menschen, der sie »vorher« waren. Vor allem in der Phase des Negierens einer psychischen Erkrankung, des »Nicht-wahrhaben-Wollens«, wenn wir noch tutto completti im Kampfmodus sind, tut die Erinnerung an das Vorher fast unmenschlich weh.

Bis uns (hoffentlich) irgendwann dämmert, dass ja eben dieses Leben vorher dazu geführt hat oder zumindest einen erheblichen Anteil daran hat, dass unsere Seele zu so drastischen Mitteln greift, mit denen sie uns jedoch im Grunde genommen nur schützen möchte. Durch die Bank alle, die ich kenne, die mit Angststörungen, Panikattacken, Depressionen oder anderen psychischen Vorkommnissen persönliche Bekanntschaft mach(t)en, lernen durch diese zunächst so abgelehnten Herausforderungen, endlich ihr eigenes Leben zu überdenken, die dir inzwischen vertraute gnadenlos ehrliche Bestandsaufnahme zu machen und zu erkennen (zumindest im Rückblick), dass sich daraus vollkommen neue Chancen ergeben, ja, sie sogar eine Stärke entwickeln, die sie nicht für möglich gehalten hätten.

Bitte nicht verwechseln: Betroffene sind nicht »dankbar« für ihre jeweilige persönliche Hölle, da hätten wir alle gern eine Abkürzung oder ein Zaubermittel gehabt, um sie zu vermeiden; unter anderem deshalb hältst du ja auch dieses Buch in den Händen. Aber das, was wir aus der schweren Zeit gelernt haben, ist für die meisten von unschätzbarem Wert.

Auch für Hochsensible ist es ein wahrer Kraftakt, sich Selbstvertrauen aufzubauen, wenn sie erst spät erkennen dürfen, dass sie nie »falsch« waren, und wenn sie dann anfangen können herauszufinden, wer sie eigentlich sind. In allen Fällen kommen Menschen an den Punkt, der einen Wandel der internen Gesprächsführung bewirkt: Unser kleiner Monk wird durch die nun immer häufiger an der richtigen Stelle platzierte Aufmerksamkeit zugunsten unseres eigenen Wohlergehens stiller werden. Merkst du es vielleicht schon? Manches Mal vielleicht, weil er damit nun echt nicht gerechnet hat, überrumpelt ist und ihm die Worte fehlen, ein anderes Mal vermutlich, weil er sehr zufrieden mit sich und seiner neuen Welt ist, gar ein wenig stolz, weil es nicht mehr nötig ist, dass er sich ständig einmischt.

WIE DU MIT DIR SELBST SPRICHST, IST ESSENZIELL.

WIR KÖNNEN UNS MIT UNSEREN EIGENEN GEDANKEN STÄRKEN ODER SCHWÄCHEN.

SELBSTVERTRAUEN – LERNE, DIR SELBST ZU VERTRAUEN

Um dein Selbstvertrauen zu stärken, musst du lernen, dir selbst zu trauen, dir etwas zuzutrauen. Dafür musst du aktiv werden und Risiken eingehen. Was für so manchen die Achterbahnfahrt oder der Besuch eines Klettergartens ist, kann für jemand anderen der Einkaufsbummel in einer größeren Stadt oder das Verlassen des Hauses sein. Egal, wie die Situation aussieht, in allen Fällen müssen unsere Zuversicht und unser Mut größer sein als unsere Ängste und Zweifel.

Wenn du dich damit sehr schwertust, können dir hoffentlich einer oder alle der drei folgenden Tricks helfen:

1. Immer wenn du in nächster Zeit zögerst, etwas zu tun, weil das zwangsläufig bedeuten würde, dass du aus deiner »Komfortzone« rauskrabbeln müsstest, frage dich, was dein *jüngeres Ich* wohl zu deinem Zögern sagen würde.

   Wo wir als Erwachsene oft viel zu verkopft sind und viel zu viel abwägen, haben wir als Kinder oder Jugendliche in der Regel viel weniger Hemmungen gehabt, etwas einfach zu machen, sogar etwas zu riskieren – schließlich lautete das Motto eher: »Das wird bestimmt mega!« Wenn du also mal wieder dein eigenes Licht unter den Scheffel stellst, frage dich bitte, was deine 12- oder 16-jährige Version dazu sagen würde.

   Mir hilft das heute noch, zum Beispiel wenn ich unsicher bin, ob ich mir etwas zutraue, wenn ich mich selbst ausbremse durch zu verkopftes Abwägen von Für und Wider, anstatt einfach zu sagen: »Ich werde es zumindest versuchen.«

HINFALLEN IST NICHT SCHLIMM,
ABER LIEGENBLEIBEN IST ECHT DOOF!

2. Die meiner Meinung nach noch effektivere Vorgehensweise ist, dir vorzustellen, was dein *älteres Ich* zu dir in solchen Momenten sagen würde.

   Dazu musst du nicht hellsehen können, denn wie eingangs schon geschrieben: Du trägst alle Antworten bereits in dir! Nähern kannst du dich dieser Art zu fragen, indem du auf Situationen in deinem Leben zurückblickst, die du vielleicht im Nachhinein bereut hast. Auch an verpasste Chancen oder Momente, bei denen du sofort gespürt hast, dass da gerade etwas geschieht, was nicht wiederkommt.

   - Kannst du dich an solch eine Situation erinnern? Einen Moment, in dem du zum Beispiel jemanden so gerne leidenschaftlich geküsst hättest, aber dein wohlerzogenes Ich dir den erhobenen Zeigefinger gezeigt hat?
   - Eine Fantasie, die du so gerne mit jeder Faser ausgelebt hättest, zum Greifen nah, aber du hast gekniffen, aus Sorge, was die andere Person dann von dir denken könnte?
   - Eine Idee, die in deinem Kopf immer größer und genialer wurde, ruckzuck zertrampelt von deinen Gedankenscheißerchen?
   - Eine Einladung zu etwas, das dir richtig, richtig viel bedeutet hätte, was so überaus reizvoll war – aber du hast dich entschieden, zum zwanzigsten Elternabend zu gehen?
   - Der Abend am Strand, der einfach perfekt war und noch länger hätte dauern können, wenn du nicht supidupi vernünftig rechtzeitig nach Hause aufgebrochen wärst?
   - Das Aussprechen deiner Gefühle für einen Menschen und das Äußern des Wunsches, diese Gefühle gemeinsam zu leben, auch wenn dafür das gesamte Leben einmal auf den Kopf gestellt werden müsste?

Na, kribbelt's? Diese Momente kannst du zwar nicht wirklich zurückholen, aber du kannst dein Wissen nutzen, was hätte sein können, und dies mit in die Waagschale werfen, wenn du vor neuen Entscheidungen stehst. Dein älteres Ich würde dir an so mancher Stelle lachend zurufen: »Na los, mach das! Lebe! Genieße! Koste den Moment aus! Das kommt so nie wieder!«

Wenn dir bis hier noch keine Situationen aus deiner Vergangenheit eingefallen sind, bei denen dein älteres Ich dich angefeuert und nicht ausgebremst hätte, hilft dir vielleicht die folgende Frage:

WIE WÜRDEST DU DICH VERHALTEN, WENN DU DURCH DIE ZEIT REISEN KÖNNTEST UND EINE CHANCE NOCH EINMAL BEKÄMST?

TRIGGER-WARNUNG:

Thema Tod auf den Seiten 116–120

Die nun folgende Technik erscheint vielen Menschen im ersten Augenblick morbide, erweist sich aber nach der ersten Empörung meist als ausgesprochen effektiv. Sie zeigt dir, wie dir das Wissen um deine Endlichkeit helfen kann. Dazu stell dir bitte mal deine eigene Beerdigung vor.

Für den Fall, dass dich allein schon die Ankündigung, dass ich darüber schreiben werde, triggert, versuche vielleicht, deiner Angst an dieser Stelle zumindest insofern ins Gesicht zu sehen, als dass du dich fragst, ob du weißt, woher diese Abneigung gegenüber »diesem Thema« eigentlich kommt.

Weißt du, ich kenne niemanden, der sich auf das eigene Ableben oder das von geliebten Menschen freut, aber ich weiß, dass es Möglichkeiten gibt, zumindest so etwas wie seinen »Frieden« mit dem Thema zu schließen. Niemand kommt aus dieser Nummer, dem Leben, lebend raus, und das ist auch genau richtig so, es ist der Kreislauf des Lebens. Viele Menschen schöpfen bei diesem Thema Kraft aus ihrem Glauben, weil ihnen der Gedanke hilft, dass nach dem Tod noch irgendetwas kommt. Aber eins ist mal sicher: Es wird nie mehr so sein wie jetzt. Dieses Leben, das du leben darfst, kehrt nicht zurück, also sollten wir es doch lieber wirklich und ausgiebig leben, bevor es endet, findest du nicht?

Ich bin ebenfalls damit groß geworden, dass der Tod beziehungsweise vor allem das Sterben an sich, etwas Nebulöses, Dunkles, Furchterregendes ist.

Meinen Vater habe ich 2019 nach einem Sturz aus einem Zug bei diesem Prozess über mehrere Wochen in einem Krankenhaus in Hannover begleitet (kein Rentner hat die Bahncard, glaube ich, so genutzt wie mein Paps, der aus der Lüneburger Heide gerne auch mal nur zum Mittagessen nach Berlin oder sonst wo hingefahren ist). Eine Zeit großer Hilflosigkeit und Verzweiflung, weil ich mich zusätzlich erneut mit zwei meiner Geschwister in dieser Zeit auf, sagen wir mal, sehr spezielle Art auseinandersetzen musste. Dennoch hat mein Vater mir letztendlich noch ein wundervolles »Geschenk« gemacht. Ja, du hast richtig gelesen! Denn nach sehr kritischen Wochen auf der Intensivstation mit all den furchtbaren Geräuschen der Maschinen und der für mich deutlichen Wahrnehmung, dass mein Vater bereits »ging«, hieß es irgendwann, er sei »austherapiert«. In diesem Fall hieß das, man konnte intensivmedizinisch nichts mehr für ihn tun. Es wurde zwar nicht gesagt: »Ihr Vater stirbt«, aber das fühlte ich ja schon seit Wochen. Er kam auf eine »normale« Station, doch schon die Lage des Zimmers, am Ende eines Ganges (wie bei meiner Mutter damals), glich eher einer Endstation.

Als ich ihn am ersten Tag nach der Intensivstation dort besuchte, lächelte er fast kindlich vor sich hin, endlich befreit von all den Maschinen und Schläuchen. Manchmal lächelte er mich an, schien dabei aber nicht mehr wirklich anwesend zu sein. Es ist schwer zu beschreiben, aber ich spürte, dass uns nicht mehr viel Zeit bleiben würde. Mein Vater war bereits irgendwo »zwischen« zwei Welten. So sehr mich das emotional zunächst in Aufruhr versetzte, so sehr imponierte mir die Gelassenheit, die Ruhe, die er ausstrahlte und die sich auch auf mich übertrug. Da war keine Anstrengung mehr. Kein Schmerz. Kein gequältes Atmen. Kein Blick, der hilflos meinen suchte. Das Leid, das ich in den Wochen zuvor in seiner Gegenwart spüren konnte, war einem tiefem Frieden, Ruhe und Vertrauen, ja, sogar einer gewissen Leichtigkeit gewichen.

Am Ende des Besuches habe ich auf einmal gespürt, dass er meine Hand unerwartet fest drückte und hielt. Er lächelte mich für einen kurzen Moment ganz klar und ruhig an. Diesen innigen Moment der Verbundenheit werde ich für immer als Schatz in meinem Herzen tragen.

Dennoch war ich hinterher vollkommen unruhig, wie getrieben und wollte am nächsten Tag unbedingt gleich wieder zu ihm, weil ich nicht wusste, wie viel Zeit uns bleiben würde. Morgens telefonierte ich mit dem behandelnden Arzt, der mir dann auch noch sagte, dass sich die Werte meines Vaters verschlechtert hätten und dass es nun wohl doch an der Zeit wäre, dass wir über die Patientenverfügung sprechen müssen, was mir sehr schwer im Magen lag. Nicht, weil ich die Wünsche meines Vaters nicht umsetzen würde, sondern aufgrund der Vorgeschichte mit meinen Geschwistern graute mir davor. Als ich mittags im Krankenhaus ankam und gerade ins Zimmer meines Vaters wollte, nahm mich der behandelnde Arzt zur Seite und sagte mir, mein Vater sei vor einer halben Stunde friedlich eingeschlafen.

Was an all dem ein Geschenk sein soll?

Zum einen musste ich nicht die Entscheidung treffen, in dieser Situation für ihn und in seinem Sinne über Leben und Tod zu entscheiden, zum anderen, was noch viel wichtiger und das eigentliche Geschenk für mich war, darf ich ihn für immer so friedlich lächelnd und tiefenentspannt und mit unserer tiefen Verbundenheit in Erinnerung behalten. Er hat mir gezeigt, was es bedeutet, mit sich selbst absolut im Reinen zu sein, und dieses Gefühl hat er auf mich übertragen. Auch wenn ich ihn heute noch mit jeder Faser vermisse, bin ich fein damit.

Kurz durchatmen.

Nun zurück zu dem, was diese 3. Möglichkeit für dich bedeuten kann: Stelle dir bitte einmal deine eigene Beerdigung vor.

Ja, das ist mein Ernst und vollkommen unabhängig davon, ob du sie schon testamentarisch geplant hast oder nicht. (Ich für meinen Teil habe schon längst mein Testament gemacht, inklusive Patientenverfügung, und weißt du warum? *Weil ich gerne selbst entscheiden möchte*, was mit mir passieren soll, wenn ich aus den verschiedensten Gründen, sei es mangels Zurechnungsfähigkeit im Alter oder wegen der leicht hinderlichen Tatsache, dass mein zu erwartender Tod eingetreten ist und ich nicht mehr persönlich gefragt werden kann. Die meisten Menschen wünschen sich, möglichst viel in ihrem Sinne kontrollieren zu können, aber wenn es um diese Themen geht, wenden sie eher die Vogel-Strauß-Technik an … das ist doch sehr schade! Aber ich schweife ab.)

Überlege bitte mal: Wer würde nach jetzigem Wissensstand wahrscheinlich an deiner Beerdigung teilnehmen? Und was würden diese Menschen wohl über dich sagen?

Nicht, dass es wichtig wäre, was andere von dir denken, aber sicher kannst du dir vorstellen, dass es Dinge gibt, die man gerne über sich hören würde, und andere, für die man sich eher schämt. Es wäre schön, wenn zum Beispiel jemand sagen würde, dass dieser Mensch für viele andere Menschen wirklich einen Unterschied gemacht hat. Dass er genau wusste, wie der eigene Weg ist, unbeirrbar daran geglaubt und dafür gearbeitet hat, ein Ziel zu erreichen, und mit seiner Art sehr viele Menschen bereichert und inspiriert hat – eben ein echtes Vorbild war.

So was hören wir doch alle bestimmt tausendmal lieber, als wenn jemand über uns sagt, dass wir ein Geizkragen oder eine Geizkrägin, meist schlechtgelaunt, bestimmt unterv*gelt oder sogar ein riesengroßes Ar***loch gewesen seien, oder?

- So, wie du jetzt lebst – welche Spuren wirst du durch dein Leben hinterlassen? Und damit ist ausdrücklich nicht gemeint, dass jeder Mensch nach etwas Höherem streben muss, aber hast du dich für deine Träume und Wünsche wirklich ins Zeug gelegt?
- Bist du dir selbst treu geblieben und hast versucht, ein »guter« Mensch zu sein?
- Sind in deiner Vorstellung überhaupt Menschen zur Beerdigung gekommen?
- Wer hält eine Rede und wie würde sie sich wohl anhören?
- Wäre das fein für dich?
- Oder hast du zu oft in deinem Leben in Momenten, in denen du eine wirklich verändernde Entscheidung hättest treffen können, gekniffen?

Wäre es nicht supertraurig, wenn du jemanden sagen hören müsstest, dass du so großartige Ziele und Visionen hattest, aber wohl leider nicht tough genug oder zu faul warst, diese auch umzusetzen? Versuche dich noch mal an deine Zögermomente zu erinnern: Möchtest du jemanden über dich sagen hören, dass du einfach nicht die Größe für etwas hattest? Jepp, das fühlt sich nicht so toll an, oder? Dann ändere daran etwas, solange du es noch kannst. Und auch hier bitte nicht verwechseln mit Größenwahn! Eine wohldurchdachte Entscheidung *gegen* etwas kann bisweilen genau der richtigere und manchmal sogar mutigere Schritt sein.

Aber ganz grundsätzlich: Wenn wir ehrlich sind, ist es doch viel geiler, wenn dir die Worte, die gesprochen würden, runtergehen wie Öl und du (von wo auch immer du dann zuhörst) denkst: »Yes! Und ich bin *f*cking* stolz darauf, was ich mit meinem Sein und Tun bewirkt habe!«

TRIGGER-WARNUNG ENDE

Also, ich für meinen Teil kann dir sagen, dass die geilsten und mich weiterbringenden Dinge passiert sind, wenn ich nicht zu verkopft war, sondern auf mein Herz und meine Intuition gehört habe, und zwar unabhängig davon, ob es unbequem werden könnte.

Ja, zugegeben, in den Jahren meiner Angst habe ich genau das nicht mehr genug getan, aber selbst damals habe ich mich nicht davon abhalten lassen, mich selbstständig zu machen, obwohl es von den Seiten her unkte: »Denkst du denn gar nicht an deine Rente?«, »Du weißt schon, dass das kein angesehener Beruf ist, oder?«, »Wie willst du das denn finanzieren?«. Übrigens stellte sich im Nachhinein bei solchen »Spaßverderbern« oft heraus, dass sie zu dem Zeitpunkt gar nicht anders konnten, als so negativ zu reagieren, weil ich ihnen quasi im Hinblick auf ihr Leben den Spiegel vorgehalten habe. Sie waren einfach selbst (noch) nicht bereit, die gnadenlos ehrliche Bestandsaufnahme für sich zu machen, geschweige denn, sich wirklich für ihre Ziele einzusetzen und ins Handeln zu kommen.

Whatever, selbst wenn so manches Mal aus meinen Entscheidungen eher ein »Ups!« geworden ist, so fühlen sich die Erinnerungen an Momente, in denen ich kompromisslos auf mein Herz hörte, doch viel schöner, lebendiger und stärker an als viele andere.

IN DIESEN MOMENTEN WAR ICH SELBSTBEWUSST, ICH WAR MIR MEINES SELBST BEWUSST, HABE MICH AUF MEINE ENTSCHEIDUNGEN VERLASSEN UND MICH VERTRAUENSVOLL AUFS LEBEN EINGELASSEN.

Wenn du in solchen Momenten der Entscheidung etwas Unterstützung gebrauchen könntest, nutze also gerne die Vorstellung deines jüngeren Ichs, deines älteren Ichs oder geh noch diesen einen Schritt weiter. Frage dich, wozu du dir wohl raten würdest, gerade im Hinblick auf die Erfahrungen, die du bereits mit verpassten Chancen gemacht hast.

Immer wenn wir etwas Neues probieren, unabhängig vom Erfolg, wenn wir aus den sicheren, meist ziemlich geregelten Alltagsmustern ausbrechen, trauen wir uns etwas zu und stärken allein dadurch, dass wir etwas für möglich halten, unser Selbstbewusstsein. Wichtig ist dabei immer, den kleinen Monk im Auge zu behalten, wenn doch mal etwas schief- oder nicht nach seiner Pfeife geht ... die Geschichte mit der Selbstkritik und dem Liegenbleiben und so.

Leider ist es für die meisten grundsätzlich etwas ganz Neues, sich selbst wertschätzender zu betrachten. Das eigene Selbstbewusstsein zu stärken, geht Hand in Hand mit einem liebevolleren Umgang mit uns selbst einher, deswegen ist ein Liebesbrief an dich selbst auch überhaupt nicht merkwürdig.

Selbstliebe per se ist etwas Wundervolles/Stärkendes, natürlich nicht in Form von Narzissmus oder Arroganz.

WENN DU JEMANDEN LIEBST, SO WIRKLICH LIEBST, TUST DU DAS BEDINGUNGSLOS, ODER?

Du liebst diesen Menschen, weil er es schafft, dass in dir die Schmetterlinge rumschwirren wie auf Droge; du kannst über vermeintliche »Macken« milde oder gar zärtlich lächeln, du siehst ein Gesamtpaket, weil genau dieser Mensch mit all seinen Facetten dein Herz berührt. Vielleicht hat dieser Mensch einen schiefen Eckzahn; ein bisweilen dein Durchhaltevermögen sehr forderndes Redebedürfnis; singt schrecklich schief, dafür mit umso mehr Inbrunst; ist im Eifer des Gefechts mal aufbrausend oder schnell eingeschnappt. Liebst du ihn deswegen weniger? Nein. Wenn du wirklich liebst, siehst du in diesem Menschen das Wunder, das jeder Mensch ist.

Auch du bist so ein Wunder! Am Ende des Buches schreibe ich dir noch mehr dazu. Du bist einzigartig und so unglaublich wertvoll, glaube mir! Du verdienst diese bedingungslose Liebe genauso. Stärke dich und dein Selbstbewusstsein, indem du zuerst lernst, *dich* zu akzeptieren, dich wertzuschätzen und hoffentlich auch irgendwann ebenso bedingungslos zu lieben.

DU WIRST LIEBE NICHT GUT ANNEHMEN KÖNNEN ODER JEMANDEM GLAUBEN, DASS ER ODER SIE DICH BEDINGUNGSLOS LIEBT, WENN DU DICH SELBST NICHT EINMAL ANNEHMEN KANNST.

Das ist nicht gleichzusetzen mit Resignation und bedeutet auch nicht, dass du alles an dir toll finden musst; natürlich gibt es Dinge, die wir gerne anders hätten, aber grundsätzlich annehmen solltest du dich so, wie du bist! Mit allen Ecken und Kanten, ohne Wenn und Aber. Und noch mal: Natürlich darfst du dich verändern wollen, aber bitte immer um deiner selbst willen.

Auch hierbei kannst du Affirmationen nutzen, und glaube mir, ich habe so an diesem Mentaltrainingskram gezweifelt und gedacht, bei mir wäre ganz sicher nichts mit positivem Selftalk zu erreichen, aber es funktioniert! Nur dranbleiben muss man, denn dieses Umprogrammieren bedeutet, dass unser kleiner Monk zunächst mehr denn je auf Krawall gebürstet ist: Hatte er es sich zur Aufgabe gemacht, dir immer wieder vorzuhalten, was du gerade nicht geschafft hast oder worin alle anderen viel besser sind und bis jetzt deine volle Aufmerksamkeit dafür bekommen, verpuffen mehr und mehr seine übertriebenen und kleinmachenden Zetereien, weil sie immer mehr an dir abprallen.

Der kleine Kerl will das nicht. Er möchte gesehen werden, bitte schön. Volle Kanne Beachtung war er gewohnt, und nun? Er muss nun auch umdenken. Du solltest ihn mit ins Boot holen und zeigen, dass es für ihn auch viel angenehmer ist, wenn er sich immer öfter gechillt zurücklehnen, die Aufführung deines Lebens genießen kann und nur noch, wenn es tatsächlich einen Notfall gibt, in seine Soufflier-Rolle zurückhuschen darf und dann auch bitte soll. Im Idealfall verschmelzen der kleine Monk und dein Bauchgefühl zu einer dich schützenden und stärkenden Einheit.

Du wirst in dieser Woche an vielen Stellen festgestellt haben, dass du einige Dinge, die du bis dahin als selbstverständlich hingenommen hast, nun aus einer anderen Perspektive betrachtest. Du wirst vermutlich nicht nur zaghaft, sondern deutlich spüren, dass sich deine Haltung dir selbst gegenüber verändert. Du erlebst nun vermutlich immer häufiger ein befreiendes Gefühl, so, als würdest du den Knopf an einem zu engen Kragen öffnen oder als würdest du dich aufrichten, die Arme seitlich ausstrecken und dann ganz bewusst richtig tief atmen, nicht wahr?

Im Folgenden bekommst du erneut zwei Inspirationsvorlagen für deine Gedanken und Notizen, diesmal zu dieser zweiten Woche. Wie bereits am Ende der ersten Woche beschrieben, dient die erste Vorlage der täglichen Reflexion und die zweite gibt dir einen zusammenfassenden Überblick zur vergangenen Woche.

SELBST-VERTRAUEN.

Beginnt mit Selbstakzeptanz und grundsätzlicher Wertschätzung.

Wie habe ich mich heute selbst behandelt?

Mies	**Geht so**	**Wertschätzend**

Ich bin dankbar für ...

Was hat mich heute ausgebremst?

Was gefällt mir an mir? Worauf bin ich stolz?

Was war heute meine wichtigste Erkenntnis?

2ND WEEK – OR JUST ANOTHER ONE?

Du bist der wichtigste Mensch in deinem Leben!

Was habe ich in dieser Woche gelernt?

Die drei wunderschönsten Ereignisse:

Was sind meine wichtigsten Erkenntnisse?

Bin ich gut mit mir umgegangen?

AUFGABE

Und nun, wie bereits angekündigt: Schreibe dir selbst einen Liebesbrief.

Erinnere dich an all die Dinge, die du schon geschafft hast. An all deine Erfolge und die damit verbundene Kraft, die dir nicht bewusst war oder ist. Überlege mal, was du dir für die Zukunft gerne sagen würdest. Möchtest du dir vielleicht selbst sagen, dass dir gar nicht bewusst war, wie klein du dich selbst gemacht hast?

Reiche dir die Hand. Versprich dir, dass du ab jetzt gut auf dich achten wirst.

Dass du dich annimmst, mit allem, was dazugehört, in guten und in schlechten Tagen. Dass du an dir selbst gar nichts ändern musst, um perfekt zu sein, denn das bist du längst auf deine ganz einzigartige und bezaubernde Weise!

Dass du aber trotzdem immer dein Bestes geben wirst, um mit dir selbst eine Einheit zu bilden und um in Bereichen, in denen dir etwas wichtig ist, noch mehr zu lernen und dich herauszufordern, dich nicht zu unterfordern.

Sage dir auch ruhig, worauf du stolz bist: Welche Eigenschaften und Werte an dir selbst magst du? Deine Loyalität? Deine Ehrlichkeit? Dein Durchhaltevermögen?

Was gefällt dir an dir als körperliches Wesen? Deine Grübchen, wenn du lächelst? Die zarte Form deiner Ohrläppchen? Magst du deine Augen?

ES GIBT SO VIEL WUNDERFEIN SCHÖNES AN DIR,

INNEN UND AUSSEN – GLAUBE MIR!

Sieh hin und würdige das! Tu dir selbst einen Gefallen und schreibe dir selbst einen »richtigen« Liebesbrief. Mache es dir dafür wieder gemütlich, besorge dir vielleicht sogar im Vorfeld besonders schönes Briefpapier und bewahre den Brief, dein Versprechen an dich, hinterher so auf, dass er nicht in Vergessenheit gerät. Ich selbst trage so ein Versprechen seit Jahren in meinem Portemonnaie bei mir.

Indem du dir selbst einen Brief schreibst, nutzt du auch wieder mehrere deiner Sinne und speicherst all das viel besser und einfacher ab.

Eine Alternative kann es auch sein, sich selbst den Liebesbrief als Audio-Datei aufzusprechen, für diejenigen, die über den Hörsinn besser »lernen«, kann das einen großen Unterschied machen. Dann kannst du auch abends vor dem oder sogar zum Einschlafen die Wach- beziehungsweise Schlaffrequenz nutzen und die neuen Informationen an den sonst sehr wachen (dann aber eher hinderlichen) Türstehern deines Verstandes vorbeischmuggeln, sodass sie leichter zu deinem Unterbewusstsein gelangen können.

Was konntest du auf deiner Reise schon alles erkennen? Wie wünschst du dir, dass du zu dir selbst sprechen, dich selbst sehen und wertschätzen könntest? Was würdest du einem anderen Menschen mit auf den Weg geben? Niemand muss diesen Brief, den du an dich schreibst, jemals lesen. Pack alles hinein, was du dir wünschst, welche Hoffnungen du hast. Schreibe ihn so, wie du denkst, dass es wertschätzend und liebevoll ist, selbst wenn es dir im Moment noch schwerfällt.

Auf der nächsten Seite findest du ein Beispiel.

Dear me,

Ich weiß, wie hart die letzten Jahre teilweise für uns waren. Und ich weiß, dass ich dich überhaupt nicht gut behandelt habe. Ich bin froh, so vieles erkennen zu können und nun einen ganz anderen, meinen Weg gefunden zu haben. Es tut mir um dich leid, mein jüngeres Ich, was ich alles nicht besser wissen konnte, und ich wünsche mir so sehr, mir nun ein anderes Leben zu erschaffen, indem ich stolz und liebend mit mir selbst umgehe. Indem ich gut auf mich achte und mich nicht mehr verbiege. Ich verspreche dir, dass ich ab jetzt immer wieder überprüfen werde, ob ich mich nun so verhalte, wie es richtig für uns ist. Ich möchte mit meinen Möglichkeiten jetzt die Wunden heilen, die in der Vergangenheit so viel Schmerz und Leid bedeuteten. Ich weiß, dass ich jetzt stark genug dafür bin, und ich werde nie wieder zulassen, dass mich jemand so schlecht behandelt – weder ich selbst noch ein anderer.
Ich bin stolz auf dich, dass du das alles durchgestanden hast, und ich unterstütze dich ab jetzt.

love me.

WOCHE 3

Zelebrieren und Fördern von Achtsamkeit

Was denkst du über Achtsamkeit? Hast du gerade mit den Augen gerollt? Achtsamkeit ist weit mehr als so ein »Spiri–Ding«. Sie ist eine Art der Meditation und hat ihren Ursprung im Buddhismus. Von ganzem Herzen zelebriert und in deinen Alltag integriert, wird sie im besten Fall zu einer grundsätzlichen Haltung, einem Lebensstil, einer ganz bewussten Art zu leben. Sie kann dir ungemein helfen, zu entschleunigen und Stress zu reduzieren. Durch Achtsamkeit lernen wir innezuhalten, ruhiger zu atmen und können auch mal von unserem Ego, das eigentlich in einem Rund-um-die-Uhr-Hamsterrad unterwegs ist, Abstand bekommen. Gerade im Hinblick auf unsere mentale Gesundheit und psychische Überlastung bis hin zu Erkrankungen spielt Achtsamkeit eine besondere Rolle. Menschen mit Depressionen »hängen« beispielsweise oft gedanklich in der Vergangenheit fest, während Menschen mit Ängsten Supergau-Szenarien entwerfen, die möglicherweise in der Zukunft stattfinden könnten. Verschiedene Techniken, mit deren Hilfe man lernt, im gerade aktuellen Moment anzukommen, sind mittlerweile fester Bestandteil vieler Therapien.

Man lernt, körperliche Empfindungen zwar wahrzunehmen, aber den hypochondrischen Gedankenscheißerchen nicht zu viel Beachtung zu schenken, die sich in gewohnter Manier sofort ins Zeug legen, daraus etwas zu konstruieren. Wahrnehmen, ohne zu bewerten. Damit können wir den nötigen Abstand erreichen, der notwendig ist, um Reaktionsketten zu unterbrechen oder gar zu vermeiden, dass sie losgetreten werden. Das ist übrigens auch grob vereinfacht der Ansatz bei der metakognitiven Therapie, die von Aaron T. Beck entwickelt wurde.

Mit etwas Übung ist es auch gar nicht schwer, Achtsamkeit umzusetzen, im Gegenteil, sie hat Suchtpotenzial! Wir lernen, mit all unseren Sinnen wahrzunehmen, was ist. Im Jetzt zu sein. Auf eine ruhige, wertschätzende und erdende Weise, nicht überfordernd, wie wir Hochsensiblen es oft erleben, aber besonders für uns kann sie ein absoluter Gamechanger sein, weil wir mit ihrer Hilfe entscheiden können, worauf wir uns fokussieren wollen und Reize so besser kanalisieren können.

Wenn jedoch Achtsamkeit per se irgendwie ein rotes Tuch für dich ist, weil du dir nicht vorstellen kannst, was sie dir überhaupt bringen kann, kommen hier ein paar hoffentlich verlockende Beispiele, die für sie sprechen:

Wir können mithilfe von Achtsamkeit unsere *Sinn*lichkeit ganz neu entdecken!

Beim Essen die verschiedenen Geschmacksreize wirklich zu bemerken, anstatt »nur« das Gesamtpaket zu schmecken, wird dazu führen, dass Essen für dich weit mehr werden kann als bloße Futtermittelversorgung deines Astralkörpers. Bereits das Tempo, in dem du dein Essen zu dir nimmst, hat Einfluss auf dein Wohlgefühl (ja, natürlich auch auf das Völlegefühl!).

Wann hast du das letzte Mal ein Stück Schokolade wirklich bewusst gegessen, anstatt einfach ein Stück abzubrechen und flugs zu kauen (ich hoffe sehr, *dass* du gekaut hast!) und zu schlucken?

Nimm dir doch mal ein Stück Schokolade. Ja, jetzt. Oder irgendetwas anderes, wovon du denkst oder sagen würdest, dass du das richtig gerne magst. Hast du es vor dir liegen? Ist es noch eingepackt? Wie sieht die

Verpackung denn aus? Glitzert sie? Ist sie matt? Ist sie kalt, weil die Schokolade im Kühlschrank war, oder hat sie Zimmertemperatur? Ist Schrift darauf? Welche Farbe hat die Schrift? (Wusstest du, dass in der Werbung ganz gezielt mit Farben gearbeitet wird? Blau steht zum Beispiel für »Vertrauen«, nicht ohne Grund findest du die Farbe bei vielen technischen Geräteverpackungen. Rot impliziert »aufregend« – sehr gezielt wird das nicht nur von einem namhaften Softdrink-Hersteller genutzt. Mit einem Orange, das für »freundlich« steht, und einigen anderen Farben werden wir schon beim Einkaufen im wahrsten Sinne des Wortes auf den ersten Blick ganz schön manipuliert.)

Packe dein Stück Schokolade, oder worauf auch immer deine Wahl fiel, jetzt ganz langsam aus. Knistert die Verpackung? Oder ist es eher ein Rascheln? Wenn du dir den Riegel oder das Stück jetzt richtig gut angesehen und beim Auspacken zugehört hast, beuge dich vor und rieche daran. Wonach riecht dieses Teil eigentlich, das du so gerne magst? War dir das bewusst? Hättest du diesen Geruch beschreiben können? Merkst du, wie lange man sich bereits mit etwas so Bekanntem wie einer Lieblingsnascherei neu befassen kann? Na, und was ist in der Zwischenzeit bereits in deinem Mund passiert? Vielleicht schluckst du vor dem nächsten Schritt erst einmal.

Wenn deine Wahl auf Schokolade fiel, solltest du, was jetzt kommt, nicht zu langsam machen, damit sie nicht gleich schmilzt. Stecke dir das Stück Schokolade jetzt in den Mund und lege es auf deine Zunge, sonst nix. Wie fühlt sich das an? Bewege deine Zunge ein wenig, sodass du mit dem Stück Schokolade an deinen Gaumen kommst, lutsche etwas und halte inne. Hattest du den Geschmack so in Erinnerung? Oder ist er ganz anders als beim letzten Mal, als du dir fast schon ignorant ganz nebenbei ein Stück Schokolade in den Mund geschoben hast? Ich hoffe, du hast gerade ein megabreites Lächeln im Gesicht und bist verzückt, wie gut es dir schmeckt!

Du kannst wahre Geschmacksexplosionen erleben, einfach nur, indem du bewusst isst, dir Zeit dafür nimmst und versuchst, die verschiedenen Nuancen eines Gerichtes herauszuschmecken.

In der Natur wirklich hinzusehen, Geräusche um uns herum tatsächlich zu bemerken oder Berührungen/Empfindungen (Luft oder Wärme auf unserer Haut, der Bodenbelag, auf dem wir gehen, und so weiter) wahrzunehmen, anstatt nur verbissen unsere Strecke abzureißen, weil irgendjemand behauptet hat, das müsste sein, kann dich demütig glücklich machen, weil du an fast jeder Stelle das Wunder des Lebens vor Augen geführt bekommst.

Siehst du nach dem Winter genau hin?

Bemerkst du beim Spazierengehen, wie alles aus dem Winterschlaf erwacht? Wie sich zunächst kleine Ausbuchtungen an Bäumen und Sträuchern hervorstrecken, die dann zu neuen Ästchen oder Knospen werden? Bereits kurz danach öffnen sie sich zaghaft und scheinen sich vorzubereiten. Ich sehne mich förmlich jedes Jahr nach diesem ersten grünen Schimmer an den Büschen und Bäumen, der zunächst nur zu erahnen ist, dann aber nach ein paar Tagen mit dem dafür notwendigen Sonne-und-Regen-Mix plötzlich – 3 … 2 … 1 – zu explodieren beginnt, sodass überall in der Natur dieses unvergleichlich beeindruckende satte helle Neongrün erstrahlt. Als hätte alles nur darauf gewartet, im Kreislauf des Lebens die nächste Runde zu drehen.

Hast du schon mal beobachtet, welche Vögel in deinem Garten leben?

Und wie bezaubernd ihre Balz ist?

Wie faszinierend es ist, wenn sie sich gefunden haben und gemeinsam mit dem Nestbau beginnen? Wenn man zusehen kann, wie die Eltern immer gestresster werden, immer mehr abnehmen, weil sie ständig nach Futter für ihren Nachwuchs suchen? Relativ kurze Zeit später haben sie dann diese kleinen Federbälle im Schlepptau, die morgens immer so entzückend aufgeplustert aussehen, als hätten die Eltern gesagt »Zieh dich warm an, es ist noch kühl morgens!«, und sie hätte tief Luft geholt und »pfff« alles gegeben. Dann hüpfen die Vogeleltern über den Rasen, die Kleinen immer hinterher, es gibt Lektionen im Futterfinden. Manchmal wirken die Eltern gar genervt, wenn die Kleinen laut zeternd die ganze Zeit zu sabbeln scheinen. Sie erinnern mich immer auf ganz zärtliche Art an meinen jüngsten Sohn. Er hat relativ spät angefangen zu sprechen, was auch damit zu tun hatte, dass er seinen Schnuller so liebte (bitte an dieser Stelle keine Grundsatzdiskussion aufmachen, ich hatte mir das auch anders vorgenommen / vorgestellt), aber als er sich dann endlich trennen konnte, stand sein Plappermäulchen einfach nicht mehr still, und er schien alles nachholen zu wollen, was er mir vorher »verschwiegen« hatte ...

Bekommst du eine Vorstellung davon, welch ein Gewinn es sein kann, all das, was dich ständig umgibt, nicht mehr als selbstverständlich hinzunehmen, sondern wie mit Kinderaugen neu auf Erkundungstour zu gehen? Oder bist du immer noch der Meinung, dass Achtsamkeit für einen aufgeklärten Menschen wie dich eher in die »Spiri-Richtung« geht? Dann überzeugt dich vielleicht der nächste Abschnitt.

ACHTSAMKEIT FÜR SKEPTIKER

Mithilfe von Achtsamkeit kannst du Küsse, Berührungen oder gar Sex vollkommen neu erleben. Beantworte die folgenden Fragen nur für dich selbst:

- Wie schmeckte dein letzter Kuss?
- Wie fühlte er sich an?
- War er zärtlich und sanft?
- Oder fordernd und heiß?
- Wie fühlten sich eure Lippen aufeinander an?
- Waren die Lippen weich oder eher hart?
- War der Kuss ein Versprechen für mehr?
- Hast du mit deinem ganzen Körper darauf reagiert?
- Habt ihr euch lange geküsst oder nur ganz kurz?
- Oder, herrje *(please not!)*, nur aus Routine?

Küss doch bitte nur, wenn dir wirklich, wirklich danach ist! Ein Kuss ist eine Kostbarkeit, eine Köstlichkeit, eine Intimität, möglicherweise ein Versprechen, eine Liebeserklärung oder die Aufforderung zu richtig heißem Sex.

Es spricht überhaupt nichts gegen einen zärtlichen Gutenachtkuss oder einen Abschiedskuss, wenn du ihn bewusst austauschst, weil dir danach ist, und wenn dir regelmäßig danach ist, ist das auch wundervoll, aber lass diesen Schatz doch bitte nicht zu einer Pflichtveranstaltung werden! Wenn du verlernt hast, wie du gerne küsst, probiere es doch mal aus ... schließe deine Augen und stelle dir vor, was dir gefallen würde. Noch besser: Wenn du (d)einen potenziellen Kusspartner oder eine potenzielle Kusspartnerin zur Verfügung hast, erzähle ihm oder ihr, wie du gerne geküsst werden würdest, oder fordere zum Ausprobieren und Genießen auf. Je nach Verlauf des Kusses könnt ihr das Experimentieren auf eure Berührungen ausweiten und auch dort nicht ein routiniert eingespieltes Programm abspulen, sondern wirklich anwesend sein. Vielleicht hilft euch dabei die Vorstellung, ihr würdet das, was ihr gerade macht, zum allerersten Mal tun.

Na gut, der Vergleich hinkt, denn es wäre ja schade, wenn du bei deinem ersten Kuss sagen würdest: »Halt! Ich möchte erst mal noch ...«, anstatt dich einfach der Magie dieses Augenblicks hinzugeben.

Aber wie fühlt sich Haut an Haut denn *wirklich* für dich an?

Bewusst zu küssen, bewusst zu berühren, nicht »nur« an der tatsächlichen Oberfläche der Haut, sondern viel tiefer, kann richtig Spaß machen und natürlich auch Lust auf mehr. Nehmt euch doch mal Zeit beim Ausziehen oder schaut euch gegenseitig dabei zu. Wie fühlt es sich an, wenn der Mensch, den du liebst und begehrst, vor deinen Augen die Hüllen fallen lässt, dir dabei etwas Zärtliches oder Heißes sagt und dir vielleicht Hemd oder BH zuwirft?

Wann hast du das letzte Mal wirklich hingesehen?

Beobachte und genieße, was mit deinem Körper passiert. Atmung, Herzschlag, Anspannung, alles ändert sich und lässt dich vibrieren. Lasst euch Zeit und gestaltet das Erlebnis ganz nach Lust und Laune.

Wenn die Berührung eines geliebten Menschen nicht mehr nebenbei stattfindet, sondern du die Wärme von Haut auf Haut wirklich bemerkst,

Nähe und Intimität neu erlebst, deine Empfindsamkeit zulässt, deinen Körper dabei neu entdeckst, weil du vielleicht das allererste Mal wirklich beobachtest, wie sich die »fremden« Lippen auf deiner Haut anfühlen, wenn du dich ganz und gar dem Moment hingibst, in dich hineinhorchst und traust, deine Wünsche auszusprechen, entsteht gleichzeitig ein wahres Feuerwerk der Dankbarkeit.

Achtsamkeit kann also extrem sexy sein, eine gesteigerte Form der *Sinn*lichkeit sozusagen. Sie ist die Voraussetzung für ein tieferes Erleben. Vielleicht verändert sich spätestens dann deine skeptische Haltung zu diesem Thema, wenn du dies einmal erfahren hast!?

Ich wünsche dir von ganzem Herzen, dass du Geschmack daran findest!

Achtsamkeit kann lebensverändernd sein. Für mich war es auf meinem Weg aus der Angst ein großer Meilenstein, als ich merkte, dass ich es mithilfe meiner Sinne immer schneller schaffen konnte, selbstbestimmt meinen Fokus zu verschieben, mich zu erden, in der angespannten Situation ruhig zu werden und wieder einen klaren Kopf zu bekommen.

ACHTSAMKEIT KANNST DU JEDERZEIT BEWUSST EINSETZEN, EGAL, OB DU GERADE ETWAS NEUES AUSPROBIERST ODER BEKANNTES IN ZEITLUPE AUSFÜHRST.

Dabei muss Achtsamkeit nicht zwangsläufig mit Aktivität verknüpft sein, habe auch ruhig den Mut, mal nichts zu tun! Am Anfang sind die meisten Menschen oft »sich selbst zu viel«, weil die vermeintliche Stille alles andere als still ist. Wenn du aufgrund deiner Ängste nicht gut »nur mit dir allein sein« kannst, fange zunächst mit einem ganz kurzen Moment an und weite es peu à peu aus. Auch in jedem einzelnen kleinen Moment kannst du bereits so viel mit deinen Sinnen erleben.

DIE MACHT DER STILLE

Was hältst du davon, dir einmal solch einen stillen Moment zu gönnen?

Mach dir etwas zu trinken, gern ein warmes Getränk, denn das vermittelt vielen Menschen sofort Geborgenheit. Achte darauf, dass du leger gekleidet bist, im Anzug oder im kleinen Schwarzen entspannt es sich in der Regel nicht so einfach wie in der Jogginghose (und nein, du hast damit nicht die Kontrolle über dein Leben verloren, sondern du bist gerade dabei, dir diese in deinem Sinne zurückzuholen) oder etwas anderem, in dem du dich wohlfühlst. Wenn du nicht alleine lebst, sorge dafür, dass du während dieser Zeit wirklich ungestört sein wirst.

Lümmle dich dann draußen oder drinnen irgendwo gemütlich hin und schalte alles aus, was dich ablenken könnte wie Radio, Fernsehen, Handy, Computer oder Ähnliches. Verstaue es am besten außerhalb verlockender Reichweite. Komm ganz in diesem Moment an. Mein Blick führt mich just in diesem Moment aus dem Fenster hinaus in meinen Garten (es herrscht nämlich Hamburger Schmuddelwetter vom Feinsten), und ich gehe einfach mal davon aus, dass du es dir auf dem Sofa oder Sessel gemütlich gemacht hast.

Ist dir warm genug? Oder möchtest du dich noch in eine Decke kuscheln? Ist dein Nacken entspannt? Räkele dich doch mal so richtig, wie ein genießendes Kätzchen.

Beobachte nun deinen Atem, ohne zu bewerten. Ich ertappe mich zum Beispiel immer wieder dabei, dass ich sehr oft, wenn ich angespannt bin, nur im oberen Brustbereich atme, dabei ist die Bauchatmung viel beruhigender und versorgt unseren Körper mit deutlich mehr Sauerstoff. Deshalb habe ich es mir angewöhnt, tagsüber immer wieder sanft, aber entschlossen, einen kleinen Check-in zu machen, meine Atmung zu überprüfen und notfalls zu korrigieren. Kleiner Pro-Tipp: Anfangs habe ich mir dafür wirklich Termine in mein Handy eingetragen, um es nicht zu vergessen. Vielleicht hilft dir das auch?

Lege dir eine Hand auf deinen Bauch und die andere auf deine Herzgegend und nimm einfach nur wahr. Schnell oder langsam, kräftig oder ruhig – ganz egal, aber stetig schlägt dein Herz, nicht wahr? Ist das nicht wunderfein?

DU LEBST! WAS FÜR EIN GESCHENK!

Aber zurück zur achtsamen Wahrnehmung.

Wenn du vorher mit Achtsamkeit noch so gar nichts am Hut hattest, beginne mit Dingen, die du relativ einfach in deinen Tagesablauf einbauen kannst.

Zum Beispiel direkt nach dem Aufwachen nicht sofort die Augen öffnen, sondern kurz wahrnehmen: Was ist gerade wirklich da? Ist dir warm / kalt? Ist es leise? Hörst du schon Geräusche? Ist es noch dunkel draußen oder haben die ersten Sonnenstrahlen bereits den Weg in dein Zimmer gefunden? Wenn du mit Ängsten zu tun hast, konzentriere dich erst recht auf Details, die du außerhalb von dir wahrnehmen kannst, denn Panikler sind bereits vor dem ersten Augenöffnen meist schon wieder als Körperscanner unterwegs. Das kann zu einer wunderbaren Übung werden, aus den Gedankenmustern oder, wenn du so willst, Gedankenroutinen, die wir im Alltagstrott entwickeln, schon morgens ganz bewusst auszusteigen. Und nein, das klappt nicht sofort. Deine Gedanken werden – zumindest wenn du ein Panikler sein solltest – immer wieder zurückhüpfen zu den körperlichen Symptomen, die sich in den Vordergrund zu drängen scheinen, aber Übung macht, dass du es immer besser schaffen kannst und wirst!

Versuche einfach immer, wenn du an diesen Achtsamkeitskram denkst, innezuhalten und mit allen Sinnen wahrzunehmen: Was siehst, hörst, riechst, fühlst und schmeckst du *wirklich*? Also *jetzt*? Und die Panikler versuchen bitte ganz bewusst, dieses Wahrnehmen aufs Außen zu konzentrieren.

Beobachte dich dabei immer (!) liebevoll und wohlwollend selbst. Wenn deine Gedanken abschweifen, akzeptiere auch das, ohne zu bewerten oder gar zu meckern, und versuche dich dann wieder auf das, was gerade ist, zu fokussieren.

Viele Menschen, die ich kenne, lernen Achtsamkeitstraining sehr schnell schätzen. Man kann es beliebig ausweiten, denn du kannst es tatsächlich immer und überall machen. Du bringst nachweislich und spürbar mehr Ruhe in dein Leben und schulst dein Bewusstsein immer mehr darauf, in der Gegenwart zu sein oder schnell in selbige zurückzukommen. Fast wie von selbst empfinden die meisten Menschen dabei immer häufiger – und nicht nur beim Sex – ein friedliches Dankbarkeitsgefühl. Der Haken daran ist, dass man es wirklich üben muss, bis es »flutscht«. Ich habe mal irgendwo gelesen, dass es mindestens drei Wochen Dranbleiben braucht, um etwas Neues als Routine in das eigene Leben zu integrieren; keine Ahnung, ob das stimmt und ich es mir richtig gemerkt habe. Für mich steht seitdem jedenfalls fest, dass ich allen neuen Dingen, auf die ich so stoße und die mir als Bereicherung erscheinen, mindestens mal diese drei Wochen gebe, bevor ich etwas als nicht effektiv abhake.

WER GENIESSEN KANN, IST KLAR IM VORTEIL

Für mich war Achtsamkeitstraining also zunächst »nur« ein Mittel zum Zweck. Ich hatte die große Hoffnung, dadurch mit Angstsituationen anders umgehen zu können. Es hat auch wirklich funktioniert, aber bis dahin war es ein sehr anstrengender und manchmal extrem frustrierender Weg. Denn je länger man in Teufelskreisen drinsteckt, zum Beispiel wenn die Angst dafür sorgt, dass sich die Gedanken verselbstständigen, umso tiefer sind auch die Spuren und Programmierungen der negativen Gedankenwege und leider tritt auch beim Denken schnell eine Routine ein. Bei Gedanken, die durch negativ bewertete Ereignisse aufkommen, sogar sehr viel schneller, als uns lieb ist. Da braucht es dann nicht die genannten drei Wochen für die Entstehung eines Teufelskreises, das geht von jetzt auf gleich. Klar, wieder eigentlich zu unserem Schutz, aber man hat auch nicht dauernd die Kraft, alles immer wegzulächeln oder -atmen.

Alles, was wir denken, findet seinen Platz. Zunächst nur im Kurzzeitspeicher. Es wäre also gerade in Bezug auf eine Panikattacke das Beste überhaupt, wenn wir diese unter »Echt scheiße, aber vorbei« abhaken könnten, und gut ist. Leider wird uns von klein auf beigebracht, dass wir Dinge verstehen oder erklären können sollten. Nur ist gerade ein Erklärungsversuch in Bezug auf Ängste die Wurzel vielen Übels. Denn wenn wir uns mit Situationen auch nachträglich noch beschäftigen, wenn wir sie analysieren, wieder und wieder durchdenken, was wieso, weshalb, warum passiert ist (na, habe ich dir damit jetzt wieder einen Ohrwurm verpasst? *Sorry, not sorry.* Zeigt es doch umso deutlicher, wie früh dieses #wirmüssenerklärungenfinden in unser aller Leben auftaucht), manifestieren wir alles dazu auf unserer internen Festplatte immer mehr.

Die Spuren werden immer tiefer eingegraben. Wenn wir uns dann endlich auf den Weg machen, an eben diesen eingefrästen Gedankenwegen etwas zu ändern, hoffen viele auf ein Zaubermittel. Stell dir mal eine Strecke auf einem Feld- oder Waldweg vor, in der durch das ständige Befahren mit dem Fahrrad an immer gleicher Stelle tiefe Spuren entstanden sind. Möchtest du nun ganz bewusst nicht mehr in diesen Rillen fahren, braucht es am Anfang große Konzentration und den Willen, sich neben der alten Spur zu halten. Das geht, aber wenn du einen Moment nicht aufpasst, kann es passieren, dass die Reifen sehr schnell wieder in die alte Spur rutschen und wie geführt ab da sofort wieder der alten Route folgen. Es braucht viel Zeit und Füllstoff, der sich nach und nach in den alten Spuren absetzen kann, bis sie flacher werden und es nicht mehr so leicht passieren kann, hineinzurutschen, zumal zwischendurch auch immer noch mal wieder etwas rausgefegt oder -geweht wird, bevor es dann irgendwann eine gleichmäßige Oberfläche werden kann. Das dauert einfach. Und glaub mir, als »Queen of Ungeduld« war dies für mich manches Mal eine harte Probe.

Ich lernte also, Ungeduld hin oder her, den Dingen Zeit zuzugestehen. In vielen Fällen kann ich allerdings nicht genau sagen, ob ich nun gerade ungewohnt geduldig oder einfach nur stur war, bis ich effektive Ergebnisse erzielen konnte. Und nein, ich bin nicht stolz auf meinen Sturkopf, und ich kokettiere auch nicht damit, aber Tatsache ist, dass er mir in enger Zusammenarbeit mit meinem Stolz auch so manches Mal den Arsch gerettet hat.

Denn meine Überzeugung, mein Glauben beispielsweise an das, was ich heute tue, hat mich all die Jahre durchhalten lassen. Es ist ein sehr steiniger Weg, sich mit jeder Faser dem zu verschreiben, worin man seine Passion und Berufung sieht, und es erforderte viel Durchhaltevermögen, bis ich an einem Punkt angekommen war, an dem sich all meine Entbehrungen, Verletzungen und verzweifelten Momente dank meiner Hartnäckigkeit endlich auszahlten. Durch Achtsamkeit immer wieder im Jetzt, in mir, anzukommen, hat mir dabei sehr geholfen.

- Wenn wir also an einem bezaubernden Schmetterling nicht mehr vorbeieilen, sondern diese filigranen Geschöpfe wirklich wahrnehmen ...
- Wenn wir andere Menschen aus vollstem Herzen lachen hören und ganz warm spüren, wie sich auch auf unserem Gesicht ein Lächeln ausbreitet, weil Lachen so herrlich ansteckend ist ...
- Wenn wir Musik hören, die an den übereifrigen Türstehern unseres Verstandes einfach so vorbeischlüpft, die Balsam für unsere Seele ist und uns spüren lässt, dass es Magie wirklich gibt ...
- Wenn du ein Kind beobachtest, das vollkommen fasziniert, manchmal tatsächlich mit offenstehendem Mund etwas beobachtet, was es noch nicht kennt ...
- Wenn du unter Zeitdruck stehst und dir auf deinem Weg auffällt, dass alle Ampeln grün sind ...
- Wenn du spazieren gehst und fühlen kannst, wie die Sonne deine Haut streichelt ...
- Wenn du ans Meer kommst und dein Brustkorb ganz weit wird ...
- Wenn du morgens aufwachst und feststellst, dass du geschlafen hast wie ein zufriedenes Baby und dich so energiegeladen wie lange nicht mehr fühlst ...
- Wenn dir jemand sagt »Ich bin für dich da!«, und du spürst mit jeder Faser, dass dies genau so gemeint ist ...

... dann erlebst du, was Achtsamkeit in dir bewirken kann und wie du durch sie von einer Welle der Dankbarkeit durchströmt wirst. Ja, Achtsamkeit und Dankbarkeit gehen oft Hand in Hand.

Selbst wenn du dich im Alltag vom stressigen Trott immer mal wieder überrumpeln und mitreißen lässt, sodass du das Üben vernachlässigst, wird es dir mit der Zeit trotzdem immer leichter gelingen, erneut in diese Achtsamkeitssache einzusteigen, und irgendwann möchtest du es wahrscheinlich nicht mehr missen beziehungsweise wird es zu etwas, das du eben ganz selbstverständlich machst. Das ist überhaupt nicht geringschätzig gemeint und schon gar nicht so, dass es weniger intensiv wird, aber es wird dir immer leichter fallen, und du wirst wahrscheinlich sogar merken, dass es dir fehlt, wenn du es schleifen lässt.

Die positiven Nebenwirkungen sind im Übrigen nicht nur für dich persönlich spürbar. Je länger und intensiver du achtsam durch dein Leben gehst, umso mehr Ruhe, Zuversicht und Kraft strahlst du auch auf andere aus. Das bedeutet, andere können es vielleicht nicht logisch erklären oder »(be-)greifen«, fahren in deiner Gegenwart aber einfach so einen Gang runter, weil sie deine Erdung spüren, und diese Energie überträgt sich auf sie. Ist das nicht zauberschön?

DU KANNST DIESE WELT ALLEIN DURCH DEINE ACHTSAMKEIT FÜR DICH UND FÜR ANDERE ZU EINEM SCHÖNEREN ORT MACHEN.

Du wirst in dieser Woche so einiges neu entdeckt haben. Vielleicht hast du eine eventuelle Skepsis gegenüber dem Thema Achtsamkeit zumindest schon auf den Prüfstand gestellt? Dann wirst du die Magie bereits spüren können, die damit einhergeht. Du wirst immer häufiger gemerkt haben, dass diese Form der Wahrnehmung deine Aufmerksamkeit auf Details lenkt, die zwar auch vorher bereits da waren, die wir aber gelernt haben zu ignorieren, um immer schön schnell und produktiv zu bleiben, nicht wahr? Hast du bereits einen verzückten und berauschenden Moment erleben können? Wie es ist, wenn sich durch Achtsamkeit ganz automatisch dein Fokus verschiebt? Ich hoffe, du hattest viele intensive Momente dadurch.

AUFGABEN

Deine Aufgaben in dieser Woche:

1. Jeden Tag mehrmals, mindestens aber dreimal, bewusstes Innehalten. Tief atmen. Präsent sein. Frage dich dabei: »Bin ich wirklich gerade hier in diesem Moment?«

   Erde dich, indem du deine Atmung beobachtest.
   Wichtig: nur beobachten, nicht werten!
   Spürst du, wie dein Bauch sich beim Atmen hebt und senkt?
   Stelle dir vor, du atmest Kraft und Liebe ein und alles, was dich bedrückt, atmest du aus. Wenn du magst und es dir möglich ist, mache das ruhig richtig geräuschvoll. Schnaube ruhig, Lachen ist ausdrücklich erwünscht!

   Wenn du dich »anwesend« fühlst, frage dich:
   Was kannst du jetzt wirklich gerade sehen, hören, fühlen, riechen oder schmecken?
   Beschreibe bei diesem Innehalten jeweils mithilfe deiner Sinne so detailliert wie dir möglich, was gerade ist.

2. Führe jeden Tag mindestens eine alltägliche Tätigkeit (duschen, Kaffee kochen, Zähne putzen ...) achtsam aus. Rufe dir diese Momente abends noch einmal in Erinnerung und schreibe sie dir in dein Notizbuch.

Ich habe dir wieder Beispiele für eine tägliche und die wöchentliche Routine als Inspiration für dein Notizbuch vorbereitet.

ACHTSAMKEIT.

Kann ein absoluter Gamechanger sein.

Wie aufmerksam war ich heute wirklich?

Wenig **Geht so** **Top**

Ich bin dankbar für ...

Was habe ich heute bewusst wahrgenommen?

Was war heute meine wichtigste Erkenntnis?

3RD WEEK – OR BEST OF THREE?

Wie geil ist denn, bitte schön, das JETZT?

Was habe ich in dieser Woche gelernt?

Die drei wunderschönsten Ereignisse:

Was sind meine wichtigsten Erkenntnisse?

Bin ich gut mit mir umgegangen?

WOCHE 4

Vertrauen ins Leben

FÖRDERN UND STÄRKEN

Alles, was dich traurig gemacht hat, ist bereits geschehen und konnte Schmerz hinterlassen (Vergangenheit). Wenn du vor etwas Angst hast, wird diese ausgelöst durch ein in unfassbar schneller Geschwindigkeit zusammengeklöppeltes Gedankenkonstrukt darüber, was alles passieren *könnte* (Zukunft). In deinem Kopf werden dazu von deinen Gedankenscheißerchen **E**rfahrungen, **A**ngesehenes, **G**ehörtes, **L**iterarisches und **E**rlerntes zu einem »Eagle«-Cocktail vermischt, der dramaturgisch ausgefuchst eine immense Macht über dich gewinnt.

DU KANNST WEDER DIE VERGANGENHEIT ÄNDERN

NOCH DEINE ZUKUNFT BESTIMMEN.

UND DAS IST OKAY.

Du kannst das Leben an sich nicht kontrollieren. Finden wir oftmals scheiße, aber isso. Was du aber tun kannst, ist dein Vertrauen ins Leben zu schulen. Werde dein eigener Fels in der Brandung. Ist es nicht ein verlockender Gedanke, auch in stürmischen Zeiten in dir einen ruhigen Platz finden zu können?

Ja, zugegeben, solche Sätze wie der vorige klingen wie aus dem Glückskeks gezogen, und vieles kann man irgendwann nicht mehr hören, schon gar nicht, wenn man seit Jahren nach Auswegen, Erklärungen oder Lösungen sucht und nichts zu finden scheint. Aber weißt du was? Auch das ist »nur« dein übereifriger Verstand, der dafür sorgt, dass du dich abwendest. Wir sind oftmals überladen/übersättigt von diesen klugen Sprüchen, die uns überall begegnen. Aber wer schaut sich solch einen Satz denn wirklich mal in Ruhe an und fragt sich, was wirklich damit gemeint sein könnte? Wer fragt sich, ob dieser kluge (oder auch nicht so kluge) Spruch ihn berührt oder ob er daraus etwas für sich mitnehmen könnte?

Wir suchen nach Erdung und Entschleunigung, aber bitte zackzack und *to go*. Wir wollen unseren inneren Frieden wiederfinden und mal zur Ruhe kommen, aber doch nicht dafür auf die nächste ach so wichtige Veranstaltung verzichten.

Unser fixes Mindset besteht aus einem Gedankenbrei, der bereits zur Verfügung steht und aus dem unsere routinierten und alltäglichen Handlungen wachsen. Solange wir aus diesem Mindset kein Wachstumsmindset machen, wird das aber alles nüscht. Das heißt, wir müssen uns mit Neuem befassen und uns mit Dingen, die uns begegnen, wie zum Beispiel solchen Sprüchen, mal auf andere Art auseinandersetzen, *reflektierter …*

Nur wenn du etwas änderst, wenn du deine Routinen verlässt, kann sich dein Geist dehnen. Viele beschäftigen sich erst damit, wenn sie mental überlastet oder bereits psychisch erkrankt sind, sodass sie sich auf eine persönliche Healing Journey begeben und erst dort einen anderen Zugang zu den gefürchteten Veränderungen bekommen, der ihnen zeigen kann, wie hilfreich diese sind. Denn wenn dein Vertrauen ins Leben klein oder sogar gleich null ist, zieht dich das nicht nur emotional runter, sondern es sorgt für eine Daueranspannung, weil du stets in einer Erwartungshaltung bist, dass irgendwas Schlimmes passieren *muss*. Um dein eigener Fels in der Brandung zu werden, musst du wieder lernen, dem Fluss des Lebens zu vertrauen.

Oftmals haben Stress an sich oder die psychischen Konsequenzen, die sich zeigen, wenn wir ihn lange genug negiert haben, dazu geführt, dass wir immer unzufriedener mit uns und unserem Leben werden. Wenn wir mental komplett überlastet sind, weder ein noch aus wissen, und uns dann solche Glückskekssprüche begegnen, kann es sogar sein, dass sie uns triggern, denn eigentlich beneiden wir ja diejenigen, die mit sich voll im Reinen sind und nicht wie die anderen Herdentierchen hinter immer neuen Zielen hinterherrennen, oder?

DEINE GENERVTHEIT OB SOLCHER SPRÜCHE HAT IHREN URSPRUNG VERMUTLICH MANCHES MAL IN DEINER EIGENEN UNZUFRIEDENHEIT ODER GAR IM NEIDMODUS.

Wenn du jetzt gerade nebenbei (wir wollen ja immer schön effektiv bleiben, nicht wahr?) versuchst zu ergründen, was dir persönlich mein Spruch, dein eigener Fels zu sein, und meine Ausführungen zu einer möglichen Reaktion deinerseits darauf bringen soll, lass mich dir eins sagen: Bitte nicht weitergrübeln, einfach fließen lassen! Du musst nicht immer nach etwas suchen, manchmal darf man auch etwas einfach nur erleben oder in diesem Fall lesen, wirklich bewusst lesen, um anschließend zu schauen, was es mit dir macht. Wie schon bei der Achtsamkeit angerissen, sind wir in der Regel so erzogen worden, dass wir uns nur genug anstrengen müssen, dann finden wir schon eine Lösung oder Erklärung. Aber dieses Prozedere funktioniert nur semi bis gar nicht bei Dingen, die du mit dem Herzen angehen solltest statt mit dem Kopf. Denke mal an den *Kleinen Prinz*. Du kannst einfach nicht »gewinnen«, wenn du immer alles zerdenkst. Punkt.

Jupp, und zack!, hast du vermutlich wieder einmal das Gefühl, nicht genug zu geben oder gar zu sein, weil du so viel nachdenkst, nicht wahr? Du bist wundervoll, so wie du bist, und kannst all das lernen. Sich *nicht* immer zu vergleichen kann so verdammt erlösend sein, denn – na logo – es erzeugt noch mehr Stress, wenn du dich ständig durch den Vergleich mit anderen als Versager oder Versagerin fühlst. Im Ernst, dieses ewige Gegrübel – das kann's doch auch nicht sein, oder? Dieses ständige Overthinking ist extrem zermürbend, aber wem sage ich das?

WIR HABEN BIS ZU 60.000 (!) GEDANKEN[14] AM TAG UND VON DENEN SIND NUR CIRCA 3 PROZENT POSITIV. DER REST IST IM BESTEN FALL NEUTRAL, ÜBERWIEGEND ABER LEIDER DESTRUKTIV, NEGATIV.

Hammer, oder? Es gibt aber durch Schulung Möglichkeiten, deine Art zu denken anders auszurichten, und von dem Ansatz, für alles immer Erklärungen und Lösungen finden zu müssen, wegzukommen. Das wird hochsensiblen Menschen nicht vollständig gelingen, aber selbst eine Veränderung ist dabei schon unheimlich entlastend.

Nicht grundlos wird auch in der Therapie von Angststörungen und Depressionen mittlerweile der tiefenpsychologische Ansatz immer häufiger hinterfragt, denn auch da geht es ständig um Spurensuche, also Erklärungsarbeit.

Natürlich gibt es Schlimmes, das uns widerfahren ist und das aufgearbeitet zu einer Klärung und somit Erleichterung führen kann, aber es erfordert sehr viel Fingerspitzengefühl, dabei sozusagen eine Kosten-Nutzen-Kalkulation für dich und deinen Wohlfühlfaktor im Blick zu behalten. Hinzu kommt, dass man in jeder (!) Lebensgeschichte Situationen und Erinnerungen finden kann, die traumatische Spuren zur Folge haben können; das ist von der Empfindsamkeit der betroffenen Person, der Bedeutung, die sie diesem Erlebnis zugemessen hat und weiteren, sehr unterschiedlichen Faktoren abhängig.

Teilweise ist wirklich Einschneidendes geschehen, war sogar grausam und falsch, aber selbst dann: Nutzt es dir wirklich, diesen Schmerz wieder hochzuholen und immer wieder neu aufleben zu lassen? Wenn dich diese Aussage jetzt gerade ärgert, möchte ich dich bitten, mal zu überlegen, woher dein Groll überhaupt kommt. Bevor du also an die Decke gehst: Ich möchte Impulse setzen, damit sich deine Gedanken – vielleicht erst mal probeweise? – in eine andere Richtung bewegen als in die, die dir von klein auf beigebracht wurde.

Es darf ruckeln, knallen und knattern, wenn das Leben in den nächsten Gang schaltet – Grund genug zu hinterfragen (wie zuvor bei der ehrlichen Bestandsaufnahme), was dich an meiner Aussage so wurmt. Möglicherweise steckt dahinter nämlich deine Sehnsucht, unerfüllte Bedürfnisse durch Erklärungen zu erfüllen, aber das funktioniert in den seltensten Fällen.

Wäre es also nicht eventuell viel sinnvoller, Schmerz zu erkennen, zu akzeptieren, was geschehen ist, und nun mit deinen Mitteln / deinem Verstand gezielt daran zu arbeiten, dass du eine andere Programmierung für dich findest, damit du für dich selbst einstehen und loslassen kannst?

Möglicherweise denkst du jetzt: »Was meint diese blöde Nuss eigentlich, wer sie ist? Natürlich würde ich nichts lieber tun, als einiges einfach abzuhaken und wieder Vertrauen ins Leben zu haben. Aber …«

Ich weiß aus eigener Erfahrung, wie sich das manchmal für mich angefühlt hat, wenn ich solche Aussagen gehört habe, aber rückblickend muss ich ehrlicherweise gestehen, dass ich als Egokreisel teilweise so verdammt planlos rumgeschwirrt bin und gut hätte jemanden gebrauchen können, der oder die mir auch mal gesagt hätte:

DU DARFST AUFHÖREN, NACH EINER ERKLÄRUNG ZU SUCHEN.
DU BIST SO VIEL MEHR ALS DEINE ANGST.
DU BIST IMMER NOCH DU. KONZENTRIERE DICH AUF DAS,
WAS GERADE JETZT WIRKLICH IST, UND FANG AN,
DEIN DENKEN ANDERS ZU LENKEN.

Du glaubst vielleicht noch nicht so recht daran, aber du hast so viel Macht! Erinnere dich an die Übung mit den Farben. Und hinzu kommt, dass dein Geist und dein Körper nicht deine Feinde sind – das waren sie nie, im Gegenteil, in der Regel haben sie nur im Sinn, dich zu schützen. Unterstützen kann dich dabei ein anderer Blick auf das, was du bislang einfach so hingenommen hast. Es folgen Beispiele, die dir vermutlich gar nicht so bewusst waren oder für dich schlichtweg selbstverständlich sind[15], aber ganz klar auf die Pro-Seite einer durchaus sinnvollen Pro/Kontra-Liste mit dem Titel »Dem Leben vertrauen, ja oder nein?« gehören:

Wie oft hast du dir schon kleinere oder gar größere Verletzungen zugezogen? Bist hingefallen, hast dir das Knie aufgeschlagen und geblutet? Und dann? Dann wurde die Wunde vermutlich gereinigt, mit Salbe versorgt und ein Pflaster draufgeklebt oder gar genäht – und nun? Was hat dein wundervoller Körper vermutlich getan?

Er heilte.

Erinnerst du dich noch an die Zeit, als das erste Mal eine deiner Beziehungen auseinandergegangen ist?

Vielleicht hatte es sich schon eine ganze Weile nicht mehr gut angefühlt. Du hattest eventuell längst gemerkt, wie aus der großen Liebe immer mehr Unmut wurde. Aber du hast diesen Menschen so sehr geliebt und konntest dir nicht vorstellen, ohne ihn oder sie zu sein? Es schien dir, als würde dein Herz vor lauter Kummer und Schmerz zerbrechen?

Als du das erste Mal einen geliebten Menschen endgültig verloren hast: Alles fühlte sich unwahr an. Die Welt stand nicht still und doch schien sie es für dich zu tun, oder? Absolute Leere in dir und gleichzeitig die lauteste Stille, die du je erlebt hast? Du hast dich vielleicht gefragt, wie es nun überhaupt weitergehen soll oder kann ohne diesen Menschen. Wie kann sich die Erde einfach weiterdrehen? Wie sollst du jemals wieder lachen oder fröhlich sein können? Und dann, noch während deiner Trauer, gab es sie vielleicht schon, die Momente, in denen du einen Augenblick den Schmerz nicht mehr ganz so intensiv oder ein wenig anders gespürt hast.

Im Idealfall umspielt mittlerweile ein zärtliches Lächeln deine Lippen bei der Erinnerung an diese Person, weil du weißt, dass das alles nichts mit Vergessen zu tun hat, sondern mit dem Leben an sich. Es ist nicht selbstverständlich, eine Zeit lang einen Menschen in unserem Leben haben zu dürfen, der uns so viel bedeutet. Damit hat dir das Leben ein kostbares Geschenk gemacht! Das eine geht nun mal nicht ohne das andere: Je mehr wir lieben, umso verletzlicher und »anfälliger« für möglichen Schmerz werden wir. Und eben dieser Mensch würde sich mit Sicherheit für dich wünschen, dass du lebst! Mit jeder Faser! Die Erinnerungen an diese geliebte Person bleiben dir für immer als kostbarer Schatz in deinem Herzen!

Beziehungen können zerbrechen, und es kann je nach Intensität die Hölle sein, einen geliebten Menschen zu verlieren, aber was wirklich wichtig ist, ist, dass du gelernt hast, damit umzugehen.

Du bist hier, oder?

NIEMAND HAT GESAGT, DASS DAS LEBEN EIN RUNDUM-SORGLOS-PAKET IST, ABER DAS LEBEN IST NICHT GRUNDSÄTZLICH GEGEN DICH.

Ich möchte dir noch weitere Beispiele aufzeigen, in denen du das Wunder des Lebens finden kannst, wenn du es möchtest. Die Natur ist da erneut eine ganz zauberhafte Lehrmeisterin!

Ähnlich wie bei der achtsamen Wahrnehmung der Natur in Bezug auf die Jahreszeiten kannst du in diesem Fall sogar selbst aktiv werden:

Hast du schon mal ganz bewusst miterlebt, wie aus einem kleinen Samenkorn eine stattliche Pflanze wird? Wie fantastisch ist das, bitte?

Dieses unscheinbar anmutende kleine Teil, in dem alle nötigen Informationen für ein (Über-)Leben bereits drinstecken. Dieses kleine Korn hat einen klar definierten Auftrag wie zum Beispiel: »Ich werde eine Sonnenblume!« (Habe eigentlich nur ich dabei sofort den Ausruf »Ich will Feuerwehrmann werden!« und das entsprechende Bild dazu im Kopf?). Das ist sein Platz in diesem riesigen Natur-Kreislauf. Eine deiner Aufgaben wird sein, so einen Prozess mal *ganz bewusst* zu begleiten und zu beobachten.

Ich habe zu Beginn des Buches schon gesagt, dass ich dich einladen möchte an einen Ort, wo immer alles ganz leicht und ruhig ist. Der in dir ist. Da, wo du einfach *bist.* »So'ham[16]« – »Ich bin Er«. Umgangssprachlich steht »So'ham« für die verkürzte Version: »Ich bin«. So'ham ist übrigens ein sehr kraftvolles Mantra und wenn wir es als Meditation nutzen, kann es uns dabei unterstützen, mit uns selbst in Balance zu kommen und inneren Frieden zu spüren.

WERDE DIR KLAR, WIE MÄCHTIG DU BIST

Tief in unserem Inneren haben wir immer eine sichere Basis. Wenn wir uns der Magie dieser Tatsache wirklich bewusst werden, können wir dorthin zurückkehren, egal, wie hoch die Wellen in unserem Leben auch gerade schlagen. Vertrauen in uns selbst ermöglicht Vertrauen ins Leben.

Kennst du diese Momente, in denen du im wahrsten Sinne des Wortes ganz in deinem Element bist und deine eigene innere Kraft richtig fühlen kannst?

»OB DU DENKST, DU KANNST ES, ODER OB DU DENKST, DU KANNST ES NICHT, DU WIRST IN BEIDEN FÄLLEN RECHT BEHALTEN.«

Henry Ford (1863-1947), amerikanischer Großindustrieller

In der Psychologie spricht man diesbezüglich von einem »magischen, wirklichkeitsschaffenden Effekt«, was so viel bedeutet, wie: Wir erschaffen unsere Wirklichkeit selbst!

Wenn wir in uns und das Leben kein Vertrauen haben, bietet das den Nährboden für Ängste und Zweifel. Je mehr wir jedoch etwas (be-)fürchten oder Zweifel daran haben, ob wir etwas schaffen können, umso mehr ebnen wir auch den Weg dafür, dass es tatsächlich so eintreffen wird. Wir blockieren uns selbst.

Setzen wir allerdings Vertrauen in uns und unsere Kraft, gehen wir zuversichtlich und motiviert an Dinge heran und sind damit in den meisten Fällen erfolgreicher.

Klar kann trotzdem auch mal was schieflaufen, aber wenn wir *grundsätzlich* verstanden und komplett verankert haben, dass das Leben immer *für* uns ist, können wir auch Fehlschläge und Enttäuschungen besser wegstecken und positiv, vertrauensvoll in die Zukunft schauen. Wir sind leider nicht alle mit gesundem Selbstvertrauen ausgerüstet, aber: Du kannst Vertrauen lernen! Und um das an dieser Stelle mal schwarz auf weiß festzuhalten:

DURCH NICHTS LERNEN UND WACHSEN WIR MEHR ALS DURCH UNSERE FEHLER.

Wir wachsen nun mal nicht alle in einem Umfeld auf, in dem wir von Anfang an in unserem Selbstbewusstsein gestärkt werden. Das ist besonders für unverstandene, hochsensible Menschen geradezu fatal, dabei sind viele Menschen schlicht und ergreifend von ihnen überfordert und nicht ausreichend informiert. Aber anstatt unser Selbstbewusstsein zu stärken, nehmen uns Eltern gut gemeint sogar viele Dinge ab oder sind manches Mal zu ungeduldig, es die Kinder einfach probieren zu lassen, gerade wenn das Tun des Kindes nicht ihren Vorstellungen oder vielmehr Ansprüchen entspricht. Für viele Familien, in denen beide Elternteile arbeiten müssen oder wollen, spielt dabei auch der Zeitfaktor eine große Rolle. Da ist dann kein Platz für den Versuch des »Ich will mich aber selbst anziehen!« vor dem Kindergarten oder Ähnliches, was in den Kindern viel tiefere Spuren hinterlässt, als vielen Eltern bewusst ist. Kinder werden leider sehr oft im Erlernen ihrer Selbstwirksamkeit durch Ungeduld oder mangelnde Zeit ausgebremst. Insgesamt gilt: Je weniger uns gezeigt wurde, dass uns etwas zugetraut wird, und je weniger wir für Versuche, auch wenn sie mal scheitern, gelobt wurden, umso geringer ist unser Selbstvertrauen.

So beginnt ein kleines Kind irgendwann im wahrsten Sinne des Wortes sich auszuprobieren: die ersten eigenen Schritte, aber auch solche Tätigkeiten wie eben schon erwähnt das Anziehen, selbstständig zu essen, sich etwas aus dem Kühlschrank zu holen oder Ähnliches. Oftmals initiiert durch unser Vorbild oder das der Geschwister, sodass es versucht, etwas auch »wie die Großen« zu schaffen.

Und dann kommt's drauf an, was es dabei lernt. Wenn ein kleines Kind sich auf die Zehenspitzen stellt, um selbst an sein Trinken zu gelangen, wird sein Selbstvertrauen gestärkt, wenn man es lässt oder gar ermuntert. Hat es sich zum ersten Mal selbst etwas angezogen, sei es auch lustig verkehrt herum, und wird dafür gelobt, hinterlässt das natürlich andere Spuren, als wenn die Eltern gar korrigierend eingreifen. Wird ihm alles abgenommen oder gar gesagt: »Das kannst du noch nicht«, geschieht das Gegenteil: Das Zutrauen in die eigenen Fähigkeiten wird geschwächt.

Möchte ein Kind eine neue Sache lernen wie Schleifen binden, eine Sportart oder ein Musikinstrument, *whatever*, haben Eltern erheblichen Einfluss auf den Erfolg dieser Erfahrung. Bestärken sie ihr Kind auf liebevolle Weise, ermuntern sie es, dranzubleiben und etwas wieder und wieder zu versuchen. Bis es klappt, lernt ihr Kind, dass es nicht schlimm ist, wenn etwas nicht sofort funktioniert und dass es in der Lage ist, etwas zu lernen, was nicht von Anfang an selbstverständlich war. Es wird in seinem Selbstvertrauen, seinem Selbstwertgefühl und in der Entwicklung seines selbstbestimmten Handelns unterstützt.

Auch zu viel bemuttern oder bevatern ist dafür übrigens nicht förderlich. Nehmen wir unseren Kindern zu viel ab oder schützen wir sie vor Auseinandersetzungen, indem *wir* das für sie regeln und so weiter, können sie nicht lernen, dass sie das auch selbst hinbekommen. Sie ständig irgendwohin zu kutschieren, ist für die Sprösslinge zwar bequem, hilft ihnen aber nicht zu lernen, sich selbst zu organisieren.

Wir tun unseren Kindern auch einen Gefallen, wenn wir ihnen *nicht* jeden Wunsch erfüllen und sie ebenso lernen, dass *nicht* immer ihre Bedürfnisse an erster Stelle stehen. Spätestens beim zweiten Kind kann das gar nicht mehr funktionieren, und das ist okay. Wichtig für sie ist zu lernen, dass die damit zusammenhängenden Gefühle in Ordnung sind und dass sie durch diese Emotionen liebevoll hindurchbegleitet werden. Das wiederum stärkt ihr Selbstvertrauen. »Bedürfnisorientiert« ist *dann* etwas Feines, wenn dabei die Bedürfnisse *aller Beteiligten* berücksichtigt werden.

Ganz wichtig in diesem Zusammenhang ist auch wieder das Thema Hochsensibilität, denn für hochsensible Kinder hält der Alltag noch viel mehr bereit, was sie enorm daran hindern könnte, ein gesundes Selbstvertrauen aufzubauen. Wird dies nicht berücksichtigt, werden die meisten von ihnen sich lange Zeit unverstanden und »falsch« fühlen. Ihnen werden ihre Gefühle abgesprochen und sie werden belächelt oder Schlimmeres.

In der Summe vieler solcher Situationen entscheidet es sich, ob Kinder lernen, sich etwas zuzutrauen oder nicht. Diese Prägungen sind sehr mächtig und wir schleppen sie auf unserem Weg immer mit.

Ein geringes Selbstvertrauen sorgt dafür, dass wir auch später in Situationen, in denen es darum geht, etwas Neues auszuprobieren, uns etwas Neues zuzutrauen, zögerlich agieren. Diejenigen, die mit einem guten Selbstbewusstsein ausgestattet sind, werden an eine Situation ganz selbstverständlich unvoreingenommener und optimistischer herangehen. Was zur Folge hat, dass Menschen, die nicht so selbstbewusst sind, oft weit unter ihrem Potenzial bleiben, schlicht und ergreifend aus dem Grund, weil sie es sich selbst nicht zutrauen.

UNSER SELBSTBILD HAT DIREKTEN EINFLUSS AUF UNSERE GESAMTE ENTWICKLUNG UND UNSEREN ERFOLG – IN ALLEN LEBENSBEREICHEN.

POSITIVE SELBSTGESPRÄCHE – DIE UNTERSCHÄTZTE MAGIE

Wir haben die Möglichkeit, als Erwachsene bewusst (ja, schon wieder taucht Achtsamkeit auf!) auf unsere Gedanken beziehungsweise unsere Sprache zu achten. Wir können die Einstellung zu dem, was wir denken, ändern und wir können liebevoll und korrigierend eingreifen, wenn wir erkannt haben, dass wir auch als Erwachsene sehr wohl die Möglichkeit haben, unserem vorhandenen Selbstbewusstsein ein längst überfälliges Update zu verpassen.

Achte einmal auf die Art, wie du dich Herausforderungen stellst, wie du dabei mit dir sprichst, denn in vielen Fällen schwächen wir uns eher, als dass wir uns unterstützen. Anstatt: »Herrje, hoffentlich schaffe ich das ...« kannst du sagen: »Ich werde versuchen, das zu schaffen ...«

Die Veränderung in unserer Sprache mag banal erscheinen, sorgt aber sofort für eine andere Reaktionskette in unserer Datenbank im Kopf, und mit etwas Übung und Hartnäckigkeit kannst du Stück für Stück ein gutes Gefühl für deine Stärken bekommen, immer mit der Gewissheit im Nacken, dass dein Zögern eine Ursache haben wird, aus der du längst rausgewachsen bist!

Außerdem können dir immer wieder die Meilensteine helfen, die du in deinem Leben schon alle – Achtung, jetzt kommt's – trotz des manchmal wackeligen Selbstbewusstseins gemeistert hast! Und was wird dann wohl alles möglich, wenn du erst einmal beginnst, an dich zu glauben?

Denn weißt du, was? Es fügt sich immer alles. Alles!

Ja, wie schon gesagt ist das Leben kein Rundum-sorglos-Paket, aber auch das, was uns zunächst wie eine bodenlose Frechheit des Schicksals vorkommt, lässt uns wachsen. Das Leben ist kein durchweg fröhliches Kaffeekränzchen, stimmt. Es gibt Tränen, Schmerz, Krankheit, Zukunftssorgen, Tod, Verluste. Klar ist das nicht immer schön, aber wer hat denn gesagt, dass alles immer leicht sein muss? Woher stammt dieser Irrglaube, der dazu führt, dass die meisten immer auf der Suche nach dem nächsten Dopaminkick sind und ihr Glück suchen? Wer hat gesagt, dass das Leben nur richtig ist, wenn alles rund und nach Plan läuft?

Du musst nicht immer grinsend durchs Leben laufen. Ich behaupte jetzt einfach mal kackfrech, dass Menschen, die immer ein Lächeln im Gesicht haben, ihr wahres Gesicht verbergen. Da können Ängste, Unsicherheit oder eine bestimmte Motivation dahinterstecken, was auch immer, es gibt niemanden, bei dem nicht auch mal was scheiße läuft. Ehrlich. Lass dir nichts vormachen, schon gar nicht von den sozialen Medien. Diese Influencer-Geschichte von weiter oben (im Unterkapitel »Wie Umfeld und Gesellschaft …«) betrifft nämlich nicht nur junge Menschen, auch wir Erwachsenen neigen dazu, uns ständig zu vergleichen. Aber jeder Mensch ist einzigartig, von Natur aus, ergo kann jeglicher Vergleich auch nur hinken!

Du darfst traurig sein, wütend, zornig, unzufrieden oder enttäuscht, aber im Kern, da darfst du lernen zu vertrauen! Denn es geht immer weiter. Manchmal nicht geradeaus, stimmt. Aber Umwege fördern die Ortskenntnis!

NUR WENN WIR VON BEKANNTEN WEGEN ABWEICHEN, HABEN WIR DIE CHANCE, EINE SCHÖNE STELLE KENNENZULERNEN, DIE WIR VORHER NOCH NIE GESEHEN HABEN UND DIE WIR SONST NICHT ENTDECKT HÄTTEN, ODER?

Wir haben meist eine ziemlich feste Vorstellung davon, wie unser Leben sein soll. Wir machen Pläne, haben Ziele. Ein bestimmter Job, eine besondere Wohnung, eine spezielle Reise … Und was ist? Das Leben grätscht uns so manches Mal einfach unvorhergesehen dazwischen, nicht wahr? Ich für meinen Teil habe gelernt, dass rückblickend eigentlich immer genau das dazwischengefunkt hat, was ich gebraucht hatte und was gut für mich war, selbst wenn die Variation, die das Leben mir servierte, vorher so gar nicht in meiner Vorstellung vorkam und zunächst vielleicht auch schwer zu schlucken war.

Diese vom Leben gut gemeinten Querschläge machen jedem erst mal zu schaffen. Wenn man dann noch ein Kandidat für Mental Load ist, braucht man viel Kraft, um damit zurechtzukommen. Wer darüber hinaus auch noch hochsensibel oder ein Panikler ist, schreit bei diesen vom Leben angeordneten Umleitungen ganz besonders Hurra, denn diese Menschen sind ganz extreme Kontrollfreaks. Hochsensible wollen sich mit Kontrolle vor einer Reizüberflutung schützen und Panikler versuchen so, verzweifelt etwas gegen die Hilflosigkeit zu tun, die die Angst in Situationen mit sich bringt, in denen uns unser Verstand keine logische Erklärung dafür liefern kann, dass wir Angst haben; sie hoffen, dass Kontrolle das Unvorhergesehene in vorhersehbare, bestimmbare Bahnen lenken kann.

Nun, wenn wir ehrlich sind, funktioniert das nicht wirklich toll, oder? Je mehr wir krampfhaft darauf aus sind, alles zu kontrollieren, umso mehr können uns selbst Kleinigkeiten aus der Bahn werfen. Vertrauen ermöglicht dir nach und nach, genau das zu lassen. Stattdessen loszulassen. Denn es ist (alles gut), wie es ist, ob es nun gerade schön oder aber schwer ist.

Ja, es gibt immer wieder Herausforderungen und Rückschläge, aber du entscheidest, ob du von vornherein kapitulierst oder ob du es zumindest versuchst. Unterstützen kannst du dich, indem du auch hier mal wieder einen der berühmten ersten Schritte machst: *Entscheide* dich dafür, dass du lernen möchtest zu vertrauen. Einer meiner Leitsprüche, den ich den wundervollen Menschen in meinen Coachings immer wieder auf ihren Weg mitgebe, lautet:

DAMIT SICH ETWAS ÄNDERN KANN,
MUSST DU SCHON ETWAS ÄNDERN.

Betrachten wir in dem Zusammenhang doch noch mal die zauberhafteste Lehrmeisterin *ever*: die Natur. Als Beispiel dient erneut ein Baum, diesmal jedoch in Bezug auf sein Verhalten im Wechsel der Jahreszeiten.

Im Sommer steht er stattlich da, die Vögel finden Schutz in ihm und er pulsiert vor Leben. Wenn es in den Herbst geht, merkt er, dass er an Kraft verliert, und um sich selbst zu schützen, konzentriert er sich darauf, seinen Kern bestmöglich mit den verfügbaren Nährstoffen zu versorgen. In der Folge verlieren die Blätter ihr sattes Grün und färben sich in den strahlendsten, warmen Farben, bis sie schließlich loslassen und wie in einem leuchtenden Abschiedstanz zu Boden segeln. Dort werden sie verrotten und kehren in den Kreislauf zurück. Der Baum sieht nun kahl aus, viele Menschen finden das gar trist. Ich finde es wunderschön, die majestätischen Verästelungen nun so klar sehen zu können. Diese »Trostlosigkeit« täuscht aber sowieso, denn im Inneren bereitet der Baum sich schon auf die nächste Phase vor. Sobald im Frühling die richtigen Bedingungen dafür herrschen, wird er in seiner ureigenen Magie explodieren, eine kraftvolle Demonstration des Lebens.

Ich möchte dir deutlich machen: Es ist nicht immer alles in aller Augen schön; es kommt auf die Betrachtungsweise an und auf das Vertrauen, dass es auch wieder anders wird.

TRIGGER-WARNUNG:

Achtung, auf den kommenden drei Seiten schreibe ich noch mal etwas zum Tod.

Auch der Tod gehört für mich als passendes Beispiel zu einer kraftvollen Demonstration des Lebens und des Vertrauens in sich. In anderen Kulturkreisen ist er nicht so tabuisiert wie bei uns, da feiern die Menschen in wundervollen Zeremonien die geliebten verstorbenen Menschen und gedenken ihrer auf fröhliche Weise. Sie zelebrieren und wertschätzen den Kreislauf des Lebens an sich, glauben vielleicht sogar an die Unsterblichkeit der Seele. Natürlich ist es vollkommen menschlich, Schönes festhalten zu wollen, aber lass doch mal den Gedanken zu, wie befreiend es wäre, ganz im Vertrauen zu sich selbst zu sein. Wie viel mehr Entspannung es dir bringen würde, an mancher Stelle auch einfach mal zu akzeptieren, dass du nicht alles kontrollieren kannst?

Kann es in logischer Konsequenz nicht nur von Vorteil sein, sich dieses Geschenkes, beispielsweise in Form deines Lebens, vollkommen bewusst zu werden, gerade mit dem Wissen um die Endlichkeit?

WIR WERDEN ALLE STERBEN. DAS IST EINE TATSACHE.

ICH FÜR MEINEN TEIL HABE MICH DAFÜR ENTSCHIEDEN, BEVOR ES SO WEIT IST, WIRKLICH ZU LEBEN, UND NICHT, WIE IN DEN JAHREN DER ANGST, UNUNTERBROCHEN SCHON MAL AUF PROBE ZU STERBEN.

Damit es nicht falsch rüberkommt: Auch ich finde den Gedanken an eine tödliche Krankheit oder Ähnliches nicht verlockend, aber ich werde mich erst damit beschäftigen, wenn es tatsächlich so kommt. Was natürlich nicht bedeutet, dass ich mich nicht um Vorsorgeuntersuchungen, einen gesunden Lebensstil und so weiter kümmere. Aber was meinst du, was meine hypochondrischen Gedankenscheißerchen im Laufe der Jahre so mit mir gemacht haben? Es ist schrecklich, ständig von dem Gefühl begleitet zu sein, dass bestimmt irgendeine fürchterliche Krankheit verantwortlich dafür ist, wie man sich fühlt, oder bei einer Panikattacke tatsächlich (und f*ck, ja, jedes verdammte Mal wieder) zu denken: »Diesmal ist es aber anders, jetzt war's das, so fühlt es sich also an, zu sterben …«

ICH HATTE VERGESSEN, WIE LEBEN GEHT.

Ich habe vor lauter Angst gar nicht mehr wirklich gelebt. Es war, als würde ich schon mal »vorsorglich« in Gedanken sterben, natürlich unbewusst, aus einer grundsätzlichen Vermeidungshaltung heraus, nicht in dem Sinne, dass ich Dinge, die anstanden, vermied, sondern weil ich mir nicht einmal mehr erlaubt habe zu träumen oder für die Zukunft zu planen.

Immer vor dem Hintergrund, so viel wie möglich kontrollieren zu wollen oder zumindest (haha, Perfektionismus lässt grüßen) bestmöglich auf alle Eventualitäten vorbereitet zu sein. Mega-anstrengend ist das trotzdem. Ich wollte das aber nicht mehr. Also entschied ich mich, diese Angst vor dem Tod in Vertrauen umzuwandeln. Und natürlich war es nicht mit dem Entschluss an sich getan. Nein, es war harte Arbeit: jedes verfluchte Mal aufmerksam zu bleiben, um trügerische Gedanken zu entlarven und mit Fakten und Achtsamkeit zunächst zu entkräften und dann gezielt aus alten Mustern auszusteigen.

Das, was ich an dieser Geschichte mit dem Tod wirklich kontrollieren kann, habe ich bereits erledigt: das Testament geschrieben.

MAL IM ERNST: WENN UNS IN UNSEREM LEBEN ETWAS WIDERFÄHRT, SOWOHL POSITIVES ALS AUCH NEGATIVES, BLEIBT UNS DOCH GAR NICHTS ANDERES ÜBRIG, ALS UNS DAMIT AUSEINANDERZUSETZEN.

Du kannst dich zwar mucksch[17] an den Spielfeldrand setzen und nicht mehr mitspielen, wenn dir etwas nicht passt, aber das Spiel läuft trotzdem weiter.

Ebenso wie die bereits genannte Übung, dir in Momenten des Zögerns vorzustellen, wie du im »Angesicht deines Todes« rückblickend manch eine Situation »besser« oder mutiger entschieden hättest, kann es enorm stärkend und positiv sein, wenn wir an den richtigen Stellen die negative Bewertung zum Thema Tod, mit der wir aufgewachsen sind, weglassen oder zumindest hinterfragen, ob uns etwas tatsächlich ängstigen und somit ausbremsen oder nicht doch viel lieber anspornen sollte.

TRIGGER-WARNUNG ENDE

NUTZE DEINE GEFÜHLE ALS WEGWEISER

Vertrauen kann bereits dadurch vertieft werden, dass du dich nicht immer selbst bekämpfst. Wir richten uns so oft danach, was »gesellschaftlich akzeptiert« ist, wenn es um unsere Emotionen geht, aber ist das nicht komplett paradox, wenn wir uns ansehen, wie viele Menschen in unserer Gesellschaft mental überlastet sind?

- Dir kommen in einer »unpassenden« Situation die Tränen?
- Du hast Gedanken oder Träume, die du »nicht haben solltest«?
- Es geht dir bei etwas nicht gut, wo du doch eigentlich glücklich sein »müsstest«, oder anders herum: Du freust dich über etwas, hast gar gute Laune, obwohl an anderer »Stelle« in deinem Leben gerade etwas nicht so gut läuft oder dich sogar traurig macht?

Alle deine Gefühle haben ihre Berechtigung!

Ich habe bereits etwas zu der Zeit geschrieben, als mein Paps nach einem Sturz lange Zeit auf der Intensivstation im Krankenhaus lag und ich um sein Leben bangte. Fast jeden Tag bin ich zu ihm nach Hannover gefahren und habe die ganze Zeit schon gespürt, dass er geht. Es gab furchtbare Auseinandersetzungen mit meinen Geschwistern in dieser Zeit. Seit dem Tod unserer Mutter war unsere Familie zerrissen, aber nun mussten wir uns ja irgendwie arrangieren; dabei kam erschwerend der nicht besonders hilfreiche Fakt hinzu, dass drei von uns vier Kindern in der Patientenverfügung bevollmächtigt waren, sich im Falle eines Falles für seine Bedürfnisse einsetzen zu können ... denn wir waren unterschiedlicher Meinung. Bei so etwas gibt es nicht wirklich »richtig oder falsch«, und man kann auch nachträglich keine »Schuldfrage« klären, denn jeder von uns dreien ist mit den eigenen Eindrücken und Gefühlen an die Situation herangegangen.

Für einen meiner Brüder, der sehr weit weg im Ausland lebt, muss es besonders schwer gewesen sein, nur anhand unserer Berichte die »Lage einzuschätzen«. Natürlich klammerte er sich an jedes Fitzelchen, das ihm positiv erschien.

Mein Vater und ich standen uns sehr nahe, so nahe, wie es für einen Mann seiner Generation möglich war. Mir gegenüber hatte er auch früher schon mal seine »schwache Seite« gezeigt, was er gegenüber meinen Brüdern niemals zugegeben hätte, immer in der Angst, sie könnten ihn deswegen ablehnen. Jetzt, während ich diese Worte schreibe, kullern mir tatsächlich die Tränen, weil mir gerade wieder bewusst geworden ist, dass auch mein Vater eine Scheißangst vor Ablehnung hatte. Er ist, nein, er war nämlich »nur« *mein* leiblicher Vater, meine Geschwister sind alle meine Halbgeschwister. Wir alle hatten in dieser Zeit unterschiedliche Gefühle in uns und es rissen alte Wunden auf. Ich hätte es niemals für möglich gehalten, dass wir uns überhaupt einmal so entzweien, und hätte es mir ganz sicher anders für unsere Familie gewünscht. Es schmerzte in fast jeder Hinsicht so sehr.

Warum noch mal dieser Exkurs in diese Zeit? Weil ich trotzdem oder gerade deshalb, ich weiß es nicht, in Situationen zu Hause mit meinen Kindern oder bei Kursen, die ich gab, gelacht habe, und das sogar aus vollem Herzen. Ich habe mich so schlecht gefühlt, als ich mich dabei »ertappte«, bis ich begriff, dass mich das nicht zu einem schlechten Menschen machte.

DIESE MOMENTE WAREN MEINE KRAFTQUELLE.
OHNE SIE WÄRE ICH WOHL KOMPLETT ZERBROCHEN.

Höre also bitte auf, dir selbst immer Widerstand entgegenzusetzen, gib all deinen Facetten, all deinen Gefühlen den Raum, den sie brauchen. Natürlich nicht denen, die nur von deiner Angst befeuert werden, den Unterschied können wir mit ein bisschen Achtsamkeit sehr wohl erkennen lernen. Akzeptiere wenigstens, dass sie alle existieren dürfen, egal, wie die Umstände sind. Vermutlich kennst du solche »Verbote« dir selbst gegenüber auch zur Genüge, oder nicht?

Viele Panikler zum Beispiel »erlauben« sich Fröhlichkeit und andere wundervolle Emotionen manches Mal gar nicht mehr, solange sie »die Angst doch immer noch nicht los sind«. Du darfst aber trotzdem, auch mit und trotz Angst oder Sorgen, Spaß haben! Du darfst auch während einer depressiven Episode feiern und fröhlich sein. Die Aussagen von anderen nach dem Motto: »Dann kann das ja doch nicht so schlimm sein«, sind anmaßend, wenn auch oft aus Unwissenheit.

Du darfst der Angst auch mit einer ordentlichen Portion Galgenhumor begegnen (erinnere dich an Bjarnes Worte!) und dich selbst mal richtig auf die Schippe nehmen. Mach dich doch lustig über sie oder über die Nebenerscheinungen einer Erkrankung, dann ist alles schon viel weniger schwer zu ertragen. Natürlich sind Erkrankungen an sich nichts, worüber man lachen kann, aber andererseits ist lachen die beste Medizin, nutze sie! Und lass dir auf deinem Weg helfen. Sei nicht so stur wie ich, nimm Hilfe an. Du wärst für andere sicherlich auch ganz selbstverständlich da, oder etwa nicht?

Wenn du Freunde oder Familie an deiner Seite hast, lass sie an dich ran! Ja, selbst wenn diese Menschen nicht wissen können, wie sich das, was du gerade durchlebst, für dich anfühlt, seien es nun Ängste oder Sorgen. Auch wenn sie sich möglicherweise etwas unbeholfen anstellen oder es das ein oder andere Mal gar schmerzhaft sein kann, weil eine Äußerung unbedacht und verletzend ist. Kommuniziere das, lerne zu beschreiben, was etwas mit dir macht, und gestehe das auch immer deinem jeweiligen Gegenüber zu. Ein sozialer Rückhalt, Menschen, die für dich da sein wollen, auch genau das tun zu lassen, ist so unbezahlbar wertvoll.

Lass sie auch jetzt an deinem Leben teilhaben, denn deine Arbeit an dir mithilfe dieses Buchs wird dich und dein Leben – und somit auch das ihre – verändern.

Wenn Menschen über sich hinauswachsen, sich weiterentwickeln, ihr Potenzial freilegen und durchstarten, geht das manches Mal auf Kosten anderer, allein aus dem Grund, dass diese Menschen nicht nachvollziehen können, was dich bewegt oder in dir vorgeht. Nimm die Menschen, die dir wichtig sind, auf deiner Reise mit. Erzähle ihnen beispielsweise davon, was dich antreibt, dieses Buch zu lesen, vertraue ihnen deine Erkenntnisse, Wünsche und Visionen an. Indem du sie teilhaben lässt, schürst du vielleicht auch bei ihnen das Feuer neu, und wer weiß, was daraus gigantisch Geniales entstehen kann? Durch das offene Ansprechen könnt ihr kommunikative Steine und Missverständnisse aus dem Weg räumen und im Idealfall gemeinsam wachsen und Veränderung leben.

DEINE AUFGABEN (neben deiner Achtsamkeitsroutine)

1. Besorge dir mindestens einen kleinen Tontopf mit Untersetzer, etwas Blumenerde, Dünger und eine Pflanzensamenpackung deiner Wahl. Pflanze Blumen oder ziehe aus einer Eichel einen Baum. Kümmere dich um genug Licht und Wasser und du wirst sehen, die Natur findet ihren Weg! Ich habe die Hoffnung und den Wunsch, dass diese Aufgabe dich weit über das Lesen dieses Buches hinaus begleiten und hoffentlich nachhaltig beflügeln wird. Sie soll dich immer wieder an deine Stärke erinnern, an deinen Wunsch, dein Leben so zu leben, wie du es gerne möchtest.

2. Finde in dieser Woche für jeden Tag ein Beispiel aus der Natur für die Wunder in unserem Leben und beschäftige dich gedanklich detailliert damit (Same > Wurzeln > Keimling > Blume). Mach dir wirklich klar, welche faszinierenden Zusammenhänge es gibt, und schreibe dir diese Beispiele auf. Damit verstärkst du die Verknüpfungen in deinen Gedanken. Wenn du magst, male dir die Beispiele auch gern auf. Schau, was dir am meisten Spaß macht und wobei du ganz bei dir bist.

DAS LEBEN KANN ZIEMLICH GEIL SEIN,
ABER DARAUF EINLASSEN MUSST DU DICH DAFÜR SCHON.

Auch nach dieser Woche wirst du feststellen, dass sich durch die neuen Impulse einiges bei dir getan hat. Möglicherweise hattest du einen Mutausbruch an einer Stelle, wo du es noch vor Kurzem gar nicht erwartet hättest? Wenn du jetzt zurückblickst, erkennst du sicher Situationen oder Gespräche, in denen du dich anders verhalten hast als zuvor, denn wenn wir unser Vertrauen stärken, breitet sich eine andere Grundruhe in uns aus, nicht wahr? Ich bin mir ziemlich sicher, dass du jetzt, wo du darüber nachdenkst, deutlich erkennst, dass sich sowohl deine »typischen« Gedankengänge als auch deine Haltung wandeln.

Nutze nun die folgenden Beispiele gern wieder als Erleichterung oder Inspiration für deine persönlichen Notizen.

VERTRAUEN.

... und? hast du dich entschieden, zu vertrauen?

Wie ist es um dein Vertrauen bestellt?

Was meinst du?	**Arbeite dran**	**Mega**

Ich bin dankbar für ...

Heute ist mir bewusst geworden, dass ...

Was war heute meine wichtigste Erkenntnis?

4TH WEEK – OR A WEEK 4 YOU?

Du darfst dem Leben trauen!

Was habe ich in dieser Woche gelernt?

Die drei wunderschönsten Ereignisse:

Was sind meine wichtigsten Erkenntnisse?

Bin ich gut mit mir umgegangen?

WOCHE 5

Die Bedeutung von Zielen

UND DIE KRAFT GUTER ROUTINEN

Wir kennen die Kraft schlechter Routinen alle zur Genüge, oder etwa nicht? Sorgen, Ängste oder das Gefängnis der eigenen Gedanken (-konstrukte), darin sind viele Menschen ganz groß. Viele sind quasi Weltmeister und Weltmeisterinnen im Gedankenwiederkäuen. Zu den schlechten Routinen zählen auch: Ausreden zu benutzen, Dingen auszuweichen oder sich nichts zuzutrauen, weil man »eben so ist, wie man ist«.

Unser kleiner Monk war oder ist in den meisten Fällen spezialisiert darauf, rumzumeckern und auf unserem eh schon mickrigen Selbstwertgefühl noch herumzutrampeln, er hatte sogar bei der Einführung vieler dieser negativen Routinen seine Hand im Spiel. Und weißt du, was daran besonders perfide ist? Auch diese negativen Routinen, Beziehungen, in denen wir verharren, obwohl wir unglücklich sind, insgesamt Zustände, die zu unserem »Normal« geworden sind, werden zu unserer Komfortzone. Und sie zu verlassen, wird von unserem pessimistischen und veränderungsscheuen kleinen Monk gerne sabotiert.

Nun hast du aber mittlerweile schon einige Schritte auf deinem Weg raus aus der mentalen Überlastung gemacht, und wenn du nicht geschummelt hast, wirst du an vielen Stellen festgestellt haben, dass sich etwas verändert, dass die schlechten Routinen bröckeln:

- Die gnadenlos ehrliche Bestandaufnahme hat dazu geführt, dass du den Fakten ins Gesicht gesehen und die Entscheidung getroffen hast, dich nicht mehr selbst zu belügen, sondern Verantwortung für dich und dein Leben zu übernehmen. Das ist ein viel größerer Schritt, als du wahrscheinlich denkst, und ich freue mich aus tiefstem Herzen, dass du ihn schon bis hierher gegangen bist! Ich bin stolz auf dich, dass du bereit bist, für dich Veränderungen herbeizuführen.

- Durch das Zelebrieren von Achtsamkeit hat sich deine Wahrnehmung erweitert.

- Du hast begonnen (machen wir uns bitte nichts vor, auch das ist ein Prozess, der Zeit braucht!), an deinem Selbstwertgefühl und dem Vertrauen ins Leben zu arbeiten, und dadurch wird deine Sicht auf alles, was du siehst und erlebst, klarer.

- Wenn du dich mit den Aufgaben wirklich beschäftigt hast, wird das Gefühl, das du für dich selbst hast, nun bereits ein sehr viel Wohlwollenderes sein als zuvor.

- Du erlebst immer mehr von den ruhigeren Momenten.

Dabei kann es durchaus geschehen, dass immer, wenn du dies bewusst registrierst, sich deine Atmung oder der Puls verändern, weil dir die Ruhe Angst macht. Veränderungen per se machen uns Kontrolettis Angst, ich weiß. Selbst in der Angstschleife feststeckend, suchen wir auch dort nach Halt und können noch gar nicht gut damit umgehen, wenn sich etwas an dem eigentlich so »Bedrückenden« verändert. Denn jegliche Veränderungen, die mit Ungewissheit einhergehen, bergen eine potenzielle Gefahr für uns, obwohl es eigentlich nur besser werden kann. Schräg, oder?

Deshalb brauchen besonders Menschen, die mental überlastet sind oder gar an einer Angststörung, Depression oder an einer anderen psychischen Erkrankung leiden, aber auch hochsensible Personen, konkrete Anweisungen, was sie tun können, um etwas zu verändern. Denn der Sog des Vertrauten, die Sicherheit, die uns dadurch vorgegaukelt wird, ist sehr machtvoll.

Ich mag ja Bilder, und zu diesem Thema fällt mir noch der folgende Vergleich ein:

Es gibt Menschen, die kochen intuitiv. Ich bewundere das und finde es grundsätzlich phantastisch, wenn nicht gar beneidenswert. Sie experimentieren mit Zutaten, Gewürzen und Mengen und vertrauen darauf, dass es schon schmecken wird, was sie da anhand ihres Erfahrungsschatzes zusammenmixen. Allerdings ist das Ergebnis schwerlich planbar, was für diese und viele andere Menschen natürlich gerade den Reiz ausmacht.

Für jemanden wie mich allerdings, die ich auch noch extrem krüsch[18] bin, ist so eine Herangehensweise äußerst suspekt. Viel zu groß ist die »Gefahr«, dass meine Geschmacksnerven mit etwas konfrontiert werden, was sie noch nicht kennen, was ein Übermaß an Sinnesreizen zur Folge haben könnte oder was vielleicht einfach nicht schmeckt. Die Krux an der Geschichte ist natürlich: Wenn nur Menschen wie ich fürs Kochen zuständig wären, unser aller Speiseplan recht übersichtlich bis langweilig wäre. Doch für mich ist es nun mal viel befriedigender, wenn ich Lust auf ein bestimmtes Gericht habe und das, was ich koche, dann auch genau so schmeckt, wie ich es mir vorgestellt habe. Kleine Anmerkung: Viele hochsensible Menschen sind »Phasenesser«, das heißt, sie essen oft über lange Zeiträume immer dieselben Gerichte, bis sie diese dann von einem auf den anderen Moment nicht mehr runterbekommen und sich ein neues suchen. Alternativ haben viele HSP[19] einen sich sehr zuverlässig wiederholenden Essensplan. Beides ist unter anderem dem Umstand geschuldet, dass sie auf diese Weise nicht auch noch bei den

Mahlzeiten mehr Informationen verarbeiten müssen als nötig ... Gar nicht so dumm, hm?

Menschen wie ich bevorzugen jedenfalls eindeutige Rezepte, mit konkreten Mengen- und Zeitangaben. Eine Prise hiervon oder ein »wenig« davon ist mir zu schwammig, zu unsicher, verdirbt mir die Motivation. Mit einem klaren Rezept traue ich mir allerdings auch unbekannte, mehrgängige Menüs zu. Die charakteristisch bedingte unterschiedliche Herangehensweise der Menschen an einen Kochvorgang ist ähnlich zu erklären wie der Aufbau des Selbstbewusstseins. Die klaren Anweisungen in diesem Buch können dir genau den Halt bieten, der dir helfen kann, dort dranzubleiben, wo du früher zu schnell aufgegeben hättest. Sie dürfen aber selbstverständlich auch frei Schnauze neu interpretiert, erweitert oder in der Reihenfolge variiert werden, solange es dazu führt, dass du all die Schätze in dir entdeckst und zum Strahlen bringst.

Egal, welcher Fraktion du angehörst, den Rezeptliebenden oder eher den Freischaffenden, du bist dabei, dir nun genau das notwendige Rüstzeug zu erarbeiten, das dir in der Vergangenheit vermutlich gefehlt hat.

DRANBLEIBEN IST ALLES

Ich weiß, dass viele Menschen, die mental überfordert sind oder eine psychische Erkrankung haben, auf ihrem Weg versuchen, zig Techniken zu erlernen, mit Konfrontation oder an ihrer Entspannung zu arbeiten, um den Ist-Zustand endlich akzeptieren zu können, allerdings mit nicht allzu berauschendem Erfolg, hm?

BUTTER BEI DIE FISCHE: VIELE SIND DOCH AUS LAUTER HILFLOSIGKEIT FAST REKORDVERDÄCHTIG IM SELBSTBESCHISS.

Seien wir ehrlich: Gerade wenn man die verschiedenen Techniken wie Achtsamkeitstraining, mentales Training, Entspannungsübungen, Sport und Bewegung in den Alltag integrieren möchte, braucht es Durchhaltevermögen und konsequentes Üben, am besten mehrmals täglich. Wenn wir aber nicht nach kurzer Zeit eine Besserung feststellen, geben wir oft auf, tun uns selbst ganz fürchterlich leid und denken, nur bei uns ist es anders / schlimmer / aussichtsloser als bei anderen und so weiter. Erwischt? Sei ehrlich, wenigstens zu dir selbst.

Du bist nicht allein mit deiner Unsicherheit, mit den Befürchtungen, dass es niemals wieder anders für dich wird, aber die ersten Schritte werden dir doch gezeigt haben, dass Veränderung *machbar* ist. Du wirst es schaffen, deine mentale Überforderung besser in den Griff zu bekommen. Weißt du, viele denken, Heilung würde bedeuten, dass man keine Angst mehr hat. Das stimmt nicht und so funktioniert das auch nicht. Du wirst weiterhin sorgenvolle Gedanken haben, du wirst die körperlichen Symptome nicht sofort komplett loswerden und die Angst wird sich auch immer mal wieder zeigen. Es geht *nicht* darum, *erst* angstfrei zu sein, um *dann* wieder etwas machen zu können. »Etwas machen zu können?« Was schreibe ich denn hier! Um endlich wieder zu *leben*!

Es geht darum, alles auch trotz und mit Angst oder Zweifeln zu tun, sodass du lernst, dass diese nicht das Sagen haben. Nur wenn du loslegst, wird sich an den eingefahrenen Gedankenbahnen etwas ändern. Das gilt für alle Menschen und alle Bereiche, in denen wir etwas verändern wollen, nicht nur für Menschen mit Ängsten! Das ist keine chillige Angelegenheit, im Gegenteil. Es bedeutet, dich immer wieder bewusst Herausforderungen auszusetzen, aber nicht im kämpferischen Sinne. Du kannst nur lernen, dass sie dir nichts tun, wenn du sie erlebst und merkst, dass du ihnen gewachsen bist. *Heraus*fordern, nicht *über*fordern ist ein ganz wichtiger Aspekt!

Unabhängig davon, ob es die mildere Form von Grundanspannung bei anstehenden Veränderungen ist, die du wegen des unplanbaren Ausgangs einer Aktion verspürst, oder tatsächlich die nackte Angst:

DEINE GEFÜHLE TUN DIR NICHTS.

LASS SIE DICH ANSPORNEN, NICHT AUSBREMSEN!

Denkst du gerade: »Ja, nee, is klar. Die hat doch nicht mehr alle Latten am Zaun. Meine Angst soll mich anspornen?«? Ja, genau das kann sie, denn alles steht und fällt mit der Bewertung, die wir Gefühlen und Gedanken geben. Ich werde dir dafür im nächsten Unterkapitel Beispiele geben. Natürlich sind sie rein subjektiv, aber ich finde sie durchaus passend und denke, die meisten werden verstehen, warum ich sie ausgewählt habe.

STELLE DICH DEINER ANGST

Setze mal für einen Moment deine Rasterbrille ab und erlaube dir, die Gefühle, die du von dir selbst kennst, ganz objektiv zu beschreiben: Wie empfindest du deine tägliche Anspannung? Wo und wie spürst du Angst in deinem Körper?

- Bewertet man zum Beispiel die uns allen bekannte *Grundanspannung vor etwas Neuem* nämlich nicht negativ, sondern positiv, ist sie von den körperlichen Symptomen her absolut vergleichbar mit der Aufregung vor dem ersten Sprung vom 3-m-Brett, dem ersten Kuss oder dem ersten Sex. Da guckste, hm?

- Bei *Angst* wiederum sind die körperlichen Symptome durchaus zu vergleichen mit richtig heißem Sex beziehungsweise Ekstase: Dein Herzschlag beschleunigt sich, du atmest möglicherweise schneller oder aber dir stockt der Atem, dein Sehvermögen verändert sich, deine Haut ist aufs Äußerste sensibel, all deine Sinne sind geschärft, je schärfer du bist. Durch die Anspannung kann es dazu kommen, dass du zitterst, die Beschreibung »vor Lust zu vibrieren« kommt nicht von ungefähr. Du beginnst zu schwitzen, dein Körper ist in einer Art Hochleistungsmodus und die Hormonausschüttung dabei sorgt für die verschiedensten Gefühle in dir.

Würdest du angesichts dieser »anstrengenden Leistung«, die dein Körper beim Sex vollbringen muss, und der daraus resultierenden körperlichen Symptome, der gleichen also, wegen derer du dir bei einer Panikattacke beispielsweise Sorgen um dein körperliches Wohl machst, lieber auf Sex verzichten? Wenn du jetzt »Ja!« gedacht hast: Autsch! Dann lass dir gesagt sein: Das, was du bisher erlebt hast, war offensichtlich nicht das, was die meisten unter »gutem« Sex verstehen. Ich empfehle dir von Herzen: Gib dieser »Sache« noch eine Chance, da geht noch viel mehr! Es geht nicht darum, welche Fantasien oder Vorlieben ausgelebt werden, du musst keinen flotten Dreier mögen oder aus der Nummer eine gymnastische Höchstleistung machen, auch »Blümchensex« kann ziemlich geil sein, wenn er dich/euch zum einen genüsslich sättigt und gleichzeitig Lust auf mehr macht. Es gibt kein Richtig oder Falsch, aber es darf dir ein himmlisches Vergnügen bereiten, sodass du diese Frage zukünftig mit einem klaren »Nein!« beantworten kannst. Dieser Perspektivwechsel ist für hochsensible Menschen und jene, die eine Angststörung haben oder hatten, eine wahre Herausforderung und Mammutaufgabe. Und natürlich muss ich der Vollständigkeit halber nun noch einen kleinen Exkurs machen, zum Thema psychische Erkrankungen und Sex.

»Normale Aufregung« ist für die meisten ganz gut händelbar, deshalb folgen an dieser Stelle speziell zu (bedrohlichen) Ängsten noch ein paar ergänzende Sätze, die dich hoffentlich noch weiter beruhigen, denn wenn du Sex überlebst, schaffst du auch die eine oder andere Panikattacke.[20] Denn psychische Erkrankungen und Sex, das ist ein Tabuthema im Tabuthema sozusagen ... Fakt ist, dass viele Panikler sich selbst Sex irgendwann nicht mehr »zutrauen«. Spätestens wenn sie dabei das erste Mal erlebt haben, dass sie »nicht einmal« beim Sex abschalten können oder sie sogar *dabei* Angst oder gar Panik bekommen. Denn nirgends zeigt sich meiner Meinung nach deutlicher als beim Sex, dass es »nur« unsere Bewertung von körperlichen Veränderungen ist, die ausschlaggebend dafür ist, ob die Angstwelle losgetreten wird oder nicht, eben weil die gleichen körperlichen Symptome sowohl beim Sex als auch bei einer Panikattacke auftreten. Die Konsequenz ist nicht nur, dass die Lust immer mehr schwinden kann, sondern auch, dass viele ein unglaublich schlechtes Gewissen dem Partner oder der Partnerin gegenüber haben. Wenn du selbst bei der schönsten Nebensache der Welt verkopft und verängstigt bist, kann das schon enorm belasten und frustrieren. Es ist eine Gratwanderung und hängt enorm von der Qualität der offenen Kommunikation ab, ob beide es »trotzdem« immer wieder »riskieren« wollen oder aus Scham lieber gleich lassen. Denn natürlich heißt das nicht zwangsläufig, dass Panikler gar keine Lust auf Sex mehr haben, aber sie wissen ja nicht im Voraus, ob die Welle der Leidenschaft sie diesmal so mitreißt, dass sie sich dem Ganzen angstfrei hingeben können, oder ob diese Scheißgedanken anfangen, dazwischenzubrüllen. Dann hast du jemanden »angemacht« und auf halber Strecke stellst du fest, dass es nicht mehr geht ... dass das nichts ist, was man sich wünscht, ist nachvollziehbar, oder?

Ich kann nur empfehlen: Seid gnadenlos ehrlich zueinander, holt den Galgenhumor auch hier wieder mit an Bord und gebt nicht auf! Und wenn's dann tatsächlich mal nicht klappt, kann das gemeinsame Hüpfen auf dem Bett doppelt helfen: Denn Bewegung hilft unserem Körper auf natürliche Weise Stresshormone abzubauen, und ziemlich sicher beginnt ihr irgendwann zu lachen, wenn ihr euch da so hüpfen seht ...

Fies an der Sache mit der Bewertung ist auch, dass unser Nervensystem sich ab einem gewissen Punkt nicht einmal mehr die Mühe macht, ein körperliches Symptom und die damit einhergehende Verknüpfung erneut zu überprüfen. Da wird ein schnellerer Herzschlag, Zittern oder ein leichtes Schwindelgefühl gar nicht mehr neu bewertet, sondern bei Registrierung dieses Symptoms einfach prompt der interne Alarm ausgelöst. So kommt es, dass ein Panikler allein durch den beschleunigten Herzschlag beim Treppensteigen eine Panikattacke bekommen kann.

Ja, genau, die »Häufung« der körperlichen Symptome beim Sex werden so zu einer ganz besonderen Challenge.

Um das wieder zu verändern, benötigen wir einen Perspektivwechsel, den wir wiederum hervorragend über Achtsamkeit erreichen können. Immer, wenn du spürst, dass sich in dir die Anspannung verändert, in diesem Moment, in dem du sofort denkst »Oh nein!«:

Halte inne!

Fühle deine Angst!

EGAL, WIE FURCHTBAR SIE SICH ANFÜHLT,

ANGST PER SE TUT DIR NICHTS!

Angst folgt einem festgelegten Ablauf, der sogenannten Angstkurve. Sie wird symbolisch oft unterteilt in drei verschiedene Kurven, bei allen kommt es anfänglich zu einer Konfrontation mit einer live oder gedanklich erlebten Situation. Dann entscheidet sich, wie du reagierst.

1. Bei der biologisch programmierten *»normalen Angstkurve«* kommt es durch die Konfrontation mit der Situation zu einem heftigen und unangenehmen Höhepunkt, aber die Angst wird anschließend abgebaut.
2. Bei der *Erwartungsangst* befürchten zumindest Panikler den absoluten Supergau und haben die Vorstellung, dass sich ihre Angst ins Unermessliche steigern wird, was allerdings nicht passiert.
3. Die *Angstkurve bei Vermeidung* sorgt dafür, dass der Höhepunkt der Angstkurve (zunächst) umgangen wird, allerdings wird die Angst nicht komplett abgebaut, was dazu führt, dass die Grundangst immer größer wird. Es kommt zu einer Daueranspannung, und die Angst vor der Angst wird immer dominanter und schränkt die Betroffenen durch immer mehr Vermeidungsverhalten immer weiter ein.

Weder werden deine schlimmsten Befürchtungen wahr, noch bringt dich Vermeidungsverhalten weiter, im Gegenteil. Also lerne dich und deine Angst kennen!

Was fühlst du genau? Analysiere! Lerne Fakten und Zusammenhänge dazu, was *wirklich* in deinem Körper passiert, wenn zum Beispiel die Angst durch deine übereifrigen und zudem falsch informierten Gedankenscheißerchen ausgelöst wurde:

- Du hast Herzrasen? Das sind keine Vorboten eines Herzinfarktes, sondern es ist okay!
  Dein Herz schlägt schneller, weil dein Körper sich auf eine eventuell notwendige Flucht vorbereitet. Dein Herz ist ein Muskel, dem passiert dadurch nichts, es darf vollkommen unterschiedlich schnell schlagen.

- Dir wird schwindelig? *Alles ist gut!*
  In den meisten Fällen halten wir vor lauter Schreck tatsächlich unbewusst im ersten Moment ganz banal die Luft an, was zu einer Unterversorgung mit Sauerstoff und somit zum Schwindelgefühl führt. Nimm ein paar tiefe Atemzüge, am besten mithilfe der Bauchatmung, dann wird es besser. (Erinnerst du dich? Lege dir die Hand auf den Bauch, um zu merken, ob du in diesen Bereich atmest. Nicht bewerten. Nicht zählen. Nur so ruhig atmen, wie es dir zu dem Zeitpunkt eben möglich ist.)

- Du hast das Gefühl, du kannst nicht mehr richtig sehen, fühlst dich »wie im falschen Film«? *Keine Sorge, du wirst nicht verrückt!*
  Die Evolution hat es so eingerichtet, dass wir in lebensbedrohlichen Situationen die Gefahr fokussieren, um vorbereitet zu sein. Stehst du nun aber nicht dem berüchtigten Säbelzahntiger gegenüber, sondern nur im Supermarkt an der Kasse, gibt es blickfeldtechnisch nicht *die eine* Gefahr und dein optischer Scanmodus ist verwirrt.

- Du hast kalte oder kribbelnde Finger? *Du bist safe!*
  Der Körper versorgt deine Körpermitte für einen eventuell notwendigen Kampf oder eine Flucht mit mehr Blut und zieht es aus den Bereichen ab, in denen es dabei weniger benötigt wird.

All die körperlichen Symptome, die uns so tief verunsichern, sind ohne Frage so manches Mal furchtbar, quälend und mega anstrengend, aber mit den (durch entsprechende Hormonausschüttungen aktivierten) Vorgängen im Körper erklärbar. Es ist okay, das alles und einiges mehr zu fühlen. Es ist auch verständlich und okay, dass du diese Gefühle nicht haben möchtest, aber in diesem Moment sind sie nun mal da. Sie vergehen.

Wie alle Gefühle und Gedanken vergehen sie von selbst wieder, wenn wir nicht daran festhalten, indem wir ihnen die ganze Zeit weiterhin Beachtung schenken oder beginnen, Gefühle und Gedanken »verstehen« oder »erklären« zu wollen.

Doch, das klappt. Ich schwörs.

Und noch etwas, das dir vielleicht helfen kann: Evolutionstechnisch dienen die Angst und die damit einhergehenden körperlichen Veränderungen unserem Schutz.

WÜRDE UNS ANGST WIRKLICH ETWAS TUN,
WÄRE DIE MENSCHHEIT LÄNGST AUSGESTORBEN!

Ich weiß sehr wohl, dass es die Königsdisziplin ist, um die es hier geht. Wer wünscht es sich nicht, die frechen Gedanken, die uns auch so manches Mal in unserem Leben vom Schlafen abhalten wollen, in ihre Schranken zu verweisen? Und an meine Sensibelchen: Ich weiß, dass ihr all diese Symptome ebenfalls nur zu gut kennt, weil ihr ständig mehr Reize wahrnehmt und verarbeitet, als euch guttun, und dass das Nervensystem überlastet ist, ist eher die Regel als die Ausnahme. Der Übergang zur Angst ist oft fließend. Deshalb braucht es eine besondere Form der Achtsamkeit. Manchmal kann auch der innerlich gezückte Mittelfinger, kombiniert mit einem von Herzen kommenden *»f*ck fear, let's dance, dear!«* der Gamechanger sein, um alles einmal nicht so ernst zu nehmen und stattdessen in eine verständnisvolle Revoluzzerhaltung zu switchen.

Viele probieren ein paar Tage lang, sich abends ein paar Affirmationen runterzubeten; etwas Achtsamkeit »zu leben«, indem sie sich tagsüber zwischendurch mal kurz fragen, was sie denn gerade sehen / hören / fühlen / riechen/ schmecken, oder sie probieren eine Entspannungstechnik nach der anderen aus und fluchen über den ganzen »Humbug«, weil sie nach einer Woche (!) immer noch nicht gut und schnell einschlafen können.

Mit deinen Gedanken anders umgehen zu lernen, erfordert deinen Willen und deine Hartnäckigkeit, das stimmt. Es kommt weder der olle Prinz auf seinem Pferd noch irgendeine gute Fee mit ihrem Zauberstab vorbei und nimmt dir die ganze Arbeit ab. Nicht das, was du gerne hättest, aber isso.

DU BIST HARTNÄCKIG! DU BIST BEREIT, ETWAS DAFÜR ZU TUN, DAMIT SICH ETWAS IN DEINEM LEBEN VERÄNDERN KANN ...

Sonst hättest du dieses Buch gleich bei der Bestandsaufnahme genervt beiseitegelegt. Das war dir noch nicht bewusst. Ja, dann lies das gerne noch einmal und fühl darüber richtig nach.

WHERE THE FOCUS GOES

Vielleicht kann ich dir mit dem folgenden Beispiel noch etwas an die Hand geben, dass du eine Ahnung davon bekommst, was alles möglich sein wird, wenn du konsequent übst:

Du kannst dir einen Zettel nehmen, auf den du lauter negative Begriffe schreibst. Angst, Wut, Trauer, Schmerz und so weiter. Diese Begriffe stehen für deine Gedanken. Du kannst diese Begriffe (Gedanken) ansehen und darüber sinnieren, was sie für dich bedeuten, wie fürchterlich sie sich anfühlen können, wie traurig und verzweifelt du durch sie bist. Wann du sie schon einmal gefühlt hast und was das mit dir und der Situation gemacht hat. Du bist in der Lage, dich immer detaillierter mit ihnen zu beschäftigen. Du kannst diesen Zettel aber auch einmal ansehen, registrieren, was da geschrieben steht und dich entscheiden, dich nicht genauer damit zu befassen, sondern lieber ein Eis essen zu gehen. Dann faltest du den Zettel, steckst ihn vielleicht in deine Tasche, und wenn dir danach ist, dich so richtig mies zu fühlen und dich in Selbstmitleid zu suhlen, holst du ihn raus und beschäftigst dich ausgiebig damit. Klar, diese Begriffe und alles, was sie in dir auslösen könnten, sind trotzdem noch da, aber welche Wichtigkeit haben sie wohl, wenn du dir gerade dein Lieblingseis bestellst? Genau so kannst du auch mit deinen Gedanken und Gefühlen umgehen.

DU ALLEIN ENTSCHEIDEST,
WORAUF DU DEINE AUFMERKSAMKEIT RICHTEST.

Wenn du dich also in so einer Situation befindest, in der du dich überfordert fühlst oder in der du gar spürst, dass die Angst kommt, erinnere dich an die Fakten. Sage sie dir immer wieder auf und sei achtsam dabei. Nutze also deine Sinne. Mit der Zeit und viel Übung wirst du merken, wie es dir immer leichter fällt, deinen Fokus zu verschieben.

Was siehst du *wirklich*, wenn du den Blick schweifen lässt?

Kannst du dich auf eine Farbe konzentrieren, wie in der anfänglich genannten Übung? Gibt es irgendwo Musik im Hintergrund oder kannst du hören, worüber sich andere Menschen in deiner Nähe unterhalten (psst, ich verrate dich auch nicht)? Das bewusste Fokussieren ist auch besonders für Hochsensible eine gute Möglichkeit, sich zu erden. Wir können zwar nicht alles andere einfach ausblenden, aber auch wir haben die Möglichkeit, unsere Gedanken und Gefühle »ruhig zu halten«.

Schenke dir ganz bewusst ein Lächeln (ja, genau jetzt!) und erinnere dich an all die Angst-Spiralen, die dir hoffentlich inzwischen eingefallen sind, als du in Woche 4 an deinem Vertrauen ins Leben gearbeitet hast. Sei lieb und geduldig mit dir, sprich dir selbst gut zu, hol deinen kleinen Monk mit ins Boot, indem du ihn auch beruhigst und sagst, dass es ja lieb gemeint ist, dass er auf dich aufpassen möchte, er sich aber wieder beruhigen kann, weil gar keine Gefahr besteht und du ihm das nun zeigen wirst.

LAUTER PUZZLETEILCHEN, DEINE FLÜGEL AUSZUBREITEN,
DEINE KRAFT UND DEINE UREIGENE SCHÖNHEIT ZU ERKENNEN
UND DICH VERTRAUENSVOLL INS LEBEN ZU STÜRZEN –
ALS DIE PERSON, DIE DU LÄNGST BIST.

Ich hoffe, du kommst immer mehr auf den Geschmack, dein Potenzial voll auszuschöpfen, weil du nicht mehr nur dieses Sehnen spürst, sondern bei der Umsetzung der Übungen erleben kannst, dass du viel mächtiger bist, als du dachtest.

Du kannst dein Leben nach deinen Wünschen gestalten. Niemand zwingt dich, Sachen wie gehabt zu wiederholen. Kribbelt es in dir? Sehr gut!

All diese Veränderungen, deine Erkenntnisse über dich und dein Verhalten, auch begründet in deinen Werten, ermöglichen es dir, den nächsten, sehr bedeutsamen Schritt zu tun, denn es ist an der Zeit – du bist so weit:

Setze dir konkrete Ziele!

EIN ZIEL IST MEHR ALS EIN ENDPUNKT

Im Verlauf der letzten Wochen wirst du dich höchstwahrscheinlich immer öfter dabei »ertappt« haben, dass Wünsche in dir aufploppten, an die du gar nicht mehr gedacht hattest. Erinnerungen an dein altes, unverkopftes, freches Ich haben wir hoffentlich geweckt, die dafür gesorgt haben, dass du andere Gedanken überhaupt wieder zulässt. Ziele sehen für jeden Menschen vollkommen unterschiedlich aus! Es muss nicht jeder ein Abenteurer sein, du musst nicht auf einmal Risiken eingehen, die dir absolut nicht liegen, um irgendetwas zu beweisen. Wenn du das denkst, lies dir bitte noch einmal den liebevollen Einstieg durch.

Um zufriedener und glücklicher zu werden, ist eines auf jeden Fall Voraussetzung: Du solltest viel wohlgesonnener mit dir selbst umgehen, dir selbst der beste Freund oder die beste Freundin sein.

Du solltest wissen, welche deine Werte sind, und dir Ziele setzen, die mit diesen Werten und deinen Charaktereigenschaften im Einklang stehen. Wenn es ganz granatenmäßig läuft, findest du (irgendwann) für dich ganz persönlich heraus, was der Sinn deines Lebens ist. Wenn du jetzt noch nicht genau weißt, wie das aussehen könnte, wenn du »deine Berufung gefunden« hast, ist das nicht schlimm – das Leben findet dich, vertraue! Es kommen aber auch noch ein paar Tipps, wie du selbst aktiv werden kannst, um dem Ganzen ein wenig auf die Sprünge zu helfen.

Werte und Ziele sind essenziell. Nur durch sie kommen wir in Bewegung.

Indem wir uns Ziele setzen, stärken wir im Übrigen auch wieder unser Selbstwertgefühl und erhöhen unsere Selbstwirksamkeit. Denn allein die Tatsache, *dass* wir Ziele für uns entwickeln, bedeutet, dass wir uns grundsätzlich zutrauen, diese aus eigener Kraft zu erreichen. Das ist wie mit den Veränderungen, für die wir uns entschieden haben. Auch hier dürfen wir nicht außer Acht lassen, dass wir mit ihnen eine neue Wirklichkeit erschaffen. Wenn wir aber gar nicht wissen, welches Ziel wir haben, sondern im Gegenteil nur wissen, dass das, was ist, nicht das ist, was wir wollen, und ständig unsere Gedanken darum kreisen lassen, erschaffen wir automatisch wieder mehr von unserer gewohnten Wirklichkeit. Ganz schön schräg, hm? Besonders intensiv habe ich das in Bezug auf meine Ängste damals erlebt und das wünsche ich wirklich niemandem! Du kannst eine psychische Erkrankung nicht einfach weglächeln oder durch positives Denken wegzaubern. Schön wär's, aber dahinter steckt so viel mehr. Aber in dir steckt auch so viel mehr, um einen anderen Umgang, eine andere Grundhaltung zu etablieren.

In unserem Gehirn laufen faszinierende Prozesse ab. Je mehr wir diese Abläufe kennen und verstehen, umso machtvoller sind wir im Erschaffen unserer Realität (denke an den Zettel! [vgl. Kapitel *Where the focus goes*]) und umso besser erreichen wir das Ziel, ein erfüllteres Leben zu führen, und zwar »einfach so«. Weil wir so herrlich unperfekt sind. Wir haben nur an mancher Stelle bisher eine falsche Bewertung vorgenommen oder Prägung gehabt. Und ich kann es nicht genug betonen: Du hast deshalb nichts falsch gemacht!

Etwas anderes ist es, wenn du freiwillig in der Opferrolle verharrst, weil der sekundäre Krankheitsgewinn dir etwas gibt! Unter einem sekundären Krankheitsgewinn versteht man die Vorteile, die eine Krankheit neben den Beeinträchtigungen, die sie auszeichnet, den Kranken darüber hinaus auch noch bringen. Zum Beispiel bekommen sie vielleicht dadurch die Aufmerksamkeit, nach der sie sich so sehnen, oder es werden ihnen Dinge abgenommen, die sie nicht gern selbst erledigen möchten. Sie werden bedient und gepflegt und sind für die Dauer der Krankheit das Kümmernmüssen los. Die meisten Erkrankten tun das nicht bewusst, sondern mehr oder weniger instinktiv.

Solange wir uns keine Ziele stecken, kann unser Gehirn immer nur mit den Informationen an Situationen herangehen, die schon vorhanden sind. Gute Ziele sorgen dafür, dass wir unser Potenzial erkennen und unser Antrieb ein anderer wird. Hormone wie Dopamin und Noradrenalin werden dann ausgeschüttet und beflügeln dich bei der Umsetzung.

RÜHRST DU IMMER NUR IN DEM BEREITS VORHANDENEN GEDANKENBREI, WIRD SICH DIESER NICHT VON DEN ZUTATEN HER VERÄNDERN; KÖNNTE NUR SEIN, DASS ER IMMER KLEBRIGER WIRD.

Wenn du also das Gefühl hast, in deinem Leben fehlt dir etwas, ist spätestens jetzt der Zeitpunkt gekommen, um dir nicht mehr nur vorzustellen, wie dein Leben aussehen sollte, sondern festzulegen, welche Ziele du dir setzt (wichtig ist, es müssen realistische Ziele sein, damit sie erreichbar sind), damit du dieser Vorstellung in der Realität näher kommst.

Wenn du zum Beispiel festgestellt hast, dass du einen Job machst, bei dem du jeden Morgen zu den frustrierten grauen Gesichtern dieser Menschheit auf ihrem Arbeitsweg gehörst, kann es doch nur eine selbstzerstörerische Herangehensweise sein, das so zu belassen, oder? Natürlich solltest du nun nicht einfach kündigen und durch den Wegfall deines Jobs in Schwierigkeiten kommen, aber entscheide dich für dich und für die Möglichkeit, dass du in der Lage bist, etwas zu verändern. Was meinst du wohl, was allein durch die Erkenntnis, dass du eine Wahl hast, in deinem Körper abgehen kann!

Gehe schrittweise vor: Was würde dir denn beruflich Spaß machen? Wenn du eine oder mehrere Möglichkeiten gefunden hast, die dich interessieren, prima, nächster Schritt.

Du erkennst, dass dich etwas reizt oder dass dich etwas beflügelt übrigens daran, dass endlich wieder Leben in dich kommt, dein Herz wird sofort ein wenig schneller schlagen (was wundervoll und überhaupt nicht besorgniserregend ist!), du bist aufgeregt oder freudig erregt, dein Körper vibriert ein bisschen.

EIN RICHTIG, RICHTIG GUTES ZIEL ZU FINDEN, IST FAST SO

WIE DIE AUFREGUNG VOR EINEM ERSTEN DATE.

Wenn du dich also beim Gedanken an einen neuen Job richtig gut fühlst, kommt der nächste Schritt: Wie kannst du das erreichen? Welche Kenntnisse, Aus- oder Weiterbildung brauchst du dafür? Wie und wo kannst du diese erlangen?

Informiere dich, tausche dich mit anderen dazu aus; gemeinsam findet man immer noch mehr Möglichkeiten, an eine Sache heranzugehen. Inspiriert euch gegenseitig. Wenn du dafür niemanden hast, informiere dich doch mal über ein Coaching. Ich begleite viele Menschen auf ihrem Weg und ein guter Coach oder eine gute Coachin kann dir durch entsprechende Impulse die eine oder andere Abkürzung zeigen.

Wenn du dir solch eine Hilfe gönnen möchtest (was auch wieder viel mit deinem Selbstwert zu tun hat; sei es dir wert!), achte auf einige grundlegende Punkte, die meiner persönlichen Meinung und Erfahrung nach wichtig sind:

Ein Coach beziehungsweise eine Coachin trägt dazu bei, dass sich im Leben anderer Menschen etwas verändert. Diejenigen unter ihnen, die sich dieser großen Verantwortung bewusst sind, geben dir die Möglichkeit, in einem ersten kostenlosen Gespräch ein Gefühl dafür zu bekommen, ob du dir vorstellen kannst, mit diesem Menschen zusammenzuarbeiten, ob du Fragen stellen kannst und Informationen bekommst. Im Anschluss an dieses Gespräch solltest du sehr wohl die Möglichkeit haben, das Gespräch »sacken und nachwirken zu lassen«, bevor du dich entscheidest. Jemand kann mit zig Zertifikaten rumwedeln, aber null empathisch sein oder vollkommen realitätsfremd, das sagt also nicht unbedingt etwas aus. Dass Coaches und Coachinnen sich stets weiterbilden, um ihren Klienten und Klientinnen mit aktuellen Techniken helfen zu können, setze ich an dieser Stelle mal voraus. Die Menschen, die zu mir kommen, »finden« mich wegen der Hauptthemen aus meinem Leben ebenso wie wegen meiner Ausbildungen, und unterm Strich rate ich dir: Vertraue auf deinen Instinkt! Du kannst nur profitieren und in deine Kraft kommen, wenn du dich wohl und gut aufgehoben fühlst. Dazu gehört auf jeden Fall auch, dass der Coach oder die Coachin ebenfalls selbst lebt, was er oder sie dir vermitteln möchte. Jemand, der dich im ersten

Termin dazu drängt, dich gleich für die Buchung eines Coachings zu entscheiden, obwohl seine Philosophie lautet, dass Ruhe und weniger Druck uns guttun, widerspricht sich schon an dieser Stelle selbst. Wie kann dieser Mensch dann gut darin sein, authentische Strategien zu vermitteln?

Ein Coaching ist nicht zu vergleichen mit einer Therapie, ohne entsprechende Ausbildung ist dies sogar gesetzlich verboten, aber mich buchen zum Beispiel viele Panikler begleitend und in Absprache mit einer Therapie. Durch meine persönliche Erfahrung auf diesem Gebiet können sie sogar Hilfestellung von mir bekommen, wie sie beispielsweise in der Therapie so kommunizieren können, dass diese ihnen wirklich helfen kann. Oftmals erzählen mir die Menschen etwas, und wenn ich sie dann frage, was ihr Therapeut oder ihre Therapeutin dazu gesagt hat, ist es einen Moment lang still. Dann rücken sie damit raus, dass sie das dort vor lauter Scham nicht erzählt haben. So kann das natürlich nicht funktionieren, für beide Seiten nicht.

Ob nun im Freundeskreis, in der Familie, bei einem Coaching oder im Rahmen einer Therapie ... all das kann dir auf deinem Weg, Ziele für dich zu finden, sehr helfen.

Erweitere »nebenbei« deinen Horizont, auch daraus können sich (neue) Ziele entwickeln. Beschäftige dich mit voller Absicht mit Dingen und Themen, die sonst eher außerhalb deines Dunstkreises lagen. Wenn du um Politik, Kochen, Geschichte oder Themen wie zum Beispiel Feminismus oder Gendern bisher einen großen Bogen gemacht hast, informiere dich mal ein wenig bis mehr dazu und bilde dir zumindest eine fundierte Meinung. Unterstützung bekommst du hierbei von deiner Willenskraft, die es dir ermöglicht, an etwas dranzubleiben, auch dann, wenn es auf den ersten Blick »so gar nicht deins« ist. Deine Willenskraft kannst du immer dann mobilisieren, wenn du einen Grund für dich siehst, etwas zu tun. In diesem Fall kann allein das Wissen um das ungeheuer schöne Potenzial, dass du damit weiter freisetzen kannst, Ansporn genug sein! Denn durch das Erweitern deines Horizontes setzt du ganz automatisch neue Impulse, die wie bei einer Reihe Dominosteine nur in Gang gebracht werden müssen und dann von selbst dafür sorgen, dass immer mehr passiert.

Bei deinem Vorhaben, Ziele für dich zu finden, kann es dir außerdem enorm helfen, gute neue Routinen in deinem Alltag für dich zu entwickeln. Die Wirkung lässt nicht lange auf sich warten, solche Routinen können sogar unser Immunsystem stärken.

Wenn du in einer Zeit, in der du schöne Pläne für deine Zukunft schmiedest und anfängst sie umzusetzen, zum Beispiel gleichzeitig beginnst, mit Entspannungstechniken zu arbeiten, werden diese beflügelt sein durch die Energie, die dich durchströmt, weil du für dich selbst ins Handeln kommst. So werden noch mehr positive Verknüpfungen erstellt.

Kombiniere Dinge, die du jetzt für dich und das Erreichen deines Ziels tust, zu einer neuen Routine; so manifestierst du sie besser in deinem Leben. Du könntest beispielsweise nach der Arbeit mit diesem Buch in deinem Notizbuch fortsetzen, was du bereits begonnen hast, und deine aktuellen Gedanken, Pläne, Ziele festhalten. Beziehe dabei immer wieder deine Sinne mit ein und notiere dir, was dich in puncto Ziele inspiriert. All das, was dir in deinem Alltag zu deinem Ziel einfällt oder »begegnet«, inklusive Zwischenzielen und Recherche, schreibst oder klebst du hinein. Das Buch wird sich täglich weiter füllen.

Nimm dir jeden Tag, gern abends, eine halbe Stunde Zeit für dich, in der du dich dem Praktizieren der Entspannungsübung und dem Manifestieren deines Zieles widmest. Mach dir dabei schöne Hintergrundmusik an, Kerzen, wenn du magst, vielleicht speziell für diese abendliche Zeit angeschaffte Räucherstäbchen. Setze dich einen Augenblick wirklich in Ruhe hin, um deine Ideen, Wünsche und Ziele in deinem Buch zu formulieren. Dann mache deine Entspannungsübung und am Ende wähle einen Satz aus, der das Motto für deinen nächsten Tag sein soll, wie zum Beispiel: »Morgen werde ich einen weiteren Schritt auf mein Ziel zu machen, ich werde ...!« (... im Internet eine Adresse herausfinden; ... Infomaterial anfordern; ... mich informieren, wo ich das machen kann; ... herausfinden, ob jemand anderes auch dieses Ziel hat und ich mich inspirieren lassen kann; und so weiter).

Schnapp dir nun noch mal dein Buch und lies dir durch, was du aufgeschrieben hast. Finde zusätzlich weiterhin jeden Tag drei Dinge, für die du an diesem Tag dankbar warst, und schreibe sie dazu! Versuche dabei, nicht jeden Tag das Gleiche zu wählen; natürlich ist es allemal Grund genug, dankbar zu sein, wenn wir ein Dach über dem Kopf, zu essen und einen Job haben, aber es geht hier um die Dinge, die du sonst als selbstverständlich hingenommen oder gar übersehen hast, um Momente, die du durch das Achtsamkeitstraining inzwischen immer öfter bemerkst und wirklich wahrnimmst: das zaghafte Lächeln eines sonst eher griesgrämigen Menschen auf dem Weg zur Arbeit; wie du verträumt und mal viel länger als sonst unter der Dusche stehst, das Wasser auf deiner Haut spürst, ein Lächeln im Gesicht, weil es sich einfach gerade so verdammt gut anfühlt; die Freude, dass deine Lieblingseisdiele heute dein Lieblingseis im Angebot hat; eine liebe Nachricht von jemandem; Erfolg bei deiner Arbeit; oder gar die Feststellung, dass du irgendwann schon tagsüber deine Dankbarkeit bemerkst und weißt, dass du es abends in dein Buch schreiben wirst.

Wenn dann auf dem Weg zu deinem Ziel Tage kommen, an denen du etwas Zuspruch gebrauchen könntest, nimm dein Buch zur Hand und schau, wie viel Schönes doch bereits passiert ist. Dinge, für die du dankbar bist, und all die Visionen, die du hier festgehalten hast.

Solltest du jetzt überlegen, wo zum Geier du eine halbe Stunde jeden Tag herbekommen sollst, wo doch deine Tage so dermaßen durchgetaktet sind, dann wirf mal bitte einen gnadenlos ehrlichen Blick auf deinen Social-Media- und / oder Fernsehkonsum. In den meisten Fällen habe ich damit vermutlich ins Schwarze getroffen. Anstatt dich berieseln zu lassen oder gar wieder in einen Vergleichsmodus zu verfallen, kümmere dich darum, dass du etwas für dich bewegst. Die sozialen Medien sind in der Regel auch nach der halben Stunde noch da und du verpasst nicht wirklich etwas, glaube mir. Ich mag diese Medien sehr, versteh mich nicht falsch, aber sie klauen uns auch richtig, richtig viel kostbare Zeit und »echtes Leben«, dessen sollten wir uns wirklich bewusst sein.

GESTALTE DEIN EIGENES VISION BOARD

Eine zusätzliche Möglichkeit, deine Ziele im wahrsten Sinne des Wortes zu manifestieren, kann die Anfertigung eines Vision Boards sein! Ein Vision Board ist eine Alternative oder Ergänzung zur rein gedanklichen Visualisierung. Sich Dinge so konkret und genau wie möglich vorzustellen, ob rein mental oder in Form des Vision Boards, ist für viele Menschen hilfreich, um Ziele besser und schneller zu erreichen. Durch die wiederkehrende Konfrontation mit den eigenen Wünschen und Zielen fühlt sich auch unser Unterbewusstsein immer häufiger angesprochen. Je klarer deine Vorstellung von etwas, was du erreichen oder haben möchtest, ist, umso mehr wirst du motiviert sein, dich dafür ins Zeug zu legen und genau darauf hinzuarbeiten. Du wirst also quasi automatisch produktiver, aber ohne den negativen Aspekt der mentalen Überlastung. Cool, oder?

Da man eigentlich nur schöne Dinge zu seinem persönlichen Vision Board hinzufügt, macht es auch noch bei jedem Betrachten gute Laune. In Kombination mit motivierenden Sprüchen und gezieltem Formulieren neuer Glaubenssätze ist es eine wundervolle Unterstützung. Wie du dafür vorgehen kannst, schreibe ich dir am Ende des Kapitels.

Eine weitere gute Routine ist, immer achtsam in den Tag zu starten. Gewöhne dir doch beispielsweise an, nach dem Aufwachen im positiven Sinne deinen Körper zu spüren (*ohne* ihn sorgenvoll auf Ungewöhnliches zu scannen). Erlaube dir schon morgens einen (verträumten und optimistischen) Blick auf deinen Tag und überlege dir, wo du etwas Schönes für dich einbauen kannst. Ein liebevoll für dich zubereitetes Frühstück, ein Spaziergang in deiner Mittagspause, ein schönes Bad am Abend (nach deiner halben Stunde vielleicht)?

Schau, ob du über dein abendliches Zeitfenster hinaus auch Meditation, Yoga oder andere Arten, zu entspannen und ganz bei dir zu sein, fest in deinen Tagesablauf integrieren möchtest, zumindest zwei- bis dreimal in der Woche. Mit Sportarten, bei denen der Fokus auf der Bewegung liegt, wie beim Tanzen, Qigong, Tai-Chi oder Kampfsporttechniken, aktivierst du deinen Körper und schaffst den Raum für den sogenannten Flow, also Momente, in denen du beflügelt und motiviert, ja, berauscht bist vor Energie und Tatendrang. Diese Momente kannst du bewusst fördern, immer wenn du etwas tust, was deine Leidenschaft entfacht.

Kleiner Tipp, wenn dein innerer Schweinehund auch so ein aktives Kerlchen ist wie meiner, wenn es darum geht, Neues in mein Leben zu integrieren: Anstatt nur ein- bis zweimal die Woche habe ich es mir angewöhnt, jeden (!) Tag einige Asanas zu machen. An ganz »schlechten« oder faulen Tagen ist das absolute Minimum: dreimal den »Sonnengruß«, egal wie unlustig ich dazu bin. Es fällt mir viel leichter, dieses Vorhaben diszipliniert »durchzuziehen« (auch weil ich ja weiß, dass es mir wirklich guttut), wenn ich nicht auch noch zig innere Diskussionen darüber führe, ob nicht morgen ein viel besserer Tag dafür wäre. *Maybe baby* ist das auch eine kleine Unterstützung für dich?

In allen Lebensbereichen wirst du im Idealfall gleich bei der ehrlichen Bestandsaufnahme festgestellt haben, wo dir etwas fehlt oder wo dir gar nicht klar war, wie zufrieden du mit etwas bist. Und für all die Bereiche, in denen du etwas verändern möchtest, gilt: Geh diesen Weg in angenehmen Schritten, bei einem zu groß geplanten Sprung tust du dir mitunter nur weh und kapitulierst.

Gerade im Bereich zwischenmenschlicher Beziehungen solltest du mit viel Bedacht vorgehen, unabhängig davon, ob es sich um deine Beziehung oder eine Freundschaft handelt. Im Zusammenspiel mit anderen Menschen habe bitte immer im Hinterkopf, dass dieser Mensch ebenso mit seinen kleinen und großen Herausforderungen sowohl im Alltäglichen als auch im Allgemeinen beschäftigt ist und der Alltag entsprechende Spuren hinterlässt. Da wir alle einzigartig sind, marschieren wir nun mal auch mit unterschiedlichen Prägungen, Werten und Vorstellungen durch diese Welt. So gerne wir das auch manchmal hätten, es gibt sie nicht, die *eine Wahrheit*.

Solltest du nun also bei deiner Bestandsaufnahme festgestellt haben, dass (und in der Folge warum) deine Beziehung dich nicht mehr glücklich macht, gibt es auch dabei nicht nur eine Option, wie du damit weiter umgehen kannst. Zu der Situation, wie sie ist, haben beide beigetragen. Je nachdem, wie überfällig die Erkenntnis deiner Unzufriedenheit oder gar deines Unglücklichseins war, gilt es zunächst, darüber zu reden. Dabei wirst du feststellen, ob es deinem Partner oder deiner Partnerin ähnlich geht oder ob nur du etwas vermisst oder neue Ziele hast, denn manches Mal entwickeln wir uns schlicht und ergreifend in unterschiedliche Richtungen weiter. Schau, wie es sich anfühlt, wenn ihr das Gespräch sucht, und bedenke dabei: Unabhängig davon, wie sich Beziehungen manchmal entwickeln oder dass auch einfach »die Luft raus« sein kann – du hast dich mal in diesen Menschen verliebt, weißt du noch?

Leider leben viele auch beziehungstechnisch das Modell der »Wegwerfgesellschaft«. Wenn es unbequem wird, kann man das Ganze ja schnell beenden und sich neue Schmetterlinge »besorgen«, anstatt sich die Mühe zu machen, in eine Beziehung oder Freundschaft auch wirklich Arbeit zu stecken, die sich durchaus auszahlen kann. Auch der Egoismus unserer Zeit trägt seinen Teil zu vielen Trennungen bei. Sei also auch hier ehrlich und wirf nicht zu schnell aus Bequemlichkeit die Flinte ins Korn.

GESTEHE ANDEREN BITTE IMMER DEN GLEICHEN RESPEKT ZU, MIT DEM AUCH DU BEHANDELT WERDEN MÖCHTEST. DAS GILT SELBSTREDEND FÜR ALLE ZWISCHENMENSCHLICHEN BEZIEHUNGEN!

Finde einfach ganz ehrlich für dich heraus, ob es einen gemeinsamen weiteren Weg, ein gemeinsames Ziel geben kann. Wenn beide an der Beziehung oder Freundschaft arbeiten wollen, ist das absolut möglich. Vielleicht braucht ihr unparteiische Hilfe dabei, es ist keine Schande, sich diese zu suchen. Leider sind wir in unserem Leben oft bereits an einem Punkt angekommen, an dem es in uns so sehr nach Veränderung schreit, dass die ehrliche Bestandsaufnahme nur noch die (oft dann tatsächlich erlösenden) Fakten offenlegt, weil wir vorher nicht hinsehen wollten. Wenn du dann durch die ehrliche Bestandsaufnahme feststellst, dass du eine Beziehung nicht mehr möchtest, kann es dein Ziel sein, dich Schritt für Schritt in dein neues Leben zu bewegen.

Du kannst das, du kannst dich auf dich verlassen.

Wir haben aufgezeigt, dass du viel stärker bist, als du denkst. Deine Möglichkeiten darfst du ausschöpfen. Dich neu erfinden im Sinne von: wirklich ein authentisches, erfüllendes Leben nach deinen Werten und Wünschen zu leben.

Bevor ich dir die Aufgaben zu diesem Kapitel aufschreibe, kommt hier gleich eine Anleitung, wie du dir dein eigenes Vision Board[21] erstellen kannst. Deiner Fantasie sind keine Grenzen gesetzt, variiere nach Herzenslust, wenn dich die Idee fasziniert.

1. **Was soll alles draufstehen?**
   Worauf möchtest du hinarbeiten? Geht es um berufliche Ziele? Private Wünsche und Träume? Möchtest du ein Board erstellen, das in der Gesamtheit für die positiven Ziele in deinem Leben stehen soll?

2. **Wenn du dir deine Ziele überlegt hast, dann sammle Ideen dazu.**
   Manchmal ist dies herauszufinden das Schwierigste von allem: Was möchte ich eigentlich?

   Wenn du im Moment noch keine Idee zu deinen Zielen hast, kommen hier zum »Anschubsen« ein paar erinnernde Fragen und mögliche Ansätze:

   - Wovon träumst du?
   - Was wolltest du früher einmal werden?
   - Welche Menschen bewunderst du, wie möchtest du sein?
   - Schau genau hin: Was könnte dich privat und beruflich im Jetzt wirklich erfüllen? Brennst du für etwas und unterdrückst etwas, weil »man« so etwas nicht macht?
   - Lebst du das Leben, das dir gefällt?

- Welche sind deine familiären Träume?
- Was bedeuten dir deine Freundschaften, machen sie dich glücklich?
- Wie und in welche Richtung möchtest du dich selbst weiterentwickeln?
- Was hast du für materielle Wünsche?
- Wohin willst du noch reisen?
- Was möchtest du beruflich wirklich gern machen?
- ...

Vielleicht ist es nur in einem Bereich so, dass du etwas ändern möchtest, dann schmücke das so aus, wie es dir gefällt. Je häufiger du dir erlaubst, Wünsche und Träume zu benennen, umso mehr wird dir nach und nach dazu einfallen. Dein Vision Board darf also auch einfach weiterwachsen.

Die Macht eines Vision Boards liegt unter anderem genau darin: Erst einmal zugelassen, gestehen wir uns endlich wieder Träume zu. Der Vorteil: Durch das »Befestigen« (sei es, einen neuen Zettel anzupinnen oder sei es, ein Bild digital zu ergänzen) manifestierst du dein Ziel immer mehr in dir. Du kannst es jeden Tag nutzen, um nun nach diesen neuen Glaubenssätzen und Zielen zu streben und zu leben.

3. **Visionen strukturieren**
Wenn dein Vision Board verschiedene Lebensbereiche abdeckt, hilft es, dem Ganzen eine Ordnung / Struktur zu geben, damit es nicht so chaotisch wird, dass das Hinsehen verwirrt, anstatt zu erfreuen. Schaffe bestimmte Bereiche für bestimmte Themen wie: Persönlichkeitsentwicklung (zum Beispiel Glaubenssätze), Familie und Freunde (zum Beispiel Bilder von deinen Familienmitgliedern und Freunden), materielle Ziele (zum Beispiel ein neues Auto), Job und Beruf (zum Beispiel bestimmte Projekte oder Bilder zum Traumjob), Reisen, Hobbys und Aktivitäten (zum Beispiel Bilder von Orten, die du bereisen möchtest).

4. **Vision Board gestalten**
Suche dir einen geeigneten Hintergrund, wie eine Pinnwand oder eine große Pappe oder ein Whiteboard.
Nun darfst du deine gesammelten Bilder und Ideen gestalten. Mit Fotos, ausgedruckten Texten oder kleinen Gegenständen kannst du deinen Traum besser visualisieren. Platziere sie so, dass der Anblick für dich ansprechend ist. Deiner Kreativität sind auch hier keine Grenzen gesetzt!

5. **Vision Board platzieren**
Überlege, an welcher Stelle das Vision Board gut angebracht wird. Es nützt dir nichts in der Abstellkammer, es sollte einen Ort bekommen, wo du es oft siehst und daran erinnert wirst.
Wenn du alleine lebst, kannst du natürlich leichter einen Platz finden, aber auch für jeden anderen lässt sich ein Bereich in Wohnung oder Haus finden, wo diese sehr persönliche Zielsetzung platziert werden kann – und wenn es die Innentür deines Kleiderschrankes ist, die du jeden Tag mindestens einmal ansiehst.
Mache dir ein Foto davon und richte damit dein Hintergrundbild bei PC und Handy ein, dann siehst du es noch häufiger!

AUFGABE (neben deiner Achtsamkeitsroutine)
Stelle dir jeden Abend in Ruhe folgende Fragen:

- Wofür bin ich heute dankbar?
- Was ist gut gelaufen?
- Was möchte ich im nächsten Schritt erreichen?

Im Anschluss an diese ersten Wochen beantworte dir weiterhin diese Fragen und schreibe die Antworten in dein eigens dafür ausgesuchtes Buch. Verziere, träume groß, gestalte! Fordere deinen plietschen Verstand heraus, neue Verknüpfungen zu erstellen. Wage etwas!

Außerdem spiele mit den Fragen, wann immer du magst, dich daran erinnerst oder du einen Moment Zeit hast. Du solltest dir diese Zeit übrigens sehr bewusst nehmen, es geht hier um den wichtigsten Menschen in deinem Leben: dich!

Ich hoffe sehr, dass du wieder jeden Tag dein Notizbuch nutzt, um deine Gedanken und Gefühle zum Gelesenen festzuhalten! Außerdem hoffe ich sehr, dass du dir dieses Buch auch nach den 6 Wochen wiederholt greifen wirst, um dich selbst an deine Macht zu erinnern.

»Eröffne« nun in deinem Buch einen Bereich (fünf bis zehn Seiten sind ein guter Anfang), wo du all deine Ideen für mögliche persönliche Ziele erst einmal sammelst. Ergänze dann nach und nach alles, was dir zur Umsetzung einfällt, auch Fragen, die dich dazu beschäftigen und auf die du entweder schnell eine Antwort findest oder bei denen du noch auf der Suche bleibst. Herausforderungen und mögliche Hürden solltest du dir ebenfalls notieren und dich damit beschäftigen, welche Lösungen es hierfür geben kann.

Unser Leben wird von vielen, vielen Ereignissen, Menschen und Faktoren beeinflusst und wir haben nicht ständig alles unter Kontrolle, aber wir haben immer die Möglichkeit, selbst zu entscheiden, wie wir mit etwas umgehen, ob wir verharren, sei es aus Bequemlichkeit, Faulheit oder Schiss, oder ob wir die Verantwortung für uns und unser Handeln übernehmen und uns überlegen, was wir daraus machen und wie wir reagieren wollen. Nun haben wir einige Gedanken in deinem Kopf auf Trab gebracht, und ich möchte, dass du dir die folgende Frage ganz bewusst stellst und unabhängig davon, ob du damit gerechnet hast oder nicht, deine Antwort(en) sofort in deinem Notizbuch festhältst:

»Was ist mein Ziel?«

Zur Vertiefung dieses Kapitels erstelle dir auch wieder die Seiten zur täglichen und zur wöchentlichen Reflexion, du ahnst es sicher … Beispiele folgen auf den beiden nächsten Seiten.

ZIELE & GUTE ROUTINEN.

What can you do for you?

Bin ich heute Schritte für mich gegangen?

Nope **Hab zumindest dran gedacht** **Yesss!**

Ich bin dankbar für ...

Was ist gut gelaufen?

Was möchte ich im nächsten Schritt erreichen?

5TH WEEK – OR NEXT LEVEL?

Your choice. Always!

Was habe ich in dieser Woche gelernt?

Die drei wunderschönsten Ereignisse:

Was sind meine wichtigsten Erkenntnisse?

Bin ich gut mit mir umgegangen?

ES IST OKAY, ANGST ZU HABEN.

ABER GEH DA RAUS, ÖFFNE DICH, LIEBE, LACHE!

SEI LEIDENSCHAFTLICH!

LEBE JEDEN MOMENT, KOSTE IHN AUS.

MACHE FEHLER, LERNE ZU VERGEBEN.

PROBIERE IMMER WIEDER NEUES.

LERNE, WACHSE

UND WERDE MIT JEDEM SCHRITT, DEN DU MACHST,

STÄRKER.

WOCHE 6

Das Sahnehäubchen:

WOFÜR BRENNST DU?

Na, wie fühlt es sich an, sich endlich gut um sich selbst zu kümmern? Was macht es mit dir, dass du dich und deine Wünsche endlich ernst nimmst, dir Träume und Ziele erlaubst? An dieser Stelle möchte ich betonen, dass Sich-Ziele-zu-Stecken rein gar nichts mit dem anfangs von mir kritisierten Optimierungswahn zu tun hat. Ich wünsche mir nur für dich, dass du dein längst vorhandenes, einzigartiges und wunderschönes Potenzial ausschöpfst, um ein viel wacheres, fröhlicheres, erfüllteres Leben zu führen. Frei von jeglichen gesellschaftlichen »How-tos« und von außen übergestülpten Anforderungen.

Dein Leben wird sich in den ersten fünf Wochen bereits so grundlegend verändert haben, dass dir hoffentlich neu gewonnene Lebensfreude, Neugier und tiefe Zufriedenheit immer häufiger ein breites Lächeln ins Gesicht zaubern. Das ist einfach wundergigantisch schön, denn die Energie, die dadurch freigesetzt wird, ist überhaupt nicht mehr zu vergleichen mit der empfundenen Hilflosigkeit und der Unzufriedenheit, die dich zuvor vermutlich malträtiert hat. Wenn du dich beim Lesen dieser Sätze eben richtig wohlgefühlt hast: Ich freue mich riesig für dich! Und wenn du möchtest, kannst du einfach einen fröhlichen Punkt hinter diesen Entwicklungsschritt machen und genießen.

Ja, tatsächlich kannst du an dieser Stelle einfach das Buch aus der Hand legen und stolz auf dich sein, was du alles (wieder-)entdeckt hast in den letzten fünf Wochen.

Aber ich hoffe doch sehr, dass ich es geschafft habe, deine Neugier so wachgekitzelt zu haben, dass du doch noch wissen möchtest, wie es hier weitergeht. Na, wie sieht's aus, bist du bereit für das Sahnehäubchen?

Diese sechste Woche ist also das Bonuskapitel für diejenigen, die bereits so angefixt sind, dass sie *noch mehr* wollen. Egal, zu welcher »Gruppe« du gehörst: Schön, dass deine Neugier gesiegt hat und du dies hier liest! Gönn dir dieses Kapitel doch *ohne* den Anspruch, dass noch mehr auch gleich »richtiger« wäre, bleibe einfach offen für neue Inspiration und lass dich darauf ein, dass deine Gedanken sich bei Interesse auch noch mit Folgendem beschäftigen:

DIE STEIGERUNG DER ÜBUNGEN AUS DEN ERSTEN WOCHEN LIEGT DARIN, DASS DU HERAUSFINDEST, WAS FÜR DICH DER SINN DES LEBENS, DEINES LEBENS IST ODER SEIN KÖNNTE.

Und damit meine ich keine mitunter beängstigend anmutende Seins- oder Existenzfrage, sondern etwas durchweg Positives.

- Was, verdammt noch mal, entfacht dein Feuer?
- Wofür stehst du jeden Morgen auf?
- Was verschafft dir auf einer tiefen Ebene deines Selbst Befriedigung?

Setze dir keine Grenzen, greife nach den Sternen und male dir aus, was du in dieser Welt für die Menschheit bewegen möchtest. Spiel gedanklich mit Ideen, werde kreativ und überlege, wie und in welcher Dimension du das erreichen kannst.

Oft ergibt es sich im Laufe unseres Lebens einfach, dass wir irgendwann merken, was uns so dermaßen wichtig ist, dass wir uns dafür einsetzen wollen. Aus eigener Erfahrung und von vielen anderen Menschen weiß ich auch, dass unsere Tiefpunkte im Leben meist auch die Quelle unserer Stärken oder der Beginn einer sinn-volle(ere)n Neuausrichtung sind. Wenn sich uns der Sinn nicht von allein »präsentiert«, wir aber den tiefen Wunsch verspüren, dass wir eben diesen Sinn gerne für uns finden würden, können wir uns auch hier mit einem schrittweisen Vorgehen nähern; damit wirst du ja inzwischen gute Erfahrungen gemacht haben.

Folglich könnte der erste Schritt auch die *grundlegende Entscheidung* zur Suche nach dem Sinn beziehungsweise für die Beschäftigung mit der Frage nach ihm sein. Einmal angeschubst, folgen fast wie von selbst viele, viele weitere Schritte, denn wenn wir das, was wir tun, sinnvoll finden, wird unsere Kreativität angeregt. Unser Gehirn ist sehr gut darin, nach Lösungen und Möglichkeiten zu suchen, wir müssen nur die richtigen Fragen stellen. Selbst wenn uns Hindernisse begegnen, Verzögerungen uns das Leben schwermachen – solange wir wissen, wofür wir etwas tun, entwickeln selbst ungeduldige Menschen wie ich Geduld und finden Lösungsansätze.

Vielleicht gibt es aber auch längst etwas, was dich sehr beschäftigt? Etwas, bei dem du unterschwellig schon sehr lange einen Knoten in dir spürst, zum Beispiel weil etwas nicht fair abläuft und deinen Gerechtigkeitssinn aktiv werden lässt, du dich aber gleichzeitig hilf- oder machtlos fühlst? In solch intuitiven Reaktionen von dir könnte für dich tatsächlich bereits die Antwort auf die Frage nach dem Sinn versteckt sein. Da der Gerechtigkeitssinn hochsensibler Menschen enorm ausgeprägt ist, finden diese übrigens ihren persönlichen Sinn zunächst manchmal nur deshalb nicht, weil sie »den Wald vor lauter Bäumen nicht sehen«, bei all den Themen, bei denen sie gerne etwas verbessern würden.

Mache dir bitte keine Vorwürfe, wenn du dich bisher noch nicht weiter mit einer Idee beschäftigt hast, obwohl sie dir schon seit Längerem im Kopf herumschwirrt. Das kann mit Folgendem zu tun haben: Wir durchlaufen in unserem Leben verschiedene Ebenen mit verschiedenen Bedürfnissen. Auf die heutige Zeit übertragen kannst du auch sagen, wir sind alle im selben Spiel, aber auf unterschiedlichen Leveln[22]. Im Idealfall schließen wir während unserer Entwicklung die einzelnen Level nacheinander ab und kommen nach erfolgreicher Befriedigung unserer Bedürfnisse beziehungsweise nach Erledigung unserer »Hausaufgaben« auf den jeweiligen Ebenen aufs nächste Level. Stell dir vor, auf jedem Level gibt es zehn Puzzleteile zu »ergattern«, die du an die richtige Stelle setzen musst, um für diese Ebene ein stimmiges Bild zu erreichen. »To level« heißt übersetzt auch nivellieren oder ausgleichen, etwas, was wir unser ganzes Leben lang tun können ...

LEVEL UP YOUR LIFE

Es kommt vor, dass auf einer oder mehreren der Ebenen das eine oder andere Grundbedürfnis nicht gestillt wird, ergo bekommen wir dann kein Puzzleteil dafür, es bleibt eine leere Stelle. Wir können diese ignorieren beziehungsweise überspringen und gelangen trotzdem aufs nächste Level, es ergibt sich ja trotzdem ein Bild. Kennst du diese faszinierenden Texte, bei denen Buchstaben verdreht, weggelassen oder falsch kombiniert wurden? Die wir aber, wenn wir diese Texte lesen, so lesen, als wären sie richtig geschrieben? Ich feiere so was ja total, es ist eine weitere Meisterleistung, zu der unser Gehirn fähig ist, und diese Fähigkeit überträgt es auch auf Bilder – deshalb mein Vergleich. Aber genau diese Lücken im Bild sind es, die uns im weiteren Verlauf unseres Lebens »triggern« oder uns ganze Steinhaufen in den Weg legen können.

Die Level sind sozusagen gleichzusetzen mit »altersgerechten« Entwicklungsstufen. Die untersten Level stehen demnach auch für unsere jüngeren Versionen, und so geht es auf der alleruntersten Stufe beispielsweise darum, Grundbedürfnisse wie Sicherheit, Nähe, Liebe und so weiter zu stillen. Es folgen weitere Ebenen, auf denen wir je nach Alter unterschiedliche Prozesse durchlaufen.

Ein fünfjähriges Kind braucht noch die Sicherheit zu Hause, testet aber schon ordentlich seinen eigenen Willen aus und lernt im Idealfall, wie es etwas erreichen kann (damit meine ich nicht ein bockiges Gör, das seinen Eltern ohne Regeln auf der Nase herumtanzen kann, sondern zum Beispiel das gesunde Erlernen von Selbstwirksamkeit). Als Teenager oder Erwachsene verändern sich unsere Ansprüche, Wünsche, Bedürfnisse, und je nachdem, wie »erfolgreich« wir die verschiedenen Level durchlaufen, bleiben Lücken. Je weniger Lücken wir haben, umso mehr ruhen wir in uns selbst. Und keine Sorge, ich kenne niemanden ohne diverse Lücken, das ist vollkommen normal, wir sind Menschen.

Allerdings halten wir selbst uns für supererwachsen, wenn wir mehr oder weniger erfolgreich selbstständig unser Leben meistern, was ja auch wirklich bemerkenswert ist. Und so denken wir dann gerne mal, wir wären schon ach so superreflektiert und würden ganz großartig in uns selbst ruhen, sodass nix uns mehr so leicht durcheinanderbringen kann. Aber dann warte mal ab, bis du in eine Situation kommst, in der sich dein System daran erinnert, dass vor 10, 20 oder 30 Jahren auf einer der unteren Ebenen mal eines deiner Bedürfnisse nicht gestillt wurde!

Zack!, bist du wieder zehn Jahre alt und verhältst dich auch so, wenn zum Beispiel jemand etwas bekommt oder für etwas gelobt wird, was du dir damals auch gewünscht hättest. Egal, ob du inzwischen eine erfolgreiche Ärztin, ein gestandener und erfolgreicher Handwerker, ein frisch gebackener stolzer Papa, eine hingebungsvolle Trainerin oder eine gefeierte Person des öffentlichen Lebens bist.

Diese Lücken sind so mächtig, dass sie uns vollkommen aus dem Konzept bringen oder für einen Moment aus der Bahn werfen. In ihnen zeigt sich der gute alte Impostor besonders gerne.

Kennst du das Impostor-Syndrom?

Man sagt dazu auch »Hochstapler-Syndrom«. Es steht für das Phänomen, dass Betroffene Angst haben, im Beruf zu versagen, beziehungsweise dass jemand entdecken könnte, dass sie eine Position haben, die sie gar nicht wirklich verdient haben, oder dass jemand herausfindet, dass sie gar nicht genug Wissen haben, um sich beispielsweise zu einem Thema als Fachfrau oder Fachmann zu äußern. Dabei sind diese Selbstzweifel allerdings vollkommen unbegründet, weil Betroffene ihr Licht eher noch unter den Scheffel stellen, obwohl sie richtig gut sind in dem, was sie tun.

Die tiefe Angst zu versagen ist es, die in so einem Moment dafür sorgt, dass wir uns auf einmal klein, minderwertig und unzulänglich fühlen, obwohl wir das nicht sind. Dein aktuelles Gegenüber kann in so einer Situation eigentlich rein gar nichts dafür, wenn du dann vollkommen übertrieben mimimi reagierst oder gar neidisch, zickig, unfreundlich oder aggressiv wirst, nur weil dein System sich urplötzlich an eine Lücke erinnert und dadurch ein ganz anderes Programm gestartet wird. Trotzdem denken wir in so einer Situation zunächst oft, dass die andere Person »schuld« an diesem unschönen Gefühl in uns wäre, dabei ist sie nur die Botin.

Das Schöne ist, dass wir diese Bedürfnisse auch nachträglich erkennen und stillen können. Aber solange das nicht geschehen ist, kann es sein, dass wir zwar in unserem Leben bei bestimmten Themen schon gespürt haben, dass sie uns besonders berühren, wir aber erst unsere Hausaufgaben auf einigen dieser Level nachholen müssen, bis wir wirklich bereit für »mehr« sind, das heißt bereit, diese Themen bewusst anzugehen. Vorher wäre es vorauseilender Aktionismus und dann mit großer Wahrscheinlichkeit eh zum Scheitern verurteilt gewesen.

Wir müssen eh über die sehr ichbezogenen Level wie »Ich brauche etwas zu essen«, »Ich möchte eine rote Schaufel«, »Ich möchte bei der Schulaufführung aber den coolen Typen spielen«, »Ich hätte gerne einen anderen Job!«, »Ich wünsche mir erfüllendere oder aufregendere Beziehungen!« oder »Hach, das Auto wäre schon ein Träumchen!« grundsätzlich hinaus sein. Trotzdem kann und wird es vermutlich auch zukünftig vorkommen, dass wir in eine Situation geraten, in der wir getriggert werden, wir sind nun mal unperfekte Menschen, *so what*? Wir können dann reflektieren, was wir damals gebraucht hätten, uns nachträglich das entsprechende Puzzleteil erarbeiten und dieses in die Lücke einfügen – check!

Wir wissen doch eigentlich alle, dass es keine wirkliche Erfüllung bringt, immer mehr materielle Dinge unser Eigen zu nennen, aus Bequemlichkeit den Schein zu wahren oder unser Leben mit Terminen so durchzutakten, dass wir ja nicht dazu kommen zu hinterfragen, was da für ein sehnendes, unerfülltes Gefühl in uns ist, nicht wahr? Dennoch sind die meisten von uns bis zu einem gewissen Zeitpunkt mehr oder weniger kleine oder große Egokreisel, und das ist verdammt menschlich und »normal«. Oft erkennen wir erst in unseren Krisen, in unseren dunkelsten Stunden, dass sich etwas ändern muss. Wie schon früher im Buch angesprochen, wachsen unsere größten Stärken aus diesen Zeiten, zumindest wenn wir hinsehen und die darin enthaltenen Chancen nutzen.

Aber auch wenn du dich nicht in einer persönlichen Krise befindest, wenn du sogar schon länger gut auf dich und deine Bedürfnisse achtest, hast du dieses Buch, oder das Buch hat dich, vielleicht auch genau jetzt gefunden, weil es an der Zeit ist, noch mehr über dich hinauszuwachsen: Lass uns diese an so vielen Stellen zauberschöne und beeindruckende Welt zu einem besseren Ort machen!

Was, wenn du heute, jetzt, sofort, in diesem Moment schon die Welt verändern kannst? Das geht! Es beginnt, wie gesagt, zunächst einmal mit der Bereitschaft, endlich die Augen zu öffnen und dir einzugestehen, dass es noch mehr gibt, was du für ein *sinn*volles Leben brauchst.

VERSCHENKE DICH ANS LEBEN, GANZ UND GAR.

Natürlich können wir aus gewissen Zwängen oder gesellschaftlichen Strukturen nicht konsequenzlos von heute auf morgen aussteigen und soll(t)en dies auch gar nicht unüberlegt tun, denn auch wenn wir unser Leben auf seine Sinnhaftigkeit ausgerichtet leben, müssen wir uns Gedanken machen, auf welchem Weg wir etwas erreichen können. Dazu gehört *nicht* zwangsläufig die Abkehr von allem anderen, zumal es sehr wichtig ist, nicht den Halt zu verlieren, wenn wir uns Größerem zuwenden.

Früher haben die Menschen Halt in Religionen gefunden, heute wissen wir, dass diese in der modernen Welt für viele einfach nicht mehr »zeitgemäß« ist. Versteh mich bitte nicht falsch: Jede Person, der ihr Glaube etwas gibt, soll bitte dabeibleiben, wenn es sich richtig anfühlt.

Auch wenn ich selbst nichts mit Religion am Hut habe, weiß ich, dass es für viele Menschen eine Menge positiver Aspekte gibt, und maße mir keinesfalls an, jemandem (s)einen Glauben zu- oder abzusprechen. Für mich ganz persönlich läuft zu viel im Namen der verschiedenen Kirchen und Gottheiten schief – ob es nun um Ausnutzung der Machtverhältnisse bis hin zu Missbrauch geht, ob um Kriege, die im Namen eines Gottes / Glaubens geführt werden, oder um angehäufte Reichtümer, die nicht dazu genutzt werden, für notleidende Menschen etwas zu verändern – da sträubt sich in mir alles.

Aber wenn es um wertvolle Inhalte, wie beispielsweise die Zehn Gebote geht, strebe ich es sehr wohl an, danach zu leben. Nur eben losgelöst von irgendeinem Glauben, vielmehr sind das für mich einfach essenzielle Grundregeln für einen respektvollen Umgang der Menschen miteinander. Ein Halt, sei es nun durch einen Glauben oder durch andere Gemeinschaften, ist von sehr großem Wert, gerade wenn du dich für etwas einsetzt. Deshalb empfehle ich dir: Schau, wo du in deinem Leben durch Zusammenschlüsse eventuell solch eine Gemeinschaft herstellen oder dich einer anschließen kannst, die zu dir, deinen Werten und Vorstellungen passt. Gemeinsam auf eines oder mehrere große Ziele hinzuarbeiten, die sich unter Umständen auch gegenseitig wundervoll ergänzen, kann einiges erleichtern. Netzwerken auf allen Ebenen, miteinander statt auf dem Egotrip, das wird dich motivierter und erfüllter deinen vielleicht so manches Mal anstrengenden Weg gehen lassen. Diese tiefe und *sinn*volle Form der Gemeinschaft ist für Hochsensible übrigens mindestens so erfüllend wie für Normalsensible manche Feierlichkeit.

Unsere Gesellschaft hat lange Zeit die falschen Werte hochgehalten und tut es in vielen Bereichen leider immer noch. Um dazuzugehören, versuchen die meisten, diese zu übernehmen und nach ihnen zu leben. Höher, besser, schneller und weiter führt die meisten unserer Seelen jedoch in die falsche Richtung: Wir werden einsamer, unglücklicher, leerer. Wir sind, wenn wir nicht hinterfragen und eigene Wege einschlagen, häufig wie Gefangene eines teilweise kranken Systems und beklagen dann eigentlich absolut gesunde Reaktionen unserer Seele, die uns schützen oder auf persönliche Baustellen aufmerksam machen wollen.

Was wirklich wichtig ist und zählt, tragen wir aber seit eh und je als tief verankerte Weisheit in uns. Sie ist pur, rein und von Grund auf »gut«:

DAS, WAS WIRKLICH ZÄHLT, KANN MAN NICHT ZÄHLEN, MAN KANN HÖCHSTENS VERSUCHEN, ES ANHAND ERFÜLLENDER HERZSCHLÄGE AUF EMOTIONALER EBENE ZU »MESSEN«.

UNBEZAHLBAR

Es ist unbezahlbar ...

... wenn wir für einen Freund oder eine Freundin in einer schweren Phase da sind und so der Schmerz dieses uns wichtigen Menschen erträglicher wird.

... anderen Hoffnung zu schenken, indem wir uns für sie einsetzen.

... dass es tausendfach zu uns zurückkommt, wenn wir uns für Tiere engagieren und uns um sie kümmern.

... die Natur zu achten, ihr nach all dem Raubbau, der durch uns Menschen betrieben wurde, etwas zurückzugeben, sich dafür einzusetzen, dass unser Planet wieder sauberer wird. Ja, schon das gute Gefühl nach einem Spaziergang eine Tüte Müll gesammelt zu haben, der jetzt eben nicht mehr in der Natur rumliegt, ist nicht mit Geld zu kaufen.

All solche Dinge, in unterschiedlichsten Variationen, machen und geben unserem Leben, unserer Existenz Sinn. Der Sinn deines Lebens beantwortet dir Fragen wie: »Wozu bin ich hier?«, »Wofür lohnt es sich vielleicht sogar auf einen Luxus zu verzichten, wenn ich dafür (für andere und mich) das Leben besser machen kann?«. Der Sinn deines Lebens ist kein Moment, den es zu erreichen gilt, kein Ziel, nach dem du dir, einmal angekommen, ein neues stecken musst.

Der Sinn deines Lebens ist die Art, *wie und wofür* du lebst, wofür du stehst, wofür du in den Ring steigst. Schon wenn du als wirklich hilfsbereiter Mensch durchs Leben gehst, bereicherst du diese Welt ungemein!

DER SINN DEINES LEBENS IST DAS, WAS DICH DURCHHALTEN LÄSST, AUCH WENN ES LANGE DURSTSTRECKEN UND HINDERNISSE ZU ÜBERWINDEN GILT.

Er sollte ganz eng gekoppelt an deine Werte sein, sonst kann er nicht zu dir passen. Du würdest gar nicht die notwendige Energie aufbringen können, um aktiv werden zu können, und Aktivwerden ist definitiv der dann folgende Schritt, sobald du den Sinn deines Lebens gefunden hast. Du kannst zwar behaupten »Ich finde es so toll, was xy macht, genau das mache ich jetzt auch!«, wirst aber nur erfüllt und motiviert an die Umsetzung gehen können, wenn es wirklich stimmig für dich ist und dein Feuer entfachen kann.

Bekommst du eine Vorstellung von dem Sinn deines Lebens?

Wenn nicht, versuche folgende Annäherung:

AUFGABE

Setze dich zunächst einmal damit auseinander, welche Sorgen und Nöte es auf der Welt oder in deinem näheren Umfeld gibt, bei denen sich dir die Nackenhaare aufstellen. Welche Schwierigkeiten, die die Menschheit oder die Erde hat, sorgen dafür, dass sich in dir etwas regt?

Menschenrechte, Klimawandel, Umweltschutz, Tierschutz, Rassismus, Gewalt, Lobbyismus, Rohstoffgewinnung, Extremismus, Terrorismus, Body Positivity, Inklusion, Mental Health sind nur einige Beispiele für Themen, bei denen sich gar nicht genug Menschen engagieren können.

Oder eben viel naheliegender: Öffne deinen Blick für die Probleme der Menschen in deiner Nachbarschaft oder andere Missstände jeglicher Art, die dir in deinem Alltag auffallen.

WIR ALLE KÖNNEN AUCH RICHTIG,
RICHTIG GROSSES IM KLEINEN VOLLBRINGEN!

Alternativ denke an Menschen, die sich engagieren und ihr Leben danach ausrichten, die ihrer Berufung, ihrem Sinn folgen, und horche dabei in dich hinein:

- Was genau berührt dich dabei?
- Wer oder was beeindruckt dich?

Es stellt sich nicht die Frage, *ob* du das Zeug dazu hast, die Welt zu verändern, denn das hast du, sondern *was* dein Herzensanliegen ist. Um in deinem zauberhaften Köpfchen noch mehr loszutreten, werde ich dich jetzt gleich mal mit einigen Dingen konfrontieren, die dich provozieren könnten. Möglicherweise wirst du gar sauer oder beleidigt sein, aber lass dir gesagt sein: Das wird nur der Fall sein, wenn ich damit einen wunden Punkt bei dir »treffe«.

- Was macht es mit dir, wenn du auf der Autobahn Tiertransporte (teilweise mit fröhlichen Tierbildern auf dem Lkw) siehst? Aufgrund ihres Gerechtigkeitssinns und ihrer Empathie entscheiden sich übrigens im Verhältnis zur Gesamtbevölkerung sehr viel mehr hochsensible Menschen für eine vegetarische oder vegane Lebensweise. Ich persönlich kann für mich seit vielen Jahren überhaupt nicht mehr nachvollziehen, wie man sich *nicht* dafür entscheiden kann, keine Tiere zu töten. Aber auch ich habe lange weggesehen, bevor ich Vegetarierin wurde, deshalb steht es mir nicht zu, jemanden für seinen Tierkonsum zu verurteilen. Bitte überprüfe für dich, ob du angesichts deines Verhaltens gut in den Spiegel schauen kannst. Das gilt im Übrigen für alle Lebensbereiche.
- Wie verhältst du dich, wenn dir in den sozialen Medien Videos und Bilder vorgeschlagen werden, bei denen du eigentlich weißt, dass sie deine Perspektive auf deinen eventuell noch stattfindenden Fleischkonsum für immer verändern würden? Guckst du lieber weg?
- Zieht sich dein Magen zusammen, wenn du Werbung für Organ- oder Blutspende siehst? »Stäbchen rein, Spender sein …«, geht dich das nichts an?
- Bist du dir im Klaren darüber, was es umwelttechnisch bedeutet, wenn Menschen Billigfluglinien buchen?
- Machst du dir die Mühe, beim Einkaufen und Klamottenshoppen darauf zu achten, wie die Produkte, die du kaufst, hergestellt wurden? Ob du eventuell skrupellose Konzerne unterstützt, die in anderen Ländern durch ihre Produktionsstätten für Wasserknappheit sorgen? Ob Kinderarbeit in der Lieferkette vertuscht wird? Ob die Menschen, die diese Produkte herstellen, fair bezahlt und krankenversichert werden?
- Hörst du lieber weg, wenn du mitbekommst, dass in deiner Nachbarschaft lauthals gestritten wird, weil du dir einredest, dass das schon nicht so schlimm sein wird, wie es klingt?
- Zwingst du deinen Blick, sich auf die vielen Schaufenster zu richten, um nicht hinsehen zu müssen, wenn ein obdachloser Mensch bettelnd in der Einkaufszone sitzt? Verurteilst du ihn vielleicht sogar, ohne seine Geschichte zu kennen?

- Scrollst du mit schlechtem Gewissen weiter, wenn du traurige, verzweifelte oder um Hilfe bittende Posts siehst?

Damit bist du nicht allein. Kein Grund, vor Scham im Boden zu versinken, aber an dieser Stelle Grund genug, dir liebevoll den Spiegel vorzuhalten. Es geht nicht darum, dass du durch meine Beispiele denkst, du wärst ein schlechter Mensch. Es geht mir darum, ein Bewusstsein dafür zu schaffen, wie viel um uns herum geschieht, was wir teilweise aus Selbstschutz ausblenden. Im Grunde genommen ist das für uns Menschen auch gar nicht anders händelbar. Durch die Informationsflut in der heutigen Zeit bekommen wir ein Übermaß an Nachrichten, das wir gar nicht alle verarbeiten *können*.

Es ist okay, Kompromisse zu machen.

Es ist okay, nicht an jeder Front zu kämpfen. Besonders mental überlastete und hochsensible Menschen *müssen* sogar zu ihrem eigenen Schutz Abstriche machen. Aber wenn wir nach dem Sinn in unserem Leben suchen, gehören wir zu denjenigen, die Verantwortung übernehmen möchten, und dazu gehört auch die Bereitschaft zu entwickeln, sich Themen grundsätzlich zu stellen.

Was ich also an dieser Stelle provozieren möchte: dass du erkennst, dass es so vieles gibt, bei dem unser Bauchgefühl eine deutliche Sprache spricht und uns eindeutige Hinweise darauf gibt, womit wir eigentlich so gar nicht fein sind. Doch viele denken: »Was soll *ich* denn schon bewirken?«, fühlen sich überfordert oder hilflos. Doch du bist nicht hilflos.

»FALLS DU GLAUBST, DASS DU ZU KLEIN BIST, UM ETWAS ZU BEWIRKEN, DANN VERSUCHE MAL ZU SCHLAFEN, WENN EINE MÜCKE IM RAUM IST.«

(Dalai Lama)

Mich motiviert dieser wundervolle Vergleich jedes Mal, wenn ich ihn irgendwo lese oder höre. Mit der provokanten Aufzählung möchte ich dir *nicht* alles vermiesen oder dir den Spaß am Leben verderben. Ich bin ganz vorne dabei, wenn es darum geht, das Leben in vollen Zügen (nicht wörtlich gemeint) zu genießen, und mache auch vor »Egokram« keinen Halt. Aber das eine schließt das andere nicht aus, im Gegenteil: Sich zu engagieren oder zumindest über den eigenen Tellerrand hinauszusehen, ist für die meisten Menschen eine echte Bereicherung! Ich halte nichts von einer dogmatischen Vorgehensweise. Noch mal: Würde jeder Mensch vor seiner eigenen Tür kehren, würde diese Welt schon ein vollkommen anderer Ort sein.

Verabschiede dich darum bitte so gut du kannst davon, dich im negativen Sinne mit anderen zu messen. Nicht jeder Mensch wird durch sein Engagement für diese Welt gelobt oder berühmt.

ES GIBT SO VIELE HELDINNEN UND HELDEN,
VON DENEN WIR NIEMALS ERFAHREN WERDEN,
DIE IM STILLEN ABSOLUT GROSSARTIGES VOLLBRINGEN.

Seien wir mal ehrlich: Jeder Z-Promi bekommt sofort und für lau Aufmerksamkeit, sobald er sich für ein wichtiges Thema zu Wort meldet, während andere, obwohl sie sich schon seit Jahren mit Herz und Seele engagieren, für jeden Bericht und jede Followerin und jeden Follower kämpfen müssen. Da wird mal eben mit einem Beitrag zur letzten Panikattacke gewedelt, oder ein Account, der vorher eine ganz andere Ausrichtung hatte, wird auf einmal zum Mental-Health-Gebiet erklärt, auf dem der oder die Betroffene nun die eigenen Erkenntnisse in guter alter Glückskeks-Manier weitergibt und sofort dafür gefeiert wird. Ist das fair? Nein. Absolut nicht.

Social Media ist Fluch und Segen zugleich. Wie im echten Leben spielen sich meist nur die »Großen« untereinander die Bälle zu und vergessen dabei gern, dass sie heute nicht dort wären, wo sie sind, wenn ihnen nicht an einem gewissen Punkt ihres Lebens auch mal ein Mensch beispielsweise mit besseren Verbindungen oder weil er einfach die Wichtigkeit der Arbeit oder das Talent dieser Person erkannt hat, unter die Arme gegriffen hätte. Aber was wirklich wichtig ist: Es schmälert das Wirken derjenigen nicht, die wirklich für ihre Sache brennen. Während ich diese Zeilen schreibe, merke ich, wie froh ich bin, dass ich bei diesen Überlegungen mittlerweile so ruhig bin, denn es hat mich in den letzten Jahren durchaus manches Mal sehr angefasst, wie unfair es in den Sozialen Medien teilweise zugeht.

Dich noch detaillierter ranzutasten an das, was für dich wirklich sinnvoll sein könnte, kann auch durch einen Perspektivwechsel erfolgen: Inzwischen ist dein Verhältnis zu dir selbst ja ein sehr viel positiveres und wertschätzenderes, also überlege doch mal in folgende Richtung:

- Was sind deine ganz besonderen Fähigkeiten, Vorzüge oder Begabungen? Worin bist du richtig, richtig gut?
- Was würde jemand, der dich gut genug kennt, auf die vorhergehende Frage antworten?
- Bist du vielleicht ein Ass in Sachen Marketing?

Klingt erst einmal ziemlich büropupsermäßig, hm? Es steckt aber mehr dahinter. Ein Gedankenspiel: Bist du vielleicht ebenso aus tiefster Überzeugung Vegetarier oder Vegetarierin? Wie wäre es denn dann, wenn du mit deinem Marketing-Wissen einem Start-up für vegetarische Produkte Hilfestellung leistest? Ihr könntet grandiose Kampagnen kreieren und noch viel mehr Menschen auf den Geschmack bringen, lecker zu essen, ohne dafür zu töten.

- Oder bist du vielleicht eine Vollherzmama oder ein Vollherzpapa und deine Kinder sind schon aus dem Gröbsten raus? Dann könntest du in einer Einrichtung für Kinder in deiner Nähe wirklich einen Unterschied machen, indem du dich als Pate/Patin oder aber für Organisationen, die sich für Kinder(-rechte) starkmachen, engagierst – vom Flyerverteilen, über Events gestalten bis hin zum aktivem Netzwerken – *it's up to you.*

- Du findest die Spaltung der Gesellschaft zu einem bestimmten Thema furchtbar? Dann sammle Informationen, eigne dir fundiertes Wissen zu den verschiedenen Standpunkten an. Organisiere Events, auf denen beide Seiten zu Wort kommen und im Idealfall miteinander in den Austausch treten. Setze dich für das Aufzeigen von der gemeinsamen Schnittmenge ein!

Wofür schlägt dein Herz?

Es gibt unendliche Möglichkeiten, um deinen Alltag erfüllter und sinnvoller zu gestalten: im Tierheim helfen, älteren Nachbarn Hilfe anbieten oder der alleinerziehenden Mama sagen, dass du für sie mit einkaufen kannst. Wir leben in vielen Fällen in einer Luxusblase und ertappen uns zum Beispiel dabei, dass wir darüber jammern, wenn etwas nicht lieferbar ist. Nicht eine Sekunde denken wir dabei an jene, die Hunger leiden, auf der Flucht sind oder durch eine weitere Umweltkatastrophe von einem Moment auf den anderen alles verloren haben. Die Tatsache, dass wir uns ertappen, dass wir also dieses Missverhältnis der Lebensumstände erkennen, ist bereits der erste Schritt vom Egokreiseln weg und der Beginn einer Veränderung.

DIE OFFENSICHTLICHEN PROBLEME DER WELT MUSST DU NICHT ALLEIN LÖSEN, ABER DU KANNST JEDEN TAG DAFÜR NUTZEN, DEINEN FUSSABDRUCK IN ALLEN LEBENSBEREICHEN VERTRÄGLICHER ZU GESTALTEN.

Wenn du die Augen nicht mehr verschließt, ergibt sich vieles wirklich Sinnvolles fast wie von selbst.

Nicht jeder Mensch hat das Bedürfnis, einen ganz persönlichen Sinn in seinem Leben zu finden, um das eigene Leben dann danach auszurichten. Das kann unterschiedliche Ursachen haben und ich richte hier über niemanden! Solange diese Menschen mit sich und ihrem Leben zufrieden sind und, ich sage mal ganz platt, nicht zusätzlichen Schaden anrichten, kann und soll das jeder Mensch selbst entscheiden. Aber ist es nicht viel schöner, unseren Ehrgeiz, unser Feuer, unsere Leidenschaft (wieder) zu entfachen und wirklich für etwas einzustehen? Nur eben mit den vielfältigen Möglichkeiten, die wir als Erwachsene haben? Ist das nicht zauberschön? Wir können diese Welt zu einem besseren Ort machen!

Jeder von uns kann dazu beitragen und dafür sorgen, dass die Generationen nach uns ebenfalls diesen wundervollen und gastfreundlichen Planeten ihr Zuhause nennen dürfen und dass dieser nicht mehr in vielerlei Hinsicht so geschunden und bedroht ist.

Ich wünsche mir mit jeder Faser, dass diese hochnäsigste aller Spezies *ever*, der Homo sapiens, endlich demütiger mit »unserer« Welt umgeht. Dass wir unsere Möglichkeiten ausschöpfen, um zu reparieren, was wir und viele vor uns kaputt gemacht haben. Der Mensch hat vieles mit Füßen getreten, egoistisch, ausbeuterisch, anmaßend und hochnäsig darüber entschieden, wer wie, wo und ob überhaupt leben darf.

Träumerin? Ja, nenn mich ruhig so, es hat schließlich lange genug gedauert, bis ich so stolz darauf sein konnte, wie ich es inzwischen bin! Ich glaube an die Macht von Träumen und Visionen. Ich glaube an uns Menschen, sonst wäre auch dieses Buch vergeudete Liebesmüh.

Ich glaube daran, dass gerade angesichts all der furchtbaren Meldungen um uns herum, der (Umwelt-)Katastrophen, wohin man blickt, teilweise mit Ansage, der mit der x-ten Welle anhaltenden »unsichtbaren« Bedrohung der Pandemie, des furchtbaren Kriegs in der Ukraine und überall sonst auf der Welt, der jüngst sich heftig entwickelnden Fremdenfeindlichkeit in unserem Land und vielem mehr, auch immer mehr Menschen klar wird, dass es so nicht weitergehen kann, wir Verantwortung übernehmen und Lösungen finden müssen ...

Ich glaube daran, dass manche Bücher uns »finden« und du dieses vielleicht in den Händen hältst, weil du dich aus deiner Verzweiflung, Angst, Langeweile oder deiner spürbaren Sehnsucht nach »mehr« auf die Suche nach Büchern dieser Art gemacht hast.

ICH GLAUBE DARAN, DASS WIR ALLE UNS IM GRUNDE UNSERES HERZENS DANACH SEHNEN, DASS WIR ERFÜLLT VON DEM GEFÜHL SIND, MIT UNS SELBST IM REINEN ZU SEIN.

Wenn du diesem Buch eine wirkliche Chance gegeben hast, wirst du aus deiner Starre herausgewachsen sein und erkannt haben, dass dieses Leben Spaß machen darf, erfüllt sein kann und dass du es in der Hand hast, das für dich zu verändern, was dir wichtig ist. Ich glaube an dich und daran, dass du erkennst, was du alles schaffen kannst. Bereits weil es dich gibt, hast du die Welt verändert, und du veränderst sie noch mehr seit deiner Erkenntnis, dass du es verdienst, zu heilen. Dies hat Auswirkungen auf viele andere Menschen.

Du bist absolut einzigartig, hat dir das eigentlich schon mal jemand gesagt?

IST DIR WIRKLICH, ALSO SO WIRKLICH BEWUSST, WELCH EIN WUNDER DU BIST, WENN DU DIR KLARMACHST, WIE GROSS DIE WAHRSCHEINLICHKEIT WAR, DASS DU, GENAU DU, ENTSTEHST?

DU BIST DAS WUNDER, AUF DAS DU WARTEST

Nein, ich bin nicht der Meinung, dich aufklären zu müssen, aber ich finde dieses Wunder so faszinierend und ganz und gar nicht selbstverständlich, dass es an dieser Stelle noch mal absolut erwähnt werden muss!

Damit es überhaupt ein »du« geben durfte, musste es – logisch – zu einer Schwangerschaft kommen. Dabei den richtigen Zeitpunkt zu treffen, ist bereits das erste Wunder-volle. Dann muss auch noch die Situation stimmen, es musste bei deinen Eltern zum Sex kommen (jaja, ich weiß! Wenn ich könnte, wie ich gerne würde, hätte an dieser Stelle das

Emoji-Äffchen mit den Händen vor dem Gesicht seinen Platz gefunden. Du musst dir das ja nicht genauer vorstellen, und ja, es gibt auch andere Möglichkeiten als durch Sex, aber darum geht es mir hier nicht).

Dann musste es das *eine* Spermium, das mit für *deine* Existenz verantwortlich ist, auch noch schaffen, schneller als Millionen (!) von mitschwimmenden Konkurrenten zu der Eizelle zu kommen, die einen Teil deiner Informationen schon in sich trug, und vor allen anderen mit ihr zu verschmelzen. Und dass ab diesem Moment auch noch alles nach Plan lief, war ja auch nicht selbstverständlich. Viele weitere Voraussetzungen mussten erfüllt werden, damit du genau jetzt genau so, wie du bist, so fantastisch unperfekt, meine Worte an dich lesen kannst.

Wie zauberschön, nicht wahr?

Ich wünsche dir von ganzem Herzen, dass du Chancen erkennst und ergreifst. Dass du dein Licht nie wieder unter den Scheffel stellst, dich niemals mehr kleinmachen lässt, erst recht nicht von dir selbst. Lass dir nicht vorschreiben, was machbar ist und was nicht, finde es für dich selbst heraus.

Ich wünsche dir, dass du an Wunder glaubst, denn der beste Beweis, dass es sie gibt, bist du selbst. Inspiriere andere, lass zu, dass dein Sein eine Bereicherung für sie ist.

Du verdienst es, bedingungslos geliebt und respektiert zu werden.

Unterschätze dich nicht, erinnere dich an deine ganz persönlichen Meilensteine. Menschen, die mental überlastet sind, sind viel stärker, als sie denken. Sie müssen sich schließlich jeden Tag dieser Herausforderung stellen und tun es auch. Sei geduldig mit dir, es scheint bei niemandem immer nur die Sonne.

Sei stolz auf dich, dass du einen liebevollen Weg eingeschlagen hast, der dich dazu geführt hat, Fragen zu stellen, und so neue Möglichkeiten für dich eröffnet. Bleibe immer neugierig und entscheide stets nach bestem Wissen und Gewissen für dich selbst, nicht nach dem, was die aktuellen Vorgaben der Gesellschaft erwarten.

Nimm dir immer wieder einen ruhigen Moment, in dem du alles, was dich gerade berührt, bewegt, beschäftigt oder beflügelt, aufschreibst. Ergänze dies im inzwischen bekannten Tages- und Wochenrückblick, lass dich von meinen Beispielen inspirieren, male, gestalte, verziere sie so, wie du möchtest, in deinem Notizbuch.

Also ich, ja, ich bin stolz auf dich!

Und ich hoffe, dir wird immer klarer, wie f*cking stolz du auf dich sein solltest.

BE. A. LOVER. & A. SINNER.

Greif nach den Sternen und hinterlasse Spuren ...

Lebst du deine Veränderung?

Welche Veränderung?	**Bin dabei**	**Oh ja!**

Ich bin dankbar für ...

Wofür brenne ich?

Was kann ich heute tun, um mit jeder Faser zu sein?

6TH WEEK – OR THE ONLY WAY IS UP!

Zeit, deine Flügel zu entknittern und dich ins Leben zu stürzen!

Was habe ich in diesen Wochen gelernt?

Was sind meine wichtigsten Erkenntnisse?

Bin ich bereit für (noch) mehr?

DER SINN DIESES BUCHES IST ES,
DASS DU ERKANNT HAST,
DASS DU F*CKING UNPERFEKT BIST!

DEN SINN DEINES LEBENS WIRST DU FINDEN,
ODER ER DICH,
WENN ES AN DER ZEIT IST;
MACH DIR KEINEN STRESS.

IT'S TIME, DARLING.

BREAK YOUR CHAINS.

GET UP.

SPREAD YOUR WINGS.

AND TAKE A DEEP BREATH.

LIFE IS CALLING.

CALL BACK.

Das heilige VERSPRECHEN

Dies ist der richtige Zeitpunkt, um dir den Liebesbrief, den du an dich geschrieben hast, zu greifen und ihn dir noch einmal durchzulesen. Das solltest du natürlich in der Zukunft immer mal wieder tun, vor allem, wenn es Momente in deinem Leben gibt, die dich runterziehen, wenn dein Selbstwertgefühl durch irgendwas angeknackst wird oder du einfach eine gehörige Portion Erinnerung daran gebrauchen kannst, welch wahnsinnig liebenswerter Mensch du bist.

- Hast du ihn gelesen?
- Wort für Wort, achtsam (!) und aufmerksam?
- Hast du dich vielleicht sogar an das möglicherweise mulmige Gefühl erinnert, als ich dich zu Beginn aufforderte, diesen Brief zu schreiben?
- Weißt du noch, wie es war, als du dich dann ganz bewusst hingesetzt hast, um diese Zeilen an dich zu verfassen?
- Erinnerst du dich, wie du dich selbst gemustert hast, endlich mit einer anderen Perspektive auf dich geschaut hast?

Wenn du den Brief jetzt noch ergänzen möchtest – dem steht nichts im Wege!

Du solltest dir das heilige Versprechen geben, dass du, egal was das Leben dir noch für Überraschungen oder Herausforderungen präsentieren wird, immer in der Lage sein wirst, zu reagieren und eine Lösung zu finden.

Hochsensibilität

Nun wie versprochen noch etwas mehr zu diesem Thema. Berührt dich das Thema sehr? Spürst du, wie sich etwas in dir regt, dich zu dem Thema hinzieht?

Vertraue deiner Intuition. Hochsensibel zu sein, ist kein Freifahrtschein oder eine Ausrede dafür, ständig geschont werden zu müssen oder nicht so belastbar zu sein wie andere. Hochsensible sind in vielen Fällen sogar enorm belastbar, allerdings ist die Schwelle zur Überforderung aufgrund ihrer intensiven Wahrnehmung eher erreicht als bei normalsensiblen Menschen. Je nach Ausprägung ist es schlicht und ergreifend zwingend erforderlich, dass du stets auf die richtige Balance in deinem Leben achtest. Was, *by the way*, die Grundhaltung aller Menschen sein sollte, wenn wir uns die Auswirkungen von Mental Load im Speziellen, aber auch mentaler Überlastung im Allgemeinen ansehen. Den meisten hochsensiblen Menschen geht es auch gar nicht darum, eine Sonderbehandlung zu bekommen, es geht ihnen nicht einmal um den Begriff. Es geht ihnen in erster Linie um Akzeptanz.

GRUNDSÄTZLICHES

Circa 15 bis 20 Prozent, vielleicht sogar bis zu 30 Prozent der Weltbevölkerung sind hochsensibel.[23] Sie haben eine andere Verarbeitungstiefe als normalsensible Menschen. Sie reagieren intensiver auf Geräusche, Licht oder soziale Reize und nehmen kleinste Veränderungen oder Unterschiede in ihrer Umwelt direkt wahr. Sie sind stärker emotional involviert und verarbeiten Reize tiefer als andere, indem sie zum Beispiel länger über etwas nachdenken. »Ich überdenke sogar noch meine Gedanken« trifft es sehr gut.

Man könnte statt hochsensibel oder hochsensitiv auch »hochreaktiv« sagen. Es ist, als würde das Gehirn durchlässiger sein für alle Eindrücke. Als würden die Filter, die Menschen eigentlich vor einer Reizüberflutung schützen sollen, bei ihnen anders eingestellt sein, was dazu führt, dass sie logischerweise auch schneller gestresst, überreizt und erschöpft von den Eindrücken sind und Ruhe brauchen, um ihre Akkus wieder aufzuladen und damit sich ihr Nervensystem wieder regulieren kann.

Übersetzt heißt *high sensibility* ja auch nicht, dass Hochsensible Jammerlappen sind, sondern dass sie in höchstem Maße wahrnehmende Personen sind. Schwer vorstellbar für diejenigen, die nicht davon betroffen sind. Deshalb werden Hochsensible fälschlicherweise oft als überempfindlich, zart besaitet, Mimosen oder gar als psychisch krank dargestellt. Und wie zu Beginn bereits gesagt, beginnen an dieser Stelle viele Unsicherheiten, denn Hochsensibilität tritt auch im Zusammenhang mit einigen psychischen Störungen wie beispielsweise ADHS, Autismus oder Angststörungen, auf, und viele Menschen fragen sich, wie sie denn sicher sein können, ob sie nun wirklich »nur« hochsensibel sind.

HOCHSENSIBILITÄT IST KEINE KRANKHEIT,
SONDERN EIN PERSÖNLICHKEITSMERKMAL.

Unabhängig von den Ursachen wünschen sich Betroffene in erster Linie, dass ihre Art, zu denken und zu fühlen, gesellschaftlich akzeptiert wird und sie nicht noch zusätzliche Ablehnung erfahren. Es ist schwer genug zu lernen, gesunde Grenzen für sich zu ziehen. Diese Grenzen können dazu führen, dass Hochsensible sich in der Folge oft anders verhalten als mehrheitlich üblich, zum Beispiel in Bezug auf soziale Interaktion oder das Verhalten auf Veranstaltungen.

Auf Licht reagieren Hochsensible häufig empfindlicher,[24] auch Geräusche und Gerüche sind für sie viel präsenter, weil ihnen eben gewisse Filter fehlen, die sozusagen eine entlastende Vorauswahl treffen. So kommt es für sie teilweise zu einer Reizüberflutung in Situationen, die für andere *easy going* sind.

Sie reagieren häufig auch sehr viel heftiger auf Impfungen, Schmerzmittel oder Medikamente im Allgemeinen. Auch ist es naheliegend, dass sie aufgrund ihrer erhöhten Wahrnehmung ein größeres Risiko tragen, Erlebtes als traumatisierend zu empfinden. Dabei wollen sie sich gar nicht von allem zurückziehen oder »Sonderlinge« sein. Vieles aus dem Alltag würden sie auch gern einfach genießen und dabei mitmachen können. Das wäre in der Regel sogar möglich, wenn es eine andere Akzeptanz ihnen gegenüber gäbe: Da sie beispielsweise eher an dem Punkt ankommen, an dem es für sie genug ist, würden sie gern manches Mal, um sich vor einer Reizüberflutung zu schützen, ein Event einfach etwas früher verlassen können, als man von ihnen erwartet, ohne sich jedes Mal dafür erklären zu müssen.

Unser Alltag ist oftmals sehr hektisch und laut, fast permanent sind wir Handygeräuschen, Straßenlärm, anderen Menschen, die sich unterhalten, oder anderen Geräuschen ausgesetzt. Um zu erkennen, dass dies ganz grundsätzlich keine gesunde Entwicklung der Menschheit sein kann, muss man sich nur mal anschauen, wie viele Menschen durch den damit einhergehenden Stress mental überlastet oder physisch oder psychisch erkrankt sind.

Für hochsensible Menschen sind große Menschenmassen, wie zum Beispiel bei Konzerten, in Kinos am Popcornstand oder bei Feierlichkeiten, stresstechnisch eine zusätzliche Herausforderung. Da sie dazugehören wollen, setzen sie sich dem aber häufig trotzdem aus, vor allem, wenn sie von ihrer (Hoch-)Sensibilität noch nichts wissen, und wundern sich dann, warum sie nach so einem Event total ausgelaugt sind, während die anderen nur davon schwärmen. Ich für meinen Teil hatte und habe oft einen »sozialen Kater« am Tag nach einer Veranstaltung oder Feier.

Ich setze mich solchen Situationen auch weiterhin aus, inzwischen natürlich mit voller Absicht und immer mit dem Wissen um die Anstrengung, die für mich als hochsensibler Mensch damit einhergeht. Freude und Spaß zu erleben bedeutet für mich, leidenschaftlich zu leben, und ich habe viel zu lange aufgrund meiner Angst nur mit angezogener Handbremse gelebt. Es macht mir nichts mehr aus, wenn ich früher nach Hause gehe als die meisten anderen und dafür komisch angesehen werde. Wobei ich ehrlich gesagt auch oft erlebe, dass viele mir dankbar sind, weil ich damit sozusagen den unbeliebten »Startschuss« gebe und sich andere dann auch trauen zu gehen. Auch achte ich im Anschluss auf die entsprechende Erholung und dann ist alles prima. Hochsensibilität in Kombination mit einer Angststörung ist allerdings schon nicht ohne, wie ich ja an früherer Stelle im Buch schon angesprochen habe.

Es gibt noch nicht viele Studien zum Thema Hochsensibilität, der Begriff stammt von der amerikanischen Psychologin Elaine Aron aus den 90er-Jahren, die sich aufgrund ihrer eigenen Erfahrungen genauer damit auseinandersetzte. Außerdem empfehle ich dir das Buch *zart besaitet* von Georg Parlow. Nicht jede Formulierung hat mich direkt angesprochen, aber insgesamt hat mir dieses Buch doch einige Aha-Effekte beschert, und es ist, wie ich finde, ein sehr gutes Buch zum Thema.

BIST DU'S? BIST DU'S NICHT?

Menschen, die sich fragen, ob sie hochsensibel sind, können dies für sich bis jetzt nur über viel Recherche und speziell entwickelte Fragenkataloge wie dem von der US-Psychologin Elaine Aron herausfinden. Da es sich bei Hochsensibilität aber nicht um eine Erkrankung handelt, gibt es dafür keine speziellen medizinischen Tests, die eine »Diagnose« erlauben. Hochsensibilität kann nun mal nicht anhand eines Blutbildes oder eines Belastungs-EKGs festgestellt werden.

Wenn man die eigene Sensibilität selbst einschätzen soll, besteht allerdings die Gefahr des Barnum-Effekts, der oft beim Lesen von Horoskopen oder von Geschichten anderer Menschen auftritt: Man meint sich in den allgemeinen Beschreibungen wiederzuerkennen und kann diese leicht mit eigenen Erfahrungen verknüpfen. Wenn Betroffene sich also trotz ausgiebiger Beschäftigung mit dem Thema noch nicht sicher sind, ist es ratsam, gemeinsam mit der Hausärztin / dem Hausarzt oder einer Psychologin / einem Psychologen über eine Art Ausschlussverfahren vorzugehen. Denn für den Fall, dass eine Erkrankung die Ursache ist und die erhöhte Sensibilität nur eine ihrer Nebenerscheinungen, kann die Erkrankung an sich beispielsweise sehr wohl gemäß ICD10[25] diagnostiziert werden.

Ich bin mir sicher, dass du nicht zufällig dieses Buch gefunden und – wenn du bis zu dieser Stelle gelangt bist – auch gelesen hast. Falls du dich nach meinen Beschreibungen immer noch fragst, ob auch du eine hochsensible Person bist, kannst du dir gleich noch ein paar weitere Fragen stellen:

- Empfindest du Schmerzen sehr stark?
- Kannst du dich in andere Menschen gut hineinfühlen, oder merkst du schnell, wie sich andere Menschen fühlen?
- Warst du schon immer eher die »Kummerkastentante«?
- Stören oder schmerzen dich starke Gerüche, laute Geräusche oder grelles Licht?
- Bist du sehr gut bis perfekt organisiert und durchstrukturiert, sei es bei der Arbeit, beim Einkauf oder im Haushalt?
- Bist du ein Bauchmensch?
- Schämst du dich für deine Empfindsamkeit?

- Hast du nach Meetings oder Versammlungen oft das Gefühl, du wärst total ausgelaugt?
- Kannst du sehr gut logische Schlussfolgerungen ziehen und bedenkst alles bis in den hintersten Winkel?
- Kannst du besser arbeiten, wenn um dich herum alles gut organisiert ist?
- Bist du sehr harmoniebedürftig?
- Bist du sehr selbstkritisch?
- Magst du ruhige Abende im Grunde viel lieber als Partys oder Massenveranstaltungen?
- Bist du oft nachdenklich?
- Halten dich andere Menschen vielleicht für arrogant, weil du manchmal in dich gekehrt bist?
- Bist du kreativ?
- Wenn du in deinem Leben vor Prüfungen gestanden hast, haben diese dich sehr gefordert, warst du sehr angespannt?

Das sind nur einige Fragen von vielen, die dir einen Eindruck vermitteln können. Je mehr von ihnen du mit »Ja« beantwortet hast, umso mehr könnte das ein Hinweis sein, dass du das Thema Hochsensibilität vielleicht noch genauer für dich hinterfragen oder prüfen solltest. Du kannst auf vielen verschiedenen Seiten im Netz deinen Wissensdurst dazu stillen und herausfinden, wie zutreffend diese Infos für dich sind. (Natürlich kannst du mich auch für ein entsprechendes Coaching kontaktieren.)

Wie ich dir zu Beginn des Buches schon erzählt habe, wurde meine Hochsensibilität für mich schnell vom Fluch zum Segen. Es ist faszinierend, wie vieles auf einmal in einem vollkommen anderen Licht erscheint, wenn man weiß, warum man wie reagiert. Unfassbar spannend, aber teilweise auch ernüchternd, wenn beispielsweise klar wird, wie viele Erschwernisse hochsensible Menschen in ihrem Alltag zu bewältigen haben, weil sie als Minderheit nicht berücksichtigt werden. Die Erkenntnis, hochsensibel zu sein, birgt für viele auch den Beginn eines extrem schmerzhaften Prozesses, da unsere gesamte Vergangenheit auf einmal infrage gestellt wird. »Was wäre gewesen, hätte ich das eher gewusst?«, »Wie wäre mein Leben verlaufen, wenn ich aufgrund dieses Wissens andere Entscheidungen getroffen hätte?« und weitere Fragen quälen uns dann.

EIN OFTMALS UNTERSCHÄTZTER TEIL UNSERER PERSÖNLICHEN ENTWICKLUNG ODER HEILUNG IST DER VERLUST DER PERSON, DIE WIR BIS DAHIN GLAUBTEN ZU SEIN.

Viele Gründe, die dafür sorgen, dass viele Hochsensible sich oft wie Aliens fühlen, wenn sie immer wieder Ablehnung erfahren und durch unbedachte Bemerkungen und unreflektiertes Verhalten verletzt werden. In der Folge werden sie immer unsicherer, ziehen sich aus Selbstschutz zurück und vereinsamen, obwohl sie sich im Grunde nach empathischen und wertschätzenden Kontakten sehnen.

Damit geht es ihnen nicht anders als denjenigen, die aufgrund einer mentalen Überlastung, einer physischen oder psychischen Erkrankung vereinsamt sind, und ich wünsche mir, dass wir durch viel mehr Aufklärung und Offenheit für alle Menschen dafür sorgen, dass sich ein neues Bewusstsein entwickeln kann.

LAST. BUT. NOT. LEAST.

Zum Schluss

Ein Buch zu beenden ist ein bisschen wie den Abschluss in einem Liebesbrief zu finden. Eigentlich habe ich noch so viel mehr zu sagen, aber dafür wird es an anderer Stelle noch den passenden Raum finden, denn dieses Buch ist so, wie es ist, komplett und hat dich hoffentlich die vergangenen sechs Wochen auf eine wundervolle Reise zu dir selbst begleitet.

Für mich als Autorin steht an erster Stelle, dass meine Worte Menschen erreichen, sie tief berühren und auf ihrem individuellen Weg unterstützen. Wenn sie dann noch dafür sorgen, dass Menschen sich in ihnen gleichzeitig verlieren und finden können, wenn meine Worte es schaffen, dass Menschen in dieser hektischen Welt Momente des Innehaltens erleben und sie ihnen ein Lächeln ins Gesicht und Zuversicht ins Herz zaubern, dann ist das das Schönste, was ich mir vorstellen kann.

Wenn meine Worte dies bei dir geschafft haben, dann empfehle dieses Buch gerne weiter und schenke es geliebten Menschen, die es ebenfalls verdienen, zu heilen und einen anderen Blick auf sich selbst zu erlernen. Es wäre so schön, wenn du dir die Zeit nehmen und eine Rezension zum Buch schreiben würdest, denn das ist für mich als Autorin eine ganz wichtige Unterstützung, und es bedeutet für mich persönlich unbeschreiblich viel, wenn ich lesen darf, dass meine Worte Menschen guttun und ihnen helfen.

Achte (gut auf) dich!
with love. as always.

Chris

Danke!

Da Dankbarkeit ein Teil meiner Lebenshaltung ist, finde ich es besonders schön, meine Bücher damit abzuschließen. Auch der Dank an mich, selbst wenn dies vielleicht etwas unüblich sein sollte. Ich danke mir, dass ich es mir wert war, so viel Arbeit in meine persönliche Entwicklung zu stecken. Dass ich bereit war und bin, immer weiter zu lernen, hinzusehen und auch unbequeme Konsequenzen nicht zu scheuen. Dass ich mich nicht davon habe abbringen lassen, an meine Träume und Visionen zu glauben, und die Arbeit und Tränen nicht gescheut habe, die damit verbunden sind, wenn man sie in die Tat umsetzen möchte. Dass ich den Weg gegangen bin und weiterhin gehe, zu dem ich auch dich in diesem Buch angeleitet habe. Ich bin dankbar für meine daraus entwickelten und erkannten Stärken und dafür, dass ich endlich aus vollem Herzen sagen kann: »Ich bin stolz auf die Frau, die ich heute bin.«

Ich danke dir, liebe Leserin, lieber Leser, dass du das Interesse und offensichtlich auch das Durchhaltevermögen hattest, dieses Buch zu lesen, und ich wünsche dir aus tiefstem Herzen, dass du ganz viel für dich mitnehmen kannst, was dich und dein Leben bereichert. Ich hoffe, meine persönlichen Einblicke inspirieren und ermutigen dich, vieles nicht mehr als gegeben hinzunehmen. Hinterfrage. Träume. Genieße. Fordere. Achte (gut auf) dich. Wenn ich es geschafft habe, dich in der Tiefe deines Herzens zu berühren, und du durch dieses Buch endlich erkannt hast, wie zauberschön du bist und wie mächtig, dann würde ich mich wahnsinnig freuen, wenn du eine schöne Rezension zum Buch schreiben magst und / oder mich in den sozialen Medien weiterempfiehlst. Auch über Nachrichten, Fotos, wo du dieses Buch liest, und Erfolgsgeschichten freue ich mich richtig, richtig doll! Wenn dieses Buch dich weitergebracht hat, kaufe es noch mal und schenke es einem besonderen Menschen in deinem Leben, dem du diese schönen Gefühle und Erkenntnisse auch wünschst.

Ich danke dir, Bjarne, mit jeder Faser, für *alles*, nicht nur für das großartige Vorwort. Ich glaube nicht, dass du das weißt, hab's dir ja auch vorher nicht so deutlich gesagt, aber du hast mich noch ein Stückchen mutiger gemacht. *Dreams are my reality* ... Ich bin dankbar, dass du Gesicht für mein Kunstprojekt zeigst und zu den Menschen gehörst, die ihre Reichweite nutzen, um diese Welt schöner und besser zu machen.

Dir, liebste Ruth, danke ich für deine wundervollen Worte, dein Sein, deine Bodenständigkeit, dein vorbildliches Engagement in vielerlei Hinsicht. Für deinen Mut, Dinge beim Namen zu nennen (beispielsweise deinen #fahrzurhöhleaward), und natürlich für das Versprühen bezaubernder Einhorn-Energie bei Insta.

Liebste Meute, ach ne, liebster Kai, dir danke ich für meinen Apfelbaum auf Baumholm, für deine einzigartige Pösie und wertvollen Denkanstößchen. Für deinen Anstand, deine Authentizität, das Leben deiner Werte. Dass du diese Welt zu einem schöneren, anständigeren Ort machst.

Und damit komme ich zu Wiebke. Dir danke ich für den Glauben an mich und dieses Buch, für dein Wesen und auf privater Ebene noch für vieles mehr.

Ich werde nie müde werden, dankbar für meine drei wundervollen Kinder zu sein. Ich bin so unfassbar stolz auf euch, und ich liebe euch mehr, als Worte es je beschreiben könnten.

Und Janne, mein Partner in crime, love of my life: more than words ...

Ich danke meiner Lektorin Dr. Sandra Krebs von Herzen für Ihr Interesse an meiner Arbeit, das sie dazu brachte, mich anzuschreiben, und schlussendlich zu diesem Buch führte. Dem mvg Verlag danke ich für die Möglichkeit, meine Worte und Gedanken in die Welt zu tragen, sodass sie für viele Menschen Inspirations- und Impulsgeber sein mögen. Und meiner Lektorin Ulrike Hollmann danke ich für die wertschätzende Zusammenarbeit mit viel Fingerspitzengefühl. :-)

Anmerkungen

1 Vgl. neben vielen z. B. https://de.wikipedia.org/wiki/Kintsugi.

2 »Mutruf – einander Halt geben e. V.« ist ein Telefondienst, bei dem ehemals selbst Betroffene ehrenamtlich anderen Paniklern eine verständnisvolle Gesprächsmöglichkeit anbieten; .https://www.mutruf.de.

3 Zur Klarstellung: Hochsensibilität an sich ist keine Krankheit, aber es gibt viele Überschneidungen bei den alltäglichen Herausforderungen mit denen, die aufgrund einer Erkrankung ein übersensibilisiertes und überlastetes Nervensystem haben.

4 Sabine am Orde, »Die Bevölkerung ist erschöpft«, Interview mit Klaus Hurrelmann, taz vom 03.08.2023; https://taz.de/Forscher-ueber-Zustand-der-Gesellschaft/!5951963/. Aufgerufen am 16.07.2024

5 Vgl. https://en.wikipedia.org/wiki/The_Star_Thrower. Aufgerufen am 08.07.2024.

6 **G**etestet. **G**eimpft. **G**enesen.

7 Vgl. zum Beispiel Michael van den Heuvel: »Hochfunktionale Angststörung – was du darüber wissen solltest«, auf selfapy.com vom 14.09.2024; https://www.selfapy.com/magazin/angst-und-panik/hochfunktionale-angststoerung. Aufgerufen am 16.07.2024.

8 Mandoline Rutkowski: »Warum Millennials denken, sie hätten keine Pause verdient«, in WELT vom 22.02.2021; https://www.welt.de/iconist/partnerschaft/article226829765/Productivity-Anxiety-Die-Angst-nicht-produktiv-genug-zu-sein.html. Aufgerufen am 16.07.2024.

9 AHA = **A**bstand halten – **H**ygienemaßnahmen beachten – **A**lltagsmaske tragen.

10 Diese Geschichte kursiert in zahlreichen Varianten. Vgl. z. B. *Brigitte* vom 15.08.2017; https://www.brigitte.de/liebe/persoenlichkeit/leben-veraendern--die-geschichte-des-schwarzen-punktes-10952842.html. Aufgerufen am 16.07.2024.

11 Das erinnert mich an eine Stelle im Lied »Bilder im Kopf« von Adel Tawil aus dem Jahr 2018.

12 Für kriminelle Vergehen, körperliche und/oder seelische Gewalt gibt es keinerlei Entschuldigung – nicht, dass es hier zu Missverständnissen kommt!

13 VALUES ACADEMY. https://www.values-academy.de/werte-lexikon/alle-werte

14 Vgl. Julia Langmesser, »Warum positives Denken wichtig ist«, auf www.ifbg.eu vom 13.07.2022; https://www.ifbg.eu/warum-positives-denken-wichtig-ist/#:~:text=Negative%20

Gedanken%20lähmen%20uns%20und,%2C%20(Martins%2C%202022). Aufgerufen am 16.07.2024.

15 Natürlich möchte ich hiermit niemanden verletzen, der oder die durch eine Krankheit andere Erfahrungen in Bezug auf Heilung o. Ä. gemacht hat, aber auch bei diesen Menschen hat vieles dazu geführt, dass sie *sind*, dass sie leben, oder? Es geht mir um das grundsätzliche Vertrauen ins Leben, in unsere Kraft, in uns selbst.

16 »So'ham« ist ein hinduistisches Mantra, das in mehreren Upanishaden erwähnt wird. Es spielt auch im Yoga und im Tantra eine Rolle. Die Bedeutung ist »Er ist ich« bzw. »Ich bin Er« und symbolisiert dadurch die Einheit der Individualseele (jiva) mit dem Absoluten. Vgl. https://de.wikipedia.org/wiki/Soham_(Mantra). Aufgerufen am 16.07.2024.

17 Für alle Nicht-Norddeutschen: norddeutsch für verärgert, eingeschnappt, beleidigt, launisch, mürrisch; vgl. https://de.wiktionary.org/wiki/mucksch.

18 Kleiner Sprung ins Norddeutsche: Krüsch bedeutet: sehr vorsichtig in dem, was akzeptiert wird, ganz besonders, wenn es um Essen geht; wählerisch. Vgl. https://de.wiktionary.org/wiki/kr%C3%BCsch.

19 HSP = high sensitive person (hochsensible Person); der Begriff wurde in den 1990er-Jahren von der amerikanischen Psychologin Elaine N. Aron geprägt.

20 Alle Erklärungen im Buch, die sich auf die Fehlinterpretationen körperlicher Symptome von Paniklern bei Ängsten beziehen, setzen natürlich voraus, dass ärztlich abgeklärt wurde, dass organisch alles in Ordnung ist.

21 Chris Gust, *Wie du deiner Angst den Schrecken nimmst*, Antheum spirit, 2019.

22 Du findest mehr darüber kostenlos im Internet oder beispielsweise im Buch von Richard Barrett, *Alles, was ich über Werte gelernt habe*, Westart BoD, 2019

23 Vgl. https://de.wikipedia.org/wiki/Hochsensibilität. Aufgerufen am 16.07.2024.

24 Es wäre interessant herauszufinden, ob Menschen, die bei plötzlichem »Hell-Werden« zu niesen beginnen, grundsätzlich hochsensibel sind, denn dazu gibt es, so weit ich weiß, keine Studien. Bei mir reicht schon ein klitzekleiner Spalt beim Augenöffnen oder dass ich den kleinen Zeh unter der Decke rausstrecke und sich folglich die Temperatur an dieser Stelle meines Körpers verändert, um mich heftigst zum Niesen zu bringen.

25 Vgl. https://gesund.bund.de/icd-code-suche. Mithilfe des ICD-Codes können medizinische Diagnosen weltweit einheitlich bezeichnet werden. ICD ist die Abkürzung für »International Statistical Classification of Diseases and Related Health Problems«, auf Deutsch etwa: »Internationale Klassifikation der Krankheiten«.